Das extra dicke Witze-Buch

Das extra dicke Witze-Buch

Hanns G. Lechter

Mitarbeit: Diana Pyter

Weltbild

Weltbild Buchverlag
–Originalausgaben–

7. Auflage 2006

Projektleitung: Gerald Fiebig
Redaktion: Jürgen Bolz
Umschlaggestaltung und -illustration: Peter Gross, München
Layout und Satz: Lydia Koch, Augsburg
Druck und Bindung: Clausen & Bosse GmbH,
Birkstraße 10, 25917 Leck

Gedruckt auf chlorfrei gebleichtem Papier

Printed in Germany

ISBN 3-89897-079-5

Inhalt

Ärztewitze

Kommt ein Mann zum Arzt und sagt: »Herr Doktor, immer wenn ich Kaffee trinke, kann ich nachts nicht schlafen!«
Antwortet der Arzt: »Seltsam, bei mir ist es genau umgekehrt: Immer, wenn ich schlafe, kann ich keinen Kaffee trinken!«

Zahnarzt Doktor Wagemut ruft seine Sprechstundenhilfe zu sich, sie soll ihm bei einer Zahnsteinbehandlung helfen. »Desinfizieren Sie bitte zuerst Ihre Hände, Fräulein Uschi!« »Beide oder bloß eine?«, fragt die nicht gerade helle Arzthelferin. »Nur die eine«, meint der Zahnarzt, »mich würde nämlich interessieren, wie Sie das machen!«

»Fräulein Elvira, wenn Sie mich so anlächeln, denke ich, wir sollten uns einmal verabreden!«
»Ach, Herr Förster, Sie sind ein Schmeichler!«
»Nein, ich bin Zahnarzt!«

Der Stationsarzt redet dem jungen Assistenzarzt ins Gewissen: »Lieber Kollege! Sie sollten beim Ausstellen des Totenscheins besser aufpassen. Sie haben schon wieder ihren eigenen Namen in die Zeile mit der Frage nach der Todesursache geschrieben!«

Der Hausarzt stellt Friedrich vor eine Gewissensfrage: »Was würden Sie lieber aufgeben, den Wein oder die Frauen?« – »Käme auf den Jahrgang an, Herr Doktor!«

Erwin kommt völlig genervt zum Arzt:
»Sie haben mir doch ein ganzes Röhrchen mit Stärkungspillen verschrieben, Herr Doktor.«
»Sicher, gibt's ein Problem damit?«
»Ich krieg's nicht auf!«

Der junge Assistenzarzt hat, wenn auch schweißgebadet und mit den Nerven fertig, seine erste Entbindung erfolgreich hinter sich gebracht.
Der Chefarzt spart nicht mit Lob,
bemerkt jedoch noch schmunzelnd:
»Normalerweise gebe ich nach dem
Entbinden dem Neugeborenen und nicht
der jungen Mutter einen Klaps auf den Po!«

Die Arzthelferin zu ihrem Chef:
»Aber Herr Doktor, Sie versuchen gerade,
das Rezept mit einem Fieberthermometer
zu unterschreiben!«
Darauf der Arzt zerstreut:
»So etwas, wo habe ich denn bloß wieder
meinen Kugelschreiber stecken lassen?«

Vor der Blinddarmoperation
beruhigt der Chirurg seinen Patienten:
»Herr Martin, machen Sie sich mal
keine Sorgen. Ich habe diesen Eingriff
schon hundertmal vorgenommen!«
»Da bin ich aber beruhigt, Herr Doktor!«
»Na ja, einmal muss es ja klappen!«

Eine Frau, dem Nervenzusammenbruch nahe, erzählt dem Psychiater: »Herr Doktor, Sie müssen meinem Mann unbedingt helfen. Ich weiß mir keinen Rat mehr: Mein Mann hält sich für ein Pferd. Mittags verlangt er Hafer, er wiehert und rennt auf der Straße im Galopp!«
»Meine Dame, das klingt nach einer langen und auch teuren Therapie!«
»Herr, Doktor, Geld spielt hier wirklich keine Rolle! Mein Mann hat die letzten vier Rennen gewonnen!«

Harald erkundigt sich bei seinem Hausarzt: »Herr Doktor, die Pillen, die Sie mir verschrieben haben, haben doch bestimmt schlimme Nebenwirkungen!«
Erwidert der Arzt: »In gewisser Weise schon, ja. Sie können in zwei Tagen wieder arbeiten gehen!«

Das Auto des Zahnarztes will nicht anspringen. Er öffnet die Motorhaube, greift nach einer Zange und murmelt vor sich hin: »So, jetzt wird es ein bisschen wehtun!«

»Frau Zimmermann, gut, dass Sie sich
einmal gründlich haben untersuchen lassen«,
sagt der Arzt, und zur Sprechstundenhilfe:
»Die Instrumente, bitte!«
Frau Zimmermann entrüstet:
»Na, Sie haben Nerven! Ich liege hier halb tot
und Sie wollen musizieren ...«

»Wie alt sind Sie?«,
fragt der Arzt die nicht
mehr ganz junge Patientin.
»Ich nähere mich den Fünfzig.«
»Aus welcher Richtung?«

Sagt der Landarzt zu seiner Tochter, die Windpocken
bekommen hat und zu Hause bleiben will:
»Sei tapfer, meine Tochter, du gehst jetzt in die Schule
und steckst alle an!«

»Alkohol«, belehrt der Arzt
seinen Patienten, »ist ein langsam
tötendes Gift.«
Hermann: »Macht nichts – ich habe Zeit!«

Wenn du zum Arzt gehst,
so ist das oft vergebens,
nie aber umsonst.

Der Hausarzt hat einen delikaten Fall. Zum Vater des Patienten sagt er vorwurfsvoll:
»Ihr Sohn hat vor einigen Tagen ein Zwei-Euro-Stück verschluckt, und Sie kommen erst jetzt zu mir?«
Meint der Vater trocken: »Na ja, so nötig haben wir das Geld nun auch wieder nicht!«

»Herr Doktor, meine Füße schlafen immer ein! Ich brauche Ihren Rat. Was soll ich nur machen?«
»Also, dem Geruch nach sind sie schon lange tot!«

Klaus-Dieter fühlt sich schlecht. Seine Frau ruft den Arzt an.
»Herr Doktor, mein Mann hat Fieber, kommen Sie bitte vorbei!«
»Ist es sehr hoch?«, will der Arzt wissen.
»Ach was, nur ein paar Treppen!«

Ein Facharzt für Akupunktur und
ein Chirurg streiten sich. Brüllt
der Akupunkteur: »Sie sind ein ganz
wüster Aufschneider!«
Darauf der Chirurg: »Ach, Sie mit
Ihren ewigen Sticheleien!«

Der beste Arzt ist oft
der schlechteste Patient.

Kommt der Arzt zum Patienten.
»Ich habe eine gute und eine schlechte Nachricht.
Welche wollen Sie zuerst hören?«
Patient: »Die gute.«
Arzt: »Sie haben noch 24 Stunden zu leben!«
Patient: »O mein Gott, und die schlechte?«
Arzt: »Na, ich suche Sie schon den ganzen Tag!«

»So, Herr Otto, die Untersuchung,
Diagnose und Rezept, das macht
dann zusammen 500 Euro.«
»Bitte schön, Herr Doktor, ich bin leider
etwas schwerhörig. Sagten Sie 800 Euro?«
»Nicht doch – 600 Euro!«

Ein Zahnarzt auf dem Golfplatz. Als der Ball langsam auf das Loch zurollt, murmelt er: »Und jetzt bitte ganz weit aufmachen!«

Ein Arzt beschwert sich in seiner Autowerkstatt: »Sie verlangen für das bisschen Reparatur meines Wagens ja mehr, als ich für die Behandlung eines Patienten bekomme!« – »Schon möglich, Herr Doktor«, ist der Meister der Werkstatt um keine Antwort verlegen, »aber wir haben es ja laufend mit neuen Typen zu tun, während Sie schon seit Adams Zeiten immer am gleichen Modell arbeiten!«

Ein Bundestagsabgeordneter liegt wegen einer Bandscheibenoperation im Krankenhaus. Unter anderem erhält er folgendes Schreiben: »Wir wünschen beste Genesung mit 124 gegen drei Stimmen bei vier Enthaltungen. Die Fraktion.«

Zwei Ärzte diskutieren ihre beiden, völlig unterschiedlichen Diagnosen am Krankenbett. »Kollege, bei der Autopsie werden wir ja sehen, wer Recht hatte!«

Die kleine Conni muss geimpft werden. Die Arzthelferin hat alle Hände voll damit zu tun, die Kleine zu beruhigen, die sich strikt weigert, mit der Nadel gepiekst zu werden. Schließlich gibt Conni doch noch nach. Die Ärztin fragt sie anschließend: »Weißt du eigentlich, wogegen wir dich geimpft haben?«
Conni: »Klar weiß ich das.
Gegen meinen Willen!«

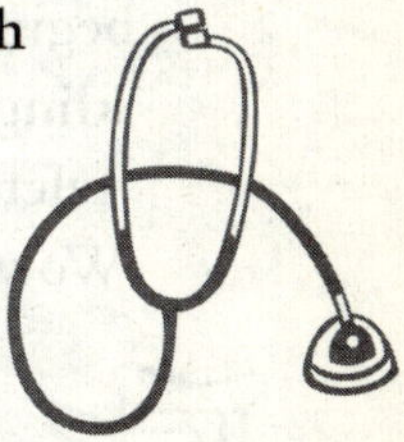

Herr Ticktack ist Uhrmachermeister mit Leib und Seele. Als ihn der Doktor auf der Straße trifft und fragt: »Sind alle gesund zu Hause?«, antwortet ihm der Uhrmacher: »Alle gesund, danke der Nachfrage. Und bei Ihnen? Sind alle Uhren in Ordnung?«

»Keine Bange, Fräulein Hintersberger«, beruhigt sie ihr Hausarzt nach der Untersuchung, »erst einmal werden wir ihren Krankheitserreger abtöten.«
»Das geht auf keinen Fall, Herr Doktor! Wir wollen doch nächste Woche heiraten!«

Eine Patientin im Wartezimmer.
Nach stundenlangem Warten wird sie endlich aufgerufen. Als sie im Sprechzimmer ist, klingelt das Telefon des Arztes mehrmals, so dass die Patientin mit der Schilderung ihrer Beschwerden immer wieder von Neuem beginnen muss. Als das Telefon abermals klingelt und der Doktor einen Patienten telefonisch berät, geht die Frau zur Tür.
»Wo wollen Sie denn hin?«, fragt der Arzt.
»Zur nächsten Telefonzelle!«

Beim Augenarzt.
»Ich glaube, ich brauche eine Brille!«
»Kurzsichtig oder weitsichtig?«
»Am besten durchsichtig!«

Zwei Patienten unterhalten sich im Wartezimmer:
»Ach, Professor Fleischer wird Sie operieren? Na, dann viel Glück!«
»Wieso? Kennen Sie ihn?«
»Ja. Er heißt eigentlich Meier. Man nennt ihn nur so!«

Bittere Selbstdiagnose:
»Herr Doktor, ich werde den Schnupfen nebst meiner Frau nicht los.«

»Nun, Frau Müller, haben Sie meinen Rat befolgt, langsam zu zählen? Können Sie jetzt besser einschlafen?«
»In der Tat, Herr Doktor, ich habe langsam bis 40 000 gezählt.«
»Und dann sind Sie wohl eingeschlafen, nicht wahr?«
»Eigentlich nicht, dann war es Zeit zum Aufstehen!«

Ein Schild im Warteraum:
»Die Patienten werden gebeten, keinerlei Symptome untereinander auszutauschen!«

»Herr Doktor,
wenn ich auf den Kopf drücke, tut's weh,
wenn ich aufs Bein drücke, tut's weh,
wenn ich auf den Bauch drücke, tut's weh, und
wenn ich auf den Arm drücke, tut's auch weh ...«
»Ja, da haben Sie sich wohl
den Finger gebrochen ...«

Eine sehr attraktive junge Dame kommt in die Apotheke und sieht in der Ecke eine Waage stehen. Sie zahlt zehn Cent, wiegt sich und schreit entsetzt auf. Rasch verlangt sie noch einmal zehn Cent, legt Mantel und Hut ab und wiegt sich erneut. Sie zieht Schuhe und Pullover aus, nimmt das nächste Centstück und betritt abermals die Waage. Da kommt der Apotheker, stellt sich neben sie und sagt: »Machen sie nur weiter, schönes Fräulein, ab jetzt geht es auf Kosten des Hauses.«

Schwester: »Herr Doktor, Herr Doktor, der Simulant aus Zimmer zwölf ist gestorben.«
Doktor: »Jetzt übertreibt er aber!«

»Also, Herr Richter, Sie sind ja schon wieder betrunken, habe ich Ihnen nicht gesagt: Nur eine Flasche Bier pro Tag?«, mahnt der Arzt.
Richter: »Ja, glauben Sie eigentlich, Sie sind der einzige Arzt, zu dem ich gehe!«

Fragt der Psychiater:
»Und wann haben Sie zum ersten Mal bemerkt, dass es Ihnen Spaß macht, Ihre Steuern zu bezahlen?«

»Herr Doktor, können Sie mir helfen?
Meine Hände zittern ständig!«
»Trinken Sie viel?«
»Nein, ich verschütte das meiste!«

Sagt der Patient zum Arzt:
»Ich kann mich nicht zwischen Operation und Sterben entscheiden!«
Sagt der Arzt:
»Mit ein bisschen Glück sind Sie das Problem bald los!«

»Wo liegt denn der Patient, den die Dampfwalze überfahren hat?«
»Auf Zimmer 219 bis 225!«

Kommt der junge Assistenzarzt
schweißgebadet aus dem Operationssaal.
Fragt der Professor väterlich:
»Wie war denn Ihre erste Operation?«
Der Assistenzarzt wird leichenblass:
»Wieso Operation, ich dachte Obduktion?!«

»Noch eine Behandlung, Herr Keller,
dann haben wir es geschafft«,
meint der Arzt zu seinem Patienten.
Erfreut entgegnet dieser:
»Ach, bin ich dann wieder gesund?«
»Quatsch, aber dann haben Sie
mein Häuschen ganz allein bezahlt!«

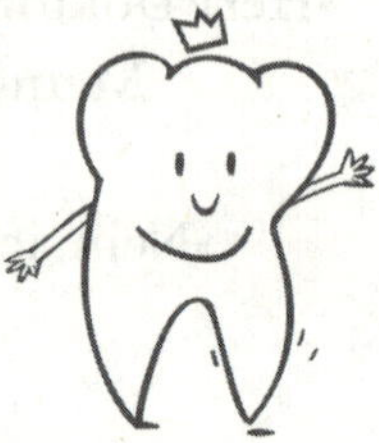

Ein Zahnarzt beantragt Sozialhilfe:
Er lebe nur noch von der Hand in den Mund.

Zwei Nachbarinnen im Gespräch:
»Also, die Kunze, die soll tatsächlich
zwei Ärzte haben, einen jungen und einen alten!
Den alten konsultiert sie, wenn sie krank ist,
und den jungen, wenn ihr was fehlt!«

»Ein Glück, dass Sie endlich zur Untersuchung kommen, es war höchste Zeit!«

»Weiß ich, Herr Doktor, drei Tage vor dem Ersten wird überall das Geld knapp!«

»Herr Doktor, können Sie mir helfen?«

»Hmm, ich verschreibe Ihnen erst einmal ein paar Moorbäder.«

»Und die helfen mir?«

»Nein, aber Sie gewöhnen sich schon mal an die feuchte Erde.«

Ein Mann betritt eine Apotheke und verlangt nach einem Präparat gegen Durchfall. Als der Mann die Apotheke verlassen hat, stellt die Apothekerin entsetzt fest, dass sie dem Mann statt eines Mittels gegen Durchfall ein Beruhigungsmittel verkauft hat. Am nächsten Tag betritt der Mann wieder die Apotheke. Die Apothekerin erkennt den Mann sofort und entschuldigt sich ausdrücklich für das Missgeschick.

»Ach, nicht so schlimm«, antwortet der Mann, »ich mach mir zwar immer noch in die Hosen, aber es regt mich jetzt nicht mehr so auf!«

Ein Patient beim Anblick des Anatomie-Skeletts zum Arzt: »Ihr Ersatzteillager?«

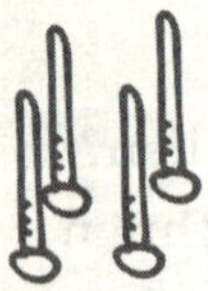

Zwei Fakire räkeln sich auf einem üppig gespickten Nagelbrett. Plötzlich steht der eine auf und sagt: »Ich gehe jetzt zum Zahnarzt.« Daraufhin der andere: »Wie kann man nur so genusssüchtig sein!«

Der Internist knöpft sich seine Tochter vor: »Sag mal, hast du deinem neuen Freund gesagt, dass ich nicht viel von ihm halte?«, will er wissen. »Ja«, erwidert das Töchterchen, »aber er meinte, dass das sicher nicht deine erste Fehldiagnose gewesen ist!«

Treffen sich zwei Planeten. Sagt der eine:
»Du siehst aber schlecht aus!«
Darauf der andere:
»Kein Wunder! Ich habe ›Homo sapiens‹.«
Erwidert der erste:
»Au backe! Kenn ich. Geht aber vorüber ...«

Nachdem er das Unfallopfer, eine noch rüstige Endsechzigerin, untersucht hat, diktiert der Arzt die Diagnose: »Hautabschürfungen, die vierte Rippe ist gebrochen, Prellungen an der rechten Schulter ...«
Er wendet sich der Patientin zu:
»Wie alt sind Sie?
»Siebenundzwanzig, Herr Doktor.«
»... und Gedächtnisstörungen.«

Nach intensiver Untersuchung rät der besorgte Arzt seinem Patienten: »Das Klügste, was ich Ihnen mit auf den Weg geben kann: Keinen Alkohol mehr, keine Zigaretten, eine Diät und viel Schlaf!«
Kurze Denkpause beim Patienten:
»Und das Zweitklügste?«

Zwei Internisten im Dialog:
»Bestimmt ist der Kollege stocksauer, weil er den Chefarztposten nicht bekommen hat.«
»Jaja«, sinniert der andere. »Die Verdauung des einen kann er fördern, aber die Beförderung des anderen kann er nicht verdauen!«

Aufmerksame Patienten konnten im Wartezimmer tagtäglich Folgendes beobachten:
Ein Mann öffnet die Türe zum überfüllten Wartezimmer, schaut sich um, und ruft: »Perfekt!«
Dem Arzt kommt dieses ungewöhnliche Verhalten zu Ohren, und er beauftragt seine Sprechstundenhelferin, dem Mann einmal nachzugehen.
»Na, wohin ging der Mann?«
»Zu Ihrer Frau!«

»Sie sollten wirklich einmal ausspannen«, empfiehlt der Arzt dem Schürzenjäger. Der tat, wie ihm empfohlen, und spannte dem Arzt die Frau aus.

Sie: »Franz, die Arztrechnung ist da!«
Er: »Schick sie gleich wieder zurück! Der Doktor hat mir ausdrücklich jede Aufregung verboten.«

Unter diesem Stein ruht der Doktor Hein.
Viele, die hier um ihn liegen,
danken nur ihm dies Vergnügen!

Im mündlichen Teil
der Schwesternprüfung:
»Welches ist die vorschriftsmäßige
Kleidung bei der Säuglingspflege?«
»Kurzes Hemdchen, hinten offen!«

Standpauke eines Vaters: »Was habe ich nicht alles geopfert, damit du Medizin studieren konntest! Und der Dank? Jetzt, wo du Arzt bist, verbietest du mir zuerst das Rauchen und jetzt auch noch den Wein!«

Im Treppenhaus: »Oben wohnt jetzt ein Urologe.«
»Tja, früher hieß das noch Uhrmacher.«

Herr Meier kommt zum Arzt: »Meine Frau hat mir gesagt, dass ich Hornträger bin, aber ich habe doch kein Horn, oder?«
»Das ist doch nur eine Redensart, sie meinte wahrscheinlich, dass sie Ihnen Hörner aufgesetzt hat, oder anders gesagt, dass sie Sie betrogen hat!«
»Gott sei Dank, und ich habe gedacht, ich hätte zu viel Kalzium!«

Erste Vorlesung für Medizinstudenten im ersten Semester. Professor: »Meine Damen und Herren, zwei Dinge zeichnen einen guten Arzt aus. Erstens: die Fähigkeit Ekel zu überwinden. Zweitens: messerscharfe Beobachtungsgabe. Wir fangen heute mit der Ekelüberwindung an.«
Sprach's und taucht seinen Finger in ein Glas mit ekeliger, stinkender, grün-gelber Flüssigkeit. Er zieht den Finger wieder heraus und leckt ihn zum Entsetzen der Studenten ab. Er nimmt das Glas, geht zur ersten Sitzreihe und stellt es vor einem Studenten auf den Tisch. Der ziert sich eine Weile, will sich aber vor seinen Kommilitonen nicht blamieren und taucht schließlich seinen Finger in das Glas und leckt ihn ab.
Meint der Professor: »Ihren Ekel haben Sie zwar überwunden, aber Ihre Beobachtungsgabe lässt doch sehr zu wünschen übrig. Denn ich habe den Zeigefinger eingetaucht und den Mittelfinger abgeleckt!«

Nach der Operation meint
der Chefarzt zum Patienten:
»Machen Sie sich keine Sorgen,
in drei Wochen sind Sie draußen.
So oder so.«

»Guter Mann, ich darf Sie zu Ihrer Gesundheit beglückwünschen«, sagt der Arzt zum Patienten.
»So werden Sie bestimmt achtzig Jahre alt!«
»Bin ich schon, Herr Doktor.«
»Na, also!«

Frau Huber begleitet ihren Mann zum Psychiater und erklärt: »Herr Doktor, mein Mann bildet sich ein, dass er eine Parkuhr ist.«
Der Arzt: »Warum erzählt er mir das denn nicht selbst?«
»Er hat den ganzen Mund voller Münzen!«

»Hat das Kind heute Nacht im Schlaf phantasiert?«, will der Kinderarzt von der Mutter wissen.
»Ja«, bestätigt sie, »ganz dünn!«

Was ist Heuchelei?
Wenn einem der Arzt ›Gute Besserung‹ wünscht.

Was ist der Vorteil von Schizophrenie?
Man ist nie allein.

»Sie haben eine sehr seltene,
sehr ansteckende Krankheit.
Wir müssen Sie auf die Isolierstation
verlegen, und dort bekommen Sie nur
Kartoffelpuffer und Spiegeleier zu essen.«
»Werde ich davon denn wieder gesund?«
»Nein, aber das ist das Einzige, was sich
unter der Tür durchschieben lässt.«

»Ich bedaure«, sagt der Arzt zum Patienten: »Gegen Ihre Krankheit ist noch kein Kraut gewachsen, sie ist vererbt.«
»Na ja, dann schicken Sie meinem Vater die Rechnung!«

»Sie hätten damit schon zehn Jahre früher zu mir kommen sollen«, mahnt der Arzt seinen Patienten.
»Das hab ich ja auch getan. Sie waren damals Stabsarzt und nannten mich einen Simulanten!«

Was machen Kannibalen aus Medizinern?
Hot Docs.

»Herr Doktor, ich glaube,
ich habe die Skatkrankheit.«
»Guter Mann, wie kommen Sie denn darauf?
Beschreiben Sie mir doch mal Ihre Symptome.«
»Nun, also, Herzbeschwerden,
ein Ziehen im Kreuz, in der Schulter pikt's,
und morgens belle ich wie Karo!«

Arzt zu Patient:
»Warum rennen Sie aus dem Operationssaal hinaus?«
Patient:
»Die Schwester hat gesagt: Beruhigen Sie sich, das ist nur eine einfache Blinddarmoperation. Sie werden es schon schaffen!«
Arzt:
»Und was ist daran schlimm?«
Patient:
»Sie hat es nicht zu mir, sondern zu dem Chirurgen gesagt!«

Kommt ein Mann zum Psychiater:
»Herr Doktor, mich kann keiner leiden.«
»Ja, mein Herr, woran kann das liegen?«
»Das sollen Sie doch rauskriegen, Sie Idiot!«

Im Ring kämpfen zwei Boxer.
Ein Zuschauer ruft aus voller Kehle:
»Schlag zu, Benni!«
Fragt sein Nachbar:
»Ach, Sie sind wohl ein Fan von Benni?«
»Nein, ich bin der Zahnarzt des Gegners!«

Herr Neubert fragt den Nachbarn:
»Na, haben Sie die Krankheit überstanden?«
»Nein«, sagt der Nachbar, »mir fehlt noch die Arztrechnung!«

Hausgeburt.
Der Arzt geht ins Schlafzimmer, kommt nach kurzer Zeit wieder heraus und bittet den Ehemann um eine Zange. Der Arzt verschwindet, erscheint jedoch bald wieder und verlangt Hammer und Meißel. Der werdende Vater wird blass. Murmelt der Arzt: »Keine Sorge, ich krieg nur meine verdammte Tasche nicht auf!«

»Ich hörte, Sie haben den Zahnarzt gewechselt?«
»Stimmt, der alte ging mir in letzter Zeit auf die Nerven!«

»Mein Mann denkt immer
nur an das eine – an sein
Geld«, jammert die Frau
vor dem Psychiater.
»Das werden wir bald
haben«, beruhigt der sie.

Bitter ist es,
wenn man
Zucker hat.

Im Sprechzimmer eines bekannten Zahnarztes hängen an den Wänden unzählige, eingerahmte Anerkennungsschreiben seiner berühmten Patienten. Die Lobeshymne einer Filmdiva: »Alle Zähne, die der Doktor behandelt hat, sind zu meiner Zufriedenheit ausgefallen!«

»Herr Doktor, ich hab da so ein
Flimmern vor den Augen.«
»Ach, schauen Sie doch einfach nicht hin!«

Frau Timm erkundigt sich
nach dem Befinden ihres Schwagers.
Ihre Schwester: »Danke, gut. Als der Arzt
ihm sagte, er könne niemals wieder arbeiten,
ging es von Tag zu Tag aufwärts!«

Kommt ein Skelett zum Zahnarzt. Sagt der Zahnarzt: »Ihre Zähne sind gut, aber ihr Zahnfleisch macht mir Sorgen!«

Der Dorfarzt geht über den Friedhof. »Guten Tag, Herr Doktor«, wird er von einem Patienten begrüßt, »machen Sie gerade Inventur?«

In der Notfallstation: »Ist das der Boxer, den ein Radfahrer über den Haufen gefahren hat?« »Nein, Herr Chefarzt, das ist der Radfahrer.«

»Ich kann Sie beruhigen, es besteht nicht die geringste Gefahr«, beruhigt der Hautarzt seinen Patienten, »ich hatte vor einigen Jahren dieselben Symptome.« Der Patient resigniert: »Ja, aber nicht denselben Arzt!«

Der reiche alte Erbonkel hat den Arzt kommen lassen. Dieser tritt mit ernster Miene aus dem Zimmer und verkündet der versammelten Verwandtschaft: »Es besteht keine Hoffnung. Es ist nur eine leichte Erkältung.«

Klassisches Konzert. Beethovens Neunte. Plötzlich ertönt ein Schrei: »Ein Arzt! Ist ein Arzt im Saal?« Das Orchester hört auf zu spielen, Totenstille. Vom Balkon der Ruf: »Hier, ich bin Arzt, worum geht's?« Die Stimme von vorne: »Ist das nicht ein herrliches Konzert, Herr Kollege?«

Patient: »Herr Doktor, ich habe das Gefühl, keiner nimmt mich ernst.«
Doktor: »Sie scherzen.«

Der Patient erwacht aus der Narkose und sagt erstaunt: »Herr Doktor, Ihr Bart ist aber gewachsen, hat die Operation denn so lange gedauert?« »Erstens heiße ich Petrus, zweitens habe ich schon immer einen Bart gehabt!«

Fragt eine reiche, runzlige alte Dame den Schönheitschirurgen: »Könnten Sie bei mir auch einige Eingriffe vornehmen?« Der Arzt betrachtet sie einige Zeit und meint dann: »Leider nein, Enthauptungen sind in unserem Land verboten.«

»Herr Doktor! Eigentlich fühle ich mich
jetzt schon wieder ganz gut«, meint Herr Kurz,
»nur das Atmen macht mir hin und
wieder Beschwerden!«
»Keine Sorge, Herr Kurz! Das bekommen
wir auch noch weg!«

»Ich will Ihnen das noch einmal in aller Deutlichkeit sagen«, erklärt der Arzt einer beleibten Patientin. »Der Riegel, den Sie sich beim Essen vorschieben sollen, darf nicht aus Schokolade sein!«

Die völlig aufgelöste Mutter am Telefon:
»Doktor, Doktor! Unser Jonas hat eine
Jagdpatrone verschluckt! Was sollen wir tun?«
»Vorsichtig hinlegen, auf niemanden zielen
und warten, bis ich eintreffe!«

Der Zahnarzt zum Patienten:
»Es könnte jetzt etwas wehtun.
Machen Sie den Mund weit auf,
und beißen Sie einfach
die Zähne zusammen!«

Ein vor Schmerzen winselnder Beamter auf dem Behandlungsstuhl beim Zahnarzt. »Herr Doktor, mein kranker Zahn pocht so fürchterlich!« Der Zahnarzt nimmt den faulen Zahn genauer unter die Lupe, nickt dann zustimmend, legt seine Instrumente weg und holt ein Schriftstück aus seinem Schreibtisch. »Nun denn, dann füllen Sie mir diesen Antrag erst einmal in dreifacher Ausführung aus, und kommen Sie in etwa vier Wochen wieder!«

Sagt der Arzt zum Studenten:
»Tut mir Leid, Sie haben nur noch drei Wochen zu leben!«
»Ach du Schreck, wovon denn?«

Der Psychologe fragt die kleine Maria:
»War deine Mutter eigentlich ein Einzelkind?«
»Nein, die ist ein Zwilling.«
»Und Maria? Kannst du die beiden dann unterscheiden, also weißt du denn immer, welche von den beiden deine Mama ist?«
»Kein Problem für mich, der Onkel Heinz hat nämlich einen Bart!«

»Ist ja gerade noch einmal gut gegangen«, seufzt der Patient erleichtert, nachdem er aus der Narkose erwacht ist. »Abwarten«, meint sein Bettnachbar. »Mich mussten sie ein zweites Mal aufschneiden, weil der Professor eine Klemme in meinem Bauch vergessen hat.« Just in diesem Moment öffnet sich die Tür, und die Schwester fragt: »Hat jemand die Brille vom Herrn Professor gesehen?«

»Herr Doktor, irgendwie bin ich in letzter Zeit ziemlich vergesslich.« Der Arzt lässt sich das genauer erklären: »Wie äußert sich das denn?« »Was?«

Kalle geht zum Arzt: »Herr Doktor, immer wenn ich Kaffee trinke, habe ich so ein stechendes Gefühl im linken Auge.« Doktor: »Dann nehmen Sie doch vorher mal den Löffel aus der Tasse!«

»Bitte, Herr Doktor, schenken Sie mir
reinen Wein ein! Auf Deutsch gesagt:
Was fehlt mir?«
»Nichts, was nicht zu heilen wäre.
Sie sind, auf Deutsch gesagt, ein
Fresser, ein Säufer und ein Faulpelz!«
»Jetzt fällt mir aber ein Stein vom
Herzen! Und nun das Ganze auf
Lateinisch, für meine Frau!«

Der Zahnarzt zum Patienten:
»Ihre Zähne sind in Ordnung,
nur Ihr Zahnfleisch muss raus!«

»Herr Doktor, ich kann in die Zukunft sehen!«
»Seit wann geht das denn schon so?«
»Seit nächste Woche!«

Zwei Psychiater unterhalten sich:
»Herr Kollege, ich habe derzeit einen äußerst interessanten Fall von Schizophrenie: Der Patient glaubt nicht nur, dass zwei Seelen in seiner Brust wohnen, er zahlt auch für beide!«

Ein junger Arzt ist gerade beim Fädenziehen an der Operationsnarbe einer äußerst attraktiven jungen Dame: »Sie liebt mich, sie liebt mich nicht – sie liebt mich ...«

Ein Patient mit schwerem, rasselndem Husten kommt zum Arzt. Dieser verschreibt ihm nach eingehender Untersuchung ein Rezept und schickt den Leidgeprüften damit zur Apotheke. Versehentlich gibt man ihm nicht das gewünschte Husten-, sondern ein Abführmittel. Drei Tage später kommt der Mann erneut zum Arzt. »Wie ich höre, korrigiere: nicht mehr höre, geht es Ihnen wieder besser?« »Wie man's nimmt: Ich trau mich nicht mehr zu husten!«

Der Arzt klopft voller Bewunderung seinem Patienten, der die ekelhafte Medizin anstandslos mit einem Schluck einnimmt, auf die Schulter: »Herr Klopfer, Sie sind des Krankseins würdig!«

In der Sprechstunde sagt Doktor Dussel zu seinem Stammpatienten: »Herr Richter, Ihr Husten hört sich heute schon wesentlich besser an!«
»Keine Kunst«, meint der Patient, »Ich habe schließlich die halbe Nacht geübt!«

Der Psychiater führt seinen Studenten einen Patienten vor: »Dieser Mann leidet eindeutig unter der Wahnvorstellung, unsterblich zu sein. Meine Herren, Ihre und meine Aufgabe ist es nun, ihn vom Gegenteil zu überzeugen!«

»Das rechne ich Ihnen wirklich hoch an, dass Sie bei mir extra einen Hausbesuch gemacht haben«, sagt Emma Wichtig.
»Ich auch«, erwidert der Arzt.

Doktor Feierabend zu einem früheren Patienten:
»Ihr Scheck ist zurückgekommen!«
»Meine Arthrose auch!«

»Sie sind Ihre Erkältung ja immer noch nicht losgeworden. Haben Sie denn meinen Rat überhaupt nicht befolgt?«
»Schon, Herr Doktor, aber als ich die Badewanne leer getrunken hatte, bekam ich den Tee einfach nicht mehr hinunter ...!«

Man soll den Arzt nicht vor der Rechnung loben!

Der Arzt in einem ernsten Gespräch mit Else Rüstig: »Die Leberwerte Ihres Mannes sehen nicht gut aus.« Verständnisvoll nickt die Gattin: »Sie sollten erst mal seinen Schreibtisch sehen!«

Der Arzt murmelt vor sich hin, während er den Befund auf einem Krankenblatt notiert.
»Habe ich etwa eine seltene Krankheit?«, will der verunsicherte Patient wissen.
»Ach wo! Die Friedhöfe sind voll davon!«

Eine beleibte Dame bei der Untersuchung. »Vorname?«, will man bei der Anmeldung wissen. Antwort: »Molly.« »Zuname?«, fragt der Arzt weiter. »Jede Woche drei Pfund, Herr Doktor!«

Ein altes Mütterlein stürzt die Treppen hinunter. Sie bekommt einen Verband, und der Arzt verbietet ihr für drei Wochen das Treppensteigen. Vier Wochen später kommt ein Anruf der alten Dame: »Herr Doktor, kann ich nun endlich wieder Treppen steigen? Es ist halt doch ein wenig anstrengend, immer die Dachrinne hoch und runter zu klettern ...«

Was ist der Unterschied zwischen einem Internisten, einem Chirurgen, einem Psychiater und einem Pathologen? Der Internist hat Ahnung, kann aber nichts. Der Chirurg hat keine Ahnung, kann aber alles. Der Psychiater hat keine Ahnung und kann nichts, hat aber für alles Verständnis. Der Pathologe weiß alles, kann alles, kommt aber immer zu spät.

»Herr Doktor, mit mir ist etwas nicht in Ordnung!«, beschwert sich der achtzigjährige Patient beim Arzt. »Ich laufe dauernd hinter jungen Mädchen her!«

»Daran kann ich aber nichts Krankhaftes feststellen«, beruhigt ihn der Arzt.

»Mag sein, aber ich kann mich nicht erinnern, weswegen!«

»Wird die Operation denn sehr teuer, Herr Doktor?«

»Die Sorge können Sie getrost Ihren Erben überlassen!«

Patientenbefragung auf einer Unfallstation: »Sind Sie verheiratet?«

»Nein, ich wurde von einem Auto angefahren!«

Der junge Scheich betrachtet durch die Glaswand die Babys auf der Entbindungsstation. Fragt die Schwester: »Hoheit, welches ist Ihr Kind?«

»Die ersten zwei Reihen.«

Ein Internist, ein Chirurg und ein Pathologe gehen auf die Entenjagd.
Kommen zwei Enten angeflogen. Sagt der Internist: »Also, meine Herren Kollegen, wenn Sie keine Einwände haben, werde ich jetzt auf die – von mir aus gesehen – rechte Ente, das heißt – von der Ente aus gesehen – auf die linke Ente natürlich, einen Schuss abgeben. Halt, jetzt sind die Enten über uns hinweggeflogen, dann muss ich den Schuss selbstverständlich auf die – von mir aus gesehen – linke Ente abgeben, das heißt nunmehr auch, auf die von der Ente aus gesehen linke Ente ... Sie haben nichts dagegen einzuwenden, meine Herren Kollegen? Dann feuere ich den Schuss jetzt also ab.«
Kommen wieder zwei Enten angeflogen. Sagt der Chirurg: »Aus der Schusslinie, meine Herren!« – Piff, piff, piff.
Er wendet sich zum Pathologen und sagt: »Und du gehst jetzt da hin und siehst nach, ob 'ne Ente dabei ist!«

»Das war knapp!«, sagte der Chirurg
nach der Operation zur Schwester.
»Was meinen Sie damit?«, fragte die
überrascht.
»Einen Zentimeter weiter, und ich
hätte mein Fachgebiet verlassen!«

Patient: »Herr Doktor, ich höre immer
Stimmen, sehe aber niemanden.«
Doktor: »Wann passiert das denn?«
Patient: »Immer wenn ich telefoniere.«

»Herr Doktor, es wird höchste Zeit,
dass der Patient auf der
Inneren endlich operiert wird!«
»Weshalb?«, fragt der behandelnde Arzt.
»Er ist fast schon wieder gesund!«

»Schwester Elke, wo ist denn der Patient
von Zimmer hundertzwölf geblieben?«
»Ach, der! Herr Wolf hat plötzlich so hohes
Fieber bekommen, dass ich ihn zu dem
Herrn mit Schüttelfrost gelegt habe!«

»Herr Doktor, Sie müssen mir helfen. Mein Schwiegervater wird langsam senil – er sitzt den ganzen Tag in der Badewanne und spielt mit einem Quietsche-Entchen.«
»Aber lassen Sie doch dem alten Mann dieses harmlose Vergnügen.«
»Auf keinen Fall! Es ist mein Quietsche-Entchen!«

»Mäxchen«, fragt der Lehrer, »weißt du den Unterschied zwischen einem Hausarzt und einem Psychiater?«
»Aber sicher, Herr Lehrer! Der Psychiater ist ein Doktor, der kein Blut sehen kann!«

»Ist der Patient endlich in der Narkose?«, fragt der Arzt die Operationsschwester.
»Das ist so eine Sache mit den Boxern, Herr Doktor«, meint die Schwester, »du zählst bis acht, und plötzlich springen sie wieder auf!«

Arzt zur Patientin:
»Ich habe Ihnen da ein Rezept aufgeschrieben, Fräulein Schlecht!«
Die Patientin entzückt: »Das ist aber nett von Ihnen, Herr Doktor, kochen Sie auch so gern?«

Fragt der Arzt den Patienten:
»Ich hoffe, Sie haben meinen Rat befolgt und zwei Wochen lang bei geöffnetem Fenster geschlafen!«
»Aber sicher, Herr Doktor!«
»Und sind Sie nun Ihre Atemnot losgeworden?«
»Nein. Aber den ganzen Schmuck meiner Frau und meine teure Rolex!«

Ein Besucher kommt in eine Nervenheilanstalt und fragt den Pförtner:
»Mein Herr, sagen Sie, bin ich hier richtig?«
Sagt der Pförtner: »Also, wenn Sie hier« – und tippt sich dabei an den Kopf – »richtig sind, dann sind Sie hier nicht richtig. Aber wenn Sie nicht richtig sind, dann herzlich willkommen, dritter Stock rechts!«

Der Arzt hält dem Patienten eine Standpauke: »Hab ich Ihnen nicht ausdrücklich Bettruhe verordnet, Herr Saubermann? Was machen Sie denn auf dem Flur, wollen Sie sich etwa eine Lungenentzündung holen?«
»Äh, eigentlich nur ein Glas Wasser, Herr Doktor!«

Sagt der Hausarzt zur besorgten Ehefrau: »Ihr Mann braucht unbedingt mehr Ruhe!«
»Sehen Sie«, fühlt sich die Frau bestätigt, »sehen Sie, Herr Doktor, das sage ich meinem Mann mindestens tausend Mal am Tag!«

Ein Patient in der »Warteschleife« vor dem Operationssaal. Er fragt eine vorbeigehende Schwester: »Na, Sie haben heute wohl Hochbetrieb!«
Meint sie: »Das können Sie laut sagen. Da drin herrschen Mord und Totschlag!«

Was ist besser – Alzheimer oder Parkinson? Alzheimer! Lieber vergesse ich mein Bier zu bezahlen, als dass ich es vor lauter Zittern verschütte.

Die attraktive junge Stationsschwester weiß sich keinen Rat mehr und fragt den Oberarzt: »Immer, wenn ich dem Patienten auf Zimmer 103 den Puls messe, erhöht sich sein Pulsschlag um mindestens zwanzig Schläge, Herr Doktor. Soll ich ihm ein Beruhigungsmittel geben?« Der Arzt darauf: »Nicht nötig, Schwester Hannelore. Eine Augenbinde würde schon helfen!«

Der Arzt misst bei einem Patienten den Blutdruck. Dann sagt er kopfschüttelnd: »Entweder ist mein Apparat kaputt, oder Sie sind tot!«

Thomas will seinen Sportkameraden im Krankenhaus besuchen. Er erkundigt sich bei der Anmeldung: »Wo liegt denn, bitte schön, Herr Kaiser. Er wurde nach einem Sportunfall hier eingeliefert!« Meint die Schwester: »Mein Herr, Sie kommen leider zu spät. Herr Kaiser wurde gestern schon wieder entlassen. Aber kommen Sie doch nächste Woche wieder vorbei!«

Der Augenarzt nach der Untersuchung:
»Wie haben Sie eigentlich hierher gefunden?«

Ein Notruf in der Entbindungsstation. Die Schwester in der Notaufnahme blättert im Aufnahmekalender. »Tut mir Leid«, gibt sie dem Anrufer zur Auskunft, »heute und für die nächsten drei Wochen sind wir leider überbelegt. Soll ich Sie für Juni schon mal vormerken?«

»Nun, Herr Winter«, fragt der Arzt, »haben Sie auch meinen Rat befolgt, als ich Ihnen sagte: ›Nur drei Zigaretten täglich‹?«
»Gewiss, Herr Doktor, nur als Nichtraucher vertrag ich die Dinger einfach nicht, und jedes Mal wird mir speiübel!«

Der Assistenzarzt macht seine erste Operation. Sein Professor schaut ihm dabei über die Schulter. »Nein, nein«, ruft der Professor plötzlich, »nur den Blinddarm! Alles andere tun Sie schön wieder hinein.«

Der Arzt zum Patienten: »Wie viele
Stunden schlafen Sie täglich?«
»Höchstens zwei bis drei Stunden,
Herr Doktor!«
»Das ist aber sehr wenig!«
»Mir genügt es, in der Nacht schlafe
ich ja fast zehn Stunden!«

»Konnten Sie nicht früher kommen?«,
fragt der Arzt vorwurfsvoll.
»Die Sprechstunde ist schon längst beendet!«
»Tut mir aufrichtig Leid, Herr Doktor«,
entschuldigt sich der Patient,
»aber der blöde Köter hat
mich nicht früher gebissen!«

Karl, der frischgebackene Vater von
Vierlingen, will seinen Nachwuchs
besuchen und geht zur Säuglingsstation.
Schreit eine Schwester hinter ihm entsetzt:
»Raus, hier ist der Zutritt verboten.
Sie sind nicht steril!«
Meint der stolze Vater entrüstet:
»Das müssen Sie ausgerechnet zu mir sagen!«

Ein junger Anwalt trifft einen ebenfalls jungen Arzt.
»Wie geht es Ihnen?«
»Danke, gut. Ich kann nicht klagen. Und Ihnen?«
Der Anwalt:
»Schlecht. Ich kann auch nicht klagen!«

Meint ein Mann beim Seelendoktor: »Dass ich auf Englisch träume, geht ja noch ... aber jedes Mal dabei die deutschen Untertitel, furchtbar!«

Der Vater des jungen Arztes ist entsetzt:
»Was denn? Mit den schmutzigen Händen willst du Mittag essen?«
»Warum denn nicht?«, meint dieser.
»Schließlich will ich nur essen und nicht operieren!«

Kommt ein Mann zum Arzt und beschwert sich:
»Herr Doktor, mir hört nie jemand zu!«
Meint der Arzt: »Der Nächste bitte!«

Der Hausarzt zu Josef: »Wie oft habe ich Ihnen schon gesagt: Finger weg vom Alkohol bei Ihren Gallensteinen!« Darauf Josef: »Aber meine Mutter hat immer gesagt: Steter Tropfen höhlt den Stein!«

»Zu Risiken und Nebenwirkungen fragen Sie Ihren Arzt oder Apotheker ...« Frauke beherzigt diesen Hinweis und fragt nach bei dem Arzt, der ihr ein Schlafmittel verschrieben hat: »Sie meinen also, damit kann ich nun die ganze Nacht ruhig durchschlafen. Und wie oft muss ich dieses Medikament einnehmen?«
Sagt der Arzt: »Alle zwei Stunden!«

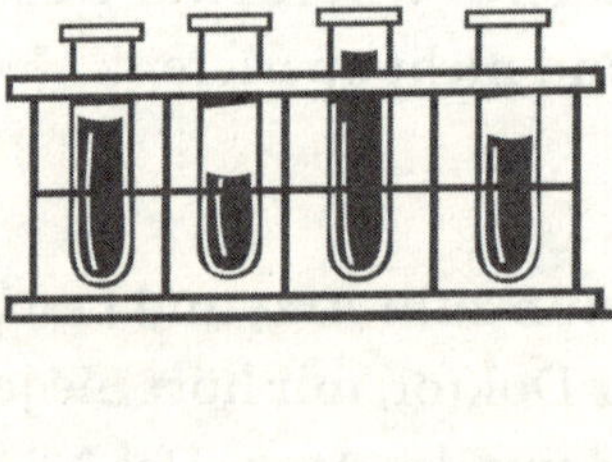

Beamtenwitze

Zwei Tiger treffen sich im Zoo:
»Habe gehört, du hast einen Ausbruch geschafft?«
»Klaro!«
»Und? Wie lief es?«
»Zuerst prima! Ich habe mich im Rathaus versteckt und jeden Tag heimlich einen Beamten gefressen. Das fiel erst gar nicht auf.«
»Und wie ist es aufgefallen?«
»Dumm gelaufen! Eines Tages habe ich aus Versehen eine Putzfrau erwischt!«

Was ist der Unterschied zwischen Holz und einem Beamten?
Holz arbeitet.

Warum haben Beamte 100 Knochen mehr als Angestellte?
Weil ihr Gehirn noch mechanisch arbeitet ...

Was ist »Beamten-Mikado«?
Wer sich zuerst bewegt, hat verloren.

Beamten sind die Träger der Nation.
Einer träger als der andere!

Welche zwei Dinge arbeiten
auf einer Behörde immer?
Kaffeemaschine und Ventilator!

Jetzt lasst doch mal die armen Beamten in Ruhe!
Die tun doch gar nichts!

Was ist die Berufskrankheit der Beamten?
Kopfverletzungen.
Wenn sie auf die Arme gestützt arbeiten,
also schlafen, rutschen sie ab und knallen
mit dem Schädel auf den Schreibtisch.

Beamte werden bekanntlich nicht
begraben, sondern nur umgebettet.

Bei Beamten spricht man von Dienstzeit, nicht von Arbeitszeit.

Warum benutzen Beamte immer dreilagiges Klopapier? Weil sie für jeden Sch*** zwei Durchschläge brauchen.

Wenn du Butter willst, schicke Milch auf den Dienstweg.

Man kann einen Beamten nicht entlassen – nur wegbefördern.

Wer viel arbeitet, macht viele Fehler.
Wer wenig arbeitet, macht wenige Fehler.
Wer überhaupt nicht arbeitet, macht keine Fehler.
Wer keine Fehler macht, wird befördert.

Was ist das:
Zwei Streichhölzer mit einer Kugelschreiberfeder verbunden?
Ein Beamtenexpander.

Ein Beamter kommt ins Zoogeschäft und will einen Goldfisch zurückgeben.
Verkäufer: »Warum wollen Sie denn das Tier nicht mehr haben?«

Beamter: »Der hat zu viel Hektik im Büro verbreitet.«

Ein Beamter kommt nach 39 Dienstjahren zu seinem Chef und will sich versetzen lassen.
Chef: »Friedrich, Sie sitzen jetzt seit 39 Jahren im gleichen Büro und wollen sich nun versetzen lassen?«
Friedrich: »Tja, Chef, das ist halt das Zigeunerblut in mir!«

Ein Mann kommt in die Gehirnbank und lässt sich über die gängigen Preise von Gehirnen informieren.
»Ärzte 10 000, Anwälte 15 000, Beamte 25 000 Euro!«
Warum sind Beamte so teuer?«
»Kaum benutzt, so gut wie neu – und außerdem braucht man eine Menge Beamte, um 2000 Gramm funktionierende Masse zu bekommen!«

Was ist Beamtendreikampf?
Knicken, Lochen, Abheften.

Ein Angestellter, ein Arbeiter und ein Beamter gehen am Morgen zur Schildkrötenjagd. Abends treffen sie sich wieder, um den Fang zu vergleichen.
Angestellter: »Also, ich habe fünf gefangen.«
Arbeiter: »Ha, ich habe sogar neun gefangen.«
Der Beamte sagt nichts. Daraufhin fragen ihn die anderen: »Und? Was hast du gefangen?«
Da meint der Beamte:
»Gar nichts. Kurz bevor ich eine hatte, machte es husch und weg war sie.«

Was ist ein 08/15 Beamter?
0 Ahnung, 8 Stunden dumm rumsitzen, A15-Bezahlung.

Vergangene Woche im Arbeitsamt Schnitzelreuth, 11:30 Uhr, ein Beamter fragt den anderen: »Kommst du mit zum Mittagessen – oder schläfst du heute durch?«

Ein Beamter bekommt die Aufgabe, einen Topf voller Linsen und Bohnen in zwei Töpfe zu sortieren. Nach einer Stunde wird nachgesehen, wie weit er ist. Er hat sechs Bohnen und acht Linsen geschafft und sitzt schweißgebadet am Tisch.
»Hm, sagen Sie mal, so anstrengend ist die Aufgabe doch nicht?« – »Körperlich nicht, nein, aber immer diese schnellen Entscheidungen.«

Welcher Wochentag ist für die
Beamten der schwerste?
Der Montag, denn da müssen sie
die Kalenderblätter vom
Wochenende mit abreißen!

Treffen sich zwei Beamte auf dem Flur.
Sagt der eine zum anderen: »Na, kannst du auch nicht schlafen?«

Wie kann man einen Beamten
am ehesten beleidigen?
Indem man ihm seine
Kaffeemaschine wegnimmt.

Treffen sich zwei Beamte.
Sagt der eine: »Ich habe gestern
drei Überstunden gemacht!«
Sagt der andere: »So? Was habt
ihr denn gefeiert?«

Aus dem
Gedichtband eines Beamten:
»Dem Alltagsstress
kannst du entgehen,
vermeidest du es
aufzustehen!«

Am Montagmorgen im Einwohnermeldeamt.
Die beiden Bürodamen gähnen um die Wette.
Da stößt die eine die andere an:
»Wie spät ist es eigentlich?«
»Viertel nach zehn.«
»Ist das wieder eine Woche!
Die nimmt und nimmt kein Ende!«

»Schon gehört? Im neuen Finanzamt
gibt es keine Treppen und Aufzüge.«
»???«
»Die Besucher gehen alle die Wände hoch!«

»Au weh«, rutscht es dem Beamten raus. »Jetzt ist es schon fast zwölf und ich hätte fast noch ein Formular in die Hand genommen!«

»Sie dürfen sich nicht aufregen, empfiehlt der Arzt. »Am besten, Sie kümmern sich überhaupt nicht um fremde Dinge!«
»Dann muss ich meinen Beruf wechseln, Herr Doktor. Ich bin Zollbeamter!«

Der Gemeinderat tagt schon seit über zwei Stunden hinter verschlossenen Türen. Eine Verkehrsampel soll errichtet werden. Der Kämmerer muss noch schnell einen weiteren Ordner aus dem Amt holen und trifft auf dem Flur auf einen anderen Angestellten: »Heute dauert's aber lange!«, meint der. Darauf der Kämmerer: »Die können sich mal wieder nicht auf die Farben einigen!«

Was haben Robinson Crusoe und die Kollegen vom Amt gemeinsam? Sie warten auf Freitag!

Der Beamte auf dem Einwohnermeldeamt
gibt dem Antragsteller das Formular zurück:
»Sie haben da einen i-Punkt vergessen!«
»Ergänzen Sie ihn doch bitte!«
»Nein«, erwidert der Beamte, »es muss dieselbe
Handschrift sein!«

Der Chef der obersten Finanzdirektion
zu seiner neuen Sekretärin:
»Nun, Fräulein Adelheid, lesen Sie mir
mal vor, was ich Ihnen eben diktiert habe.
Ich bin sehr gespannt auf Ihre Version!«

Die Pflicht eines Beamten
ist mit seiner Anwesenheit erfüllt.

Oberinspektor: »Gestern sind Sie bereits zu spät
gekommen, weil Ihr Auto kaputt war. Vorgestern
standen Sie im Stau. Ich bin wirklich gespannt,
was Sie heute für eine Ausrede haben.«
Inspektor: »Also, heute bin ich ausnahmsweise
einmal zu Fuß gegangen und hatte prompt
starken Gegenwind!«

Frau Kunze ist eine zuverlässige Sekretärin – mit einem einzigen Fehler: Sie arbeitet furchtbar langsam. Und damit treibt sie ihre Kollegen vom Amt manchmal zur Verzweiflung. Gerade jetzt stempelt sie überaus gemächlich Anträge. Der Chef kann nicht mehr zusehen.

»Mal schneller, Frau Kunze. Sie können das doch schneller! Wer Ihnen zuschaut, der schläft dabei ein.«

»Ich muss doch sehr bitten. Es gibt bei mir nichts mehr zu beschleunigen. Ich arbeite schon wie verrückt.« Der Chef geht mit gutem Beispiel voran, nimmt das Gerät zur Hand und stempelt mühelos die dreifache Zahl.

Frau Kunze schaut eine Weile zu, bis sie mit einer wegwerfenden Handbewegung sagt:

»So ist das natürlich keine Kunst – wenn man beide Hände nimmt!«

Ein Beamter zu einem Bauern, der die ansteckende Krankheit seines Viehs melden will: »Bedaure, ich habe nur die Maulsperre. Dummkoller und Klauenseuche hat der Herr auf Zimmer 217.«

Vorstellungsgespräch zur Einstellung eines Beamten:
»An welche Position hätten Sie denn gedacht?«
»Beamteter Staatssekretär!«
»Sind Sie meschugge?«
»Nein, ist das denn Bedingung?«

Zwei Zecken treffen sich auf der Trauerweide vor dem Finanzamt. Die eine will sich gerade auf den vorbeieilenden Beamten von der Einkommensteuerabteilung fallen lassen, doch die andere hält sie zurück. »Lass mal, das ist zwecklos – die saugen selbst!«

Im Bundeshaus wird ein Baby gefunden. Schnell wird klar, dass es nicht von einem Beamten sein kann. Denn der bringt in der kurzen Frist von neun Monaten nichts zustande, was Hände und Füße hat.

Was bekommt ein Beamter, wenn er nachts von der Arbeit träumt?
Selbstverständlich Zeitausgleich.

Ein wirklich unbestechlicher Beamter nimmt nichts an – nicht einmal Vernunft.

Am schwarzen Brett im Finanzamt hängt ein Zettel mit der Frage: »Wie können wir erreichen, dass alle Mitarbeiter pünktlich mit dem Glockenzeichen an ihren Arbeitsplätzen sind?«
Am nächsten Tag hängt ein Zettel daneben, auf dem steht: »Lassen Sie den klingeln, der als Letzter kommt!«

Drei in einem Büro und einer arbeitet?
Zwei Beamte und ein Ventilator!

Schneider bei der Polizei:
»Ich bekomme ständig Drohbriefe. Kann man was dagegen machen?«
Beamter:
»Natürlich, wenn Sie uns helfen, den Absender zu ermitteln.«
Schneider:
»Klar, den kenne ich. Es ist das Finanzamt ...«

Sagt ein Beamter zum Kollegen:
»Im Einwohnermeldeamt hat gestern eine Intelligenzbestie von der Hochschule angefangen. Der macht glatt die Arbeit von dreien.«
»Und das nennst du intelligent?«

Oberinspektor Hummel sucht seinen Hausarzt auf. »Herr Doktor, ich kann nicht mehr. Ich rede ständig im Schlaf.«
»Ist es so schlimm, dass sich Ihre Frau gestört fühlt?«, will der Arzt wissen.
»Nein, das nicht gerade«, erklärt Hummel. »Aber die ganze Behörde lacht schon über mich!«

Warum können Beamte nicht tanzen?
Weil es keine Musiker auf dieser Welt gibt, die so langsam spielen können!

Wieso ist der 21. März für viele Beamte ein wichtiger Stichtag?
Ende Winterschlaf – Anfang Frühjahrsmüdigkeit.

Der Bürgermeister ist eine Betontreppe
hinuntergestürzt und wird nun auf dem
schnellsten Weg ins Krankenhaus gebracht.
Eine Angestellte des Rathauses, die das
Unglück mit eigenen Augen gesehen hat,
meint besorgt zu ihrer Kollegin:
»Hoffentlich hat er sich nicht
das Rückgrat gebrochen.«
»Unmöglich«, antwortet die,
»der hat doch noch nie eines besessen!«

Was ist der Unterschied zwischen einem Arbeitslosen und einem Beamten?
Arbeitslose haben schon einmal gearbeitet.

Eine ältere Dame kommt auf das Einwohnermeldeamt und will einen Pass beantragen.
»Alter?«, will der Beamte wissen.
»Achtundzwanzig und ein paar Monate«, sagt die Dame.
Skeptisch fragt der Beamte nach:
»Und wie viele Monate?«
Die Antwort kommt etwas zögerlich:
»Fünfundsechzig!«

Auf dem Jahrmarkt. Der stärkste Mann der Welt bietet jedem 100 Euro, der stärker ist als er. Der Muskelprotz zerdrückt vor dem staunenden Publikum eine Zitrone, bis nur noch ein trockenes Etwas zurückbleibt. Ein schmächtiges Männlein meldet sich und presst aus der Zitrone noch mal eine Menge Saft heraus. Total verblüfft fragt der »stärkste Mann der Welt«: »Sagen Sie, wo ist der Trick bei der Sache?« Sagt der andere: »Ganz einfach, ich bin Finanzbeamter!«

Fragt ein Finanzbeamter einen Fußgänger am Straßenrand: »Können Sie mir bitte 50 Cent leihen, ich will einen Freund anrufen.« Antwortet der Passant: »Ich gebe Ihnen einen Euro, dann können Sie alle Ihre Freunde anrufen.«

Die Qualität eines Beamten wird nicht danach bemessen, wie viele Akten er abschließt, sondern wie viele er anlegt.

An der Tür des Finanzamtes hängt folgendes Schild: »Geöffnet – wir bitten um Verständnis!«

Was ein Beamter nicht begreift,
wird von ihm untersagt.

Ein Ingenieur, ein Buchhalter, ein Chemiker und ein Beamter sprechen über die Klugheit ihrer Hunde. Der Ingenieur sagt, sein Hund könne gut zeichnen. Er lässt ihn ein Blatt Papier holen und einen Kreis, ein Rechteck und ein Dreieck zeichnen, was der Hund auch leicht schafft. Der Buchhalter sagt, sein Hund sei besser. Er befiehlt ihm, ein Dutzend Kekse zu holen und sie in Dreierhäufchen aufzuteilen. Das schafft der Hund locker. Der Chemiker meint, das sei noch gar nichts, und befiehlt seinem Hund, einen Liter Milch zu holen und davon ein Drittel in ein Halblitergefäß zu gießen. Der Hund schafft das leicht.

Grinsend wenden sich die drei an den Beamten und fragen, was sein Hund könne. Der schnippt mit dem Finger, und sein Hund frisst die Kekse, trinkt die Milch, macht ein Häufchen auf das Papier, vergnügt sich mit den anderen drei Hunden, behauptet, sich dabei eine Beinverletzung zugezogen zu haben, reicht eine Beschwerde wegen gefährlicher Arbeitsbedingungen ein, verlangt Verdienstausfall, lässt sich krank schreiben und läuft heim.

Was ist der Unterschied zwischen
dem Finanzamt und einer Jeans?
Bei der Jeans befinden sich die Nieten außen.

Warum tragen Beamte immer eine Brille?
Damit Sie sich beim Einschlafen nicht mit dem
Bleistift ins Auge stechen.

Ein Beamter zeigt seiner Frau ein
Bild von seinen Kollegen und seinem
Amtszimmer. »Schau mal, eine Stunde
belichtet, und keiner ist verwackelt!«

Beamte unterscheiden sich von gewöhnlichen
Bürgern dadurch, dass sie ihre Fehler noch nach
Jahrzehnten anhand von Akten belegen können.

»Weißt du, wo ich meinen Bleistift hingelegt
habe?«, fragt der Finanzbeamte seinen Kollegen.
»Klar, du Dussel, hinter deinem Ohr!«
»Mensch, mach die Sache nicht so kompliziert!
Hinter welchem?«

Peter und Paul haben einen Traumjob bei der Post ergattert: Telegrafenmasten aufstellen. Es ist Ende der Woche und die beiden kommen zurück. »Na, seid ihr fertig geworden?«, fragt der Chef. »Leider nicht ganz«, antwortet Peter, »aber fast. Nur drei von den Stangen schauen noch zur Hälfte aus der Erde heraus!«

Zwischen den städtischen Bauämtern von Hamburg und New York läuft die Wette, welches Amt schneller den Plan eines zehnstöckigen Hochhauses anfertigt. Binnen weniger Tage erhalten die Hamburger ein Fax aus New York: »Noch zwölf Tage und wir sind fertig.«
Hamburg antwortet postwendend: »Noch zwölf Formulare und wir fangen an.«

Herr Lehmann reicht seine Bauvoranfrage ein und erhält noch am selben Tag die Antwort. »Was, keine Vertröstungen auf Wochen, keine Fragebögen, keine Formulare? – Ist das am Ende gar nicht das Bauamt?«

Das Telefon klingelt. Eine wutentbrannte Stimme wettert: »Was für eine Sauerei! Das Huhn, das Sie mir gestern noch verkauft haben, war wohl auch nicht mehr ganz frisch, oder? Völlig ungenießbar. Das müssen Sie mir umtauschen.«
Der Mann am Telefon schüttelt nur den Kopf und meint: »Tut mir Leid, aber das geht nicht. Das verstößt gegen das Gesetz.«
»Was für ein Gesetz? Spreche ich nicht mit der Metzgerei Meierhofer?«
»Nein«, kommt die ruhige Antwort, »hier ist das Standesamt.«

Wie wird das Sparpaket bei den Behörden umgesetzt?
Die Beleuchtung im Büro bekommt einen Bewegungsmelder.

Ein Beamter ist im Schlaf vom Stuhl gekippt und wird von zwei Kollegen verletzt aufgefunden. Sagt der eine: »Komm, Huber, wir müssen ihm wenigstens die Hände aus den Hosentaschen nehmen. Dann können wir den Sturz als Arbeitsunfall melden!«

Was sind die drei schlimmsten Feinde des Beamten? Frische Luft, helles Tageslicht und das fröhliche Gezwitscher der Vögel.

Sachbearbeiter Balduin meint mit einem tiefen Seufzer zu seinem Amtskollegen: »Mensch, Emil, heute haben wir wieder einen Haufen Binnenpost!«
»Was meinst du damit?«
»Die Briefe fangen alle mit dem Satz an: ›Wenn Sie nicht binnen einer Woche ...!‹«

Was tut ein nasebohrender Beamter? – Er holt das Letzte aus sich heraus.

Der Beamte im Patentamt wird langsam sauer und mault seinen Kollegen an: »Hör endlich mit diesem ewigen ›Dass ich darauf nicht selbst gekommen bin‹ auf!«

»Womit habe ich das nur verdient«, staunt der Beamte, als er den Umschlag mit seiner Gehaltsabrechnung öffnet.

Herr Vogel wird von seinem Nachbarn gefragt, womit er denn sein Haus gebaut habe.
Vogel: »Mit den Steinen, die mir die Beamten vom Bauamt in den Weg gelegt haben!«

Herr Schnecke und Frau Ziege müssen ins Rathaus. Als Frau Ziege ankommt, kommt ihr Herr Schnecke schon wieder auf dem Weg in Richtung Ausgang entgegen. Frau Ziege kann es nicht fassen: »Was, Sie waren schon dran?«
Herr Schnecke lakonisch: »Kriechen muss man können, nicht meckern!«

»Helene, koch den Frühstückskaffee bitte nicht wieder so stark. Gestern habe ich den ganzen Tag im Büro nicht schlafen können.«

»Stell dir nur vor«, erzählt Erwin nach einem stundenlangen Behördengang seinem Freund. »Im Amt, da sitzen jetzt männliche und weibliche Beamte nicht mehr zusammen. Sie haben getrennte Schlafzimmer durchgesetzt!«

»Haben Sie Devisen?«, fragt der Zollbeamte.
»Nur eine: Lass dich bloß nie erwischen!«

Dienststellenleiter Bertram quälen seit Wochen stechende Kopfschmerzen. Schließlich hält er es nicht mehr aus und geht zum Arzt. Den Kollegen erzählt er am nächsten Tag: »Von oben bis unten hat er mich untersucht und sogar meinen Kopf geröntgt. Gefunden hat er da aber nichts.«
Bertrams Mitarbeiter: »Haben Sie etwas anderes erwartet?«

Die meisten öffentlichen Ämter haben zwei Eingänge, damit die Beamten, die zu spät kommen, nicht diejenigen behindern, die zu früh nach Hause gehen.

Zwei Zollbeamte unter sich. »Hermann, kontrolliere die Reisenden bitte heute besonders gründlich. Wir haben keine Zigaretten mehr!«

Ein Mann kommt ins Büro eines Finanzbeamten. Der tut sehr beschäftigt und sieht kaum von seinen Akten hoch. Nachdem der Mann zehn Minuten wartend und schweigend im Büro verbracht hat, deutet er mit dem Kinn zum Fenster und meint: »Soll ungesund sein!« »Was?« – »Blumen im Schlafzimmer!«

Der Vorgesetzte zu seinem Mitarbeiter:
»Sie hätten kein Kriminaler, sondern besser Krimineller werden sollen, Inspektor Wagner.«
»Wie kommen Sie denn darauf?«
»Ihre Arbeit hinterlässt keine Spuren!«

Sachbearbeiter Schmidt bei seiner Lieblingsbeschäftigung, dem Lösen von Kreuzworträtseln. Nachdenklich kratzt er sich am Kopf, dann fragt er Kollege Müller: »Du, was ist eigentlich ein Vakuum? Fünf Buchstaben.«
Müller überlegt: »Warte, ich hab's im Kopf – aber ich komme momentan nicht drauf!«

Der mit Touristen voll gepackte Bus fährt auf seiner Besichtigungstour durch die Stadt auch an der Finanzbehörde vorbei. Einer der Fahrgäste erkundigt sich, was das denn für ein Gebäude sei. »Gebäude?«, sagt der Fahrer spöttisch. »Dies ist der größte Friedhof weit und breit. Hier ruhen die meisten Beamten der Stadt!«

Ein Beamter wurde gefragt,
warum er einen verfaulten Apfel isst.
Beamter:
»Als ich angefangen habe,
war er noch frisch!««

Für eine Fernsehreportage wird ein Filmteam losgeschickt, um den Tagesablauf eines Beamten zu filmen. Die Ausbeute des Tages: Kein Film, dafür ein fotografiertes Standbild. Der Produzent ist aus dem Häuschen: »Seid Ihr taub? Ich habe doch ausdrücklich einen Film verlangt!« »Das ging nicht«, bekommt er zur Antwort. »Der Mann hat sich während des ganzen Tages nicht ein einziges Mal bewegt!«

Was ist ein Steuerzahler? – Das einzige Lebewesen, dem man das Fell mehrmals über die Ohren ziehen kann.

Ein Bauer wurde zu fünfzig Tagen Gefängnis verurteilt. Seine Frau schrieb ihm wütend einen Brief: »Jetzt, wo du im Knast bist, erwartest du wohl von mir, dass ich das Feld pflüge und Kartoffeln pflanze? Vergiss es!«
Sie bekam als Antwort: »Wage ja nicht, das Feld anzurühren, dort habe ich das Geld und die Gewehre versteckt!«
Eine Woche später schreibt sie ihm erneut einen Brief: »Ein Beamter im Gefängnis muss deinen Brief gelesen haben. Die Polizei war hier und hat das ganze Feld umgegraben, ohne etwas zu finden.«
Die Antwort ihres Mannes: »So, jetzt kannst du die Kartoffeln pflanzen!«

Fritzchen fragt seinen Vater: »Du, Papi, wie kommt es eigentlich, dass der liebe Gott die Welt in sieben Tagen erschaffen hat?«
»Mein Sohn, er war eben nicht auf Handwerker und Beamte angewiesen!«

Hofbauer hat eine unheilbare Krankheit.
Er macht sein Testament. »Wenn ich
gestorben bin, soll mein Leichnam
verbrannt werden«, sagt er zum Notar.
»Und die Asche?«, fragt der Notar.
Hofbauer grimmig: »Die schicken Sie ans
Finanzamt mit folgendem Begleitschreiben:
›Nun habt ihr alles!‹«

Unternehmerweisheit:
»Ein Geschäft ist erst dann ein
Geschäft, wenn man dem Finanzamt
nachweist, dass es keines war!«

Kurz kommt ins Finanzamt und bittet um einen Gesprächstermin beim Finanzoberinspektor. Nach längerem Warten wird er eingelassen.
»Herr Oberinspektor«, erklärt er, »ich würde gern Urlaub nehmen.«
»Wieso Urlaub? Sie sind doch gar nicht bei uns angestellt!«
Kurz darauf: »Das nicht«, bestätigt er, »aber ich arbeite doch in erster Linie für Sie!«

Wenzel bekommt die Formularvordrucke für seine Steuererklärung und schickt den ganzen Papierkram mit beiliegendem Brief wieder an das Finanzamt: »Sehr geehrte Damen und Herren! Anbei sende ich Ihnen Ihre Prospekte zurück. Ich habe nicht die Absicht, einem Verein mit derart komplizierten Aufnahmebedingungen beizutreten.«

Drei kleine Jungen streiten sich darum, wessen Vater am schnellsten ist.
Meint der erste: »Mein Vater fährt einen Porsche!«
Sagt der zweite: »Das ist noch gar nichts. Mein Vater ist Pilot bei der Lufthansa und fliegt einen Airbus!«
Und schließlich der dritte: »Damit wollt ihr mich beeindrucken? Mein Vater ist Beamter. Um fünf Uhr hat er Dienstschluss, und um halb vier ist er schon zu Hause!«

Warum trinken Beamte morgens schon einen Kräuterschnaps?
Damit wenigstens der Magen arbeitet.

»Fräulein Evi, schreiben Sie bitte ›Wichtig – unbedingt lesen!‹ ganz groß an das schwarze Brett«, ordnet der Dienststellenleiter an, »ich möchte, dass alle im Amt informiert sind.«

»Herr Direktor, dann sollte man besser schreiben: ›Geheimsache, streng vertraulich!‹«

Wie heißt eigentlich die Hymne der Beamten?
Wake me up before you go go ...

Morgens, sieben Uhr.
Die Frau stellt ihrem Mann, einem Beamten, das Frühstück vor die Nase, inklusive Zeitung. Sie frühstücken, er liest die Zeitung, keiner sagt etwas. Drei Stunden später sitzt er immer noch am Tisch, liest die Zeitung, schläft ab und zu ein, schaut manchmal aus dem Fenster ...

Da fragt die Frau: »Sag mal, Schatz, musst du heute gar nicht ins Amt?«
Er springt erschrocken auf:
»Mist, ich dachte, da wäre ich längst!«

Amtsgehilfe – weiß alles.
Sekretär – weiß alles besser.
Obersekretär – will alles besser wissen.
Hauptsekretär – kann lesen.
Inspektor – kann schreiben.
Oberinspektor – kann lesen und schreiben.
Amtmann – weiß,
wer lesen und schreiben kann und
kann Ortsgespräche führen.
Oberamtmann – weiß, wo alles steht.
Regierungsrat – glaubt,
alles zu wissen.
Oberregierungsrat – müsste
eigentlich alles wissen.
Regierungsdirektor – unterschreibt nur,
was er lesen kann.
Ministerialrat – hofft, dass alles richtig ist,
was er unterschreibt.
Leitender Ministerialrat – weiß
nicht, was er alles unterschreibt.
Ministerialdirigent – fragt, wo er
unterschreiben muss.
Staatssekretär – trägt die
Aktentasche des Ministers.
Minister – hofft, dass in der Aktentasche
alles drin ist, was er wissen muss.

Zwei Männer stehen interessiert
vor dem Finanzamt.
»Sie, Herr Nachbar, was sind denn das
da oben für Statuen auf dem Balkon?«
»Welche Statuen?«, fragt der andere.
»Na, die da oben auf dem Balkon!«
Der andere: »Das sind doch keine
Statuen, das sind Beamte!«
Der Erste: »Beamte?
Das gibt's doch nicht; ich steh doch
jetzt schon bald eine Dreiviertelstunde hier,
und die haben sich noch nicht bewegt!«
»Ja«, meint der andere, »da müssen Sie
bis um fünf Uhr warten,
dann bewegen sie sich.«

Frage an Radio Eriwan:
»Sind eine Beamtin und ein Beamter
in der Lage, ein Kind zu zeugen?«
Antwort: »Im Prinzip nein. In keiner uns
bekannten Behörde gibt es Mitarbeiter,
die mit Lust und Liebe bei der Sache sind,
es entsteht nichts, was Hand und Fuß hat,
und alles, was dann doch entsteht,
dauert länger als neun Monate.«

Briefträger Matjes ist ziemlich sauer,
weil er wegen einer einzigen Ansichtskarte
zum Leuchtturm hinausrudern muss.
»Post für dich, Hajo«, ruft Matjes sauer.
»Halt deine Laune im Zaum«,
mault der Leuchtturmwärter zurück,
»sonst abonniere ich ab sofort
die Tageszeitung!«

Den Sachbearbeiter, einen starken Raucher, plagen seit geraumer Zeit schlimme Kopfschmerzen. Er geht zum Arzt, und der stellt eine klare Diagnose: »Ihr Gehirn ist total verrußt, das muss gereinigt werden. Lassen Sie mal das Gehirn hier, ich reinige es, nach drei Wochen können Sie es wieder abholen.«
Der Sachbearbeiter ist einverstanden.
Die drei Wochen sind vorbei, aber der Sachbearbeiter hat sich immer noch nicht blicken lassen. Nach zwei Monaten trifft der Arzt den Sachbearbeiter: »Wollen Sie Ihr Gehirn nicht wieder abholen?«
»Nein, das brauche ich nicht mehr, ich bin Dienststellenleiter geworden!«

Feuerwehrwache in einer Großstadt.
Der Chef kommt pfeifend, beide Hände
tief in den Hosentaschen, ganz langsam
in den Aufenthaltsraum seiner Männer.
Nachdem er in aller Seelenruhe einen
Kaffee getrunken und die Toilette
aufgesucht hat, sagt er lässig:
»So Leute, jetzt macht euch mal ganz
langsam und sachte fertig. Wir müssen
zu einem Einsatz: Das Finanzamt brennt ...«

Blondinenwitze

Was ist die Kreuzung zwischen einer Spinne und einer Blondine? Eine achtarmige Putzfrau.

Zwei Blondinen sitzen auf einem Brückengeländer und blicken rätselnd hinunter:
Die erste: »Was ist das da unten?«
Die zweite: »Vielleicht der Rhein?«
Die erste: »Oder die Mosel?«
Die zweite: »Ach, ich schau einfach mal nach!«
Gesagt, getan: Sie hält sich die Nase zu und springt runter.
Die erste: »Und, was ist es?«
Die zweite: »Die Autobahn ...«

Wozu nimmt eine Blondine Brot mit auf die Toilette? Um die WC-Ente zu füttern!

Was denkt eine Blondine, wenn sie in zehn Meter Entfernung eine Bananenschale auf der Straße liegen sieht?
»Mist, gleich falle ich hin!«

Wann sitzt eine Blondine auf der Kneipe?
Wenn der Wirt gesagt hat,
dass die nächste Runde auf das Haus geht!

Wie nennt man eine joggende Blondine?
Dumm gelaufen!

Blondine beim Arzt.
Arzt: »Nun schalten Sie doch endlich den Walkman aus, und nehmen Sie die Kopfhörer ab!«
Blondine: »Das geht nicht, die sind lebensnotwendig für mich!«
Dem Arzt wird es zu bunt. Er nimmt der Blondine die Kopfhörer ab. Die Blondine fängt an, wie ein Fisch nach Luft zu schnappen und blau anzulaufen. Dem Arzt wird es mulmig.
Er setzt sich den Kopfhörer auf und hört:
»Einatmen, ausatmen, einatmen, ausatmen ...«

Warum ist Commodore pleite gegangen?
Weil die Blondinen immer die Chips aufgegessen haben ...

Unterhalten sich drei Blondinen: Die erste: »Mein Freund hat mir ein Buch geschenkt, und ich kann doch gar nicht lesen!« Die zweite: »Mein Freund hat mir ein Schreibset geschenkt, und ich kann doch gar nicht schreiben!« Die dritte: »Mein Freund hat mir einen Deoroller geschenkt, und ich habe gar keinen Führerschein!«

Warum können Blondinen rechts und links nicht unterscheiden?
Weil Kochtöpfe rund sind.

Warum kauft eine Blondine einen elektrischen Rasenmäher?
Um wieder vom Garten zurück zum Haus zu finden.

Blondie und zwei Freundinnen
fliegen nach New York.
An der Hotelbar versucht sie,
ihre guten Englischkenntnisse zu zeigen.
»One Martini, please!«
»Dry?«, fragt der Kellner.
Darauf Blondie: »No, only one!«

Wie stirbt bei einer Blondine eine Hirnzelle?
Einsam.

Eine Blondine erzählt von ihrem Urlaub:
»Das Wellenreiten hat überhaupt keinen
Spaß gemacht.«
»Wieso, gab es keine Wellen?«
»Schon, aber das Pferd wollte nicht ins Wasser.«

Unterhalten sich zwei Blondinen.
Fragt die eine: »Sag mal, an welchem Tag
ist dieses Jahr eigentlich Heiligabend?«
Sagt die andere: »Ich glaube, an einem Freitag!«
Darauf meint die erste: »Du meine Güte,
hoffentlich nicht an einem Dreizehnten!
Ich bin nämlich abergläubisch.«

Was hält die meisten Blondinen vom Studium ab?
Das Abitur.

Blondine beim Vorsprechtermin:
»Mein Name ist Lang!«
Regisseur: »Kein Problem, ich habe Zeit!«

Warum verkauft die Blondine ihre Wasserski?
Sie konnte keinen abschüssigen Bergsee finden!

Eine Schwarzhaarige, eine Brünette und eine Blondine beim Quiz. Fragt der Quizmaster: »Wie viele ›D‹ sind in ›Bonanza‹?
Die Schwarzhaarige und die Brünette wie aus der Pistole geschossen: »Keines.«
Nach langem Überlegen sagt die Blondine: »22!«
Der Quizmaster verdutzt: »Wieso 22?«
Antwort: »Damdadadamdadadamdadadam Bonanzaaah damdadadamdadadamdadadamdamdam ...«

Wie kriegst du eine Blondine zum Einschlafen?
Sag ihr, du möchtest dich mit ihr unterhalten!

Zwei Blondinen stehen vor Eisenbahngleisen.
Berührt die eine die Gleise und sagt:
»Die Gleise sind noch warm. Da muss
gerade ein Zug vorbeigefahren sein.«
Die andere:
»Die beiden Spuren sieht man auch noch!«

Eine Blondine beobachtet belustigt eine andere, wie sie sich abmüht, ein Wollknäuel zu entwirren. Schließlich erbarmt sie sich: »Du kannst dir die Mühe sparen. Falls du das Ende suchst, mach dir keine allzu großen Hoffnungen, ich habe es nämlich abgeschnitten!«

Wie kann man die Augen einer Blondine
aufleuchten lassen?
Durch eine Taschenlampe an ihrem Ohr.

Eine Blondine zur anderen:
»Also wenn ich sechs Richtige im Lotto habe, höre ich auf zu arbeiten.«
Darauf die andere: »Und wenn ich drei Richtige habe, arbeite ich nur noch halbtags.«

Was ist der Unterschied zwischen
einer Blondine und einer Glühbirne?
Die Blondine ist leichter anzumachen.

Warum fahren Blondinen BMW?
Weil sie es buchstabieren können.

Was ist eine Brünette
neben einer Blondine?
Eine Souffleuse.

Wie kann man eine Blondine
zwei Stunden beschäftigen?
Man nimmt ein Blatt Papier
und schreibt auf beide Seiten
»Bitte wenden.«

Stromausfall in
einem Hochhaus:
Die Brünette saß
drei Stunden in
einem Fahrstuhl
fest. Die Blondine
stand drei Stunden
auf der Rolltreppe.

Wie kann man
eine Blondine stundenlang beschäftigen?
Man kocht ihr eine Buchstabensuppe und sagt,
sie solle die Nudeln nach dem Alphabet sortieren.

Wie kann man eine Blondine am Montagmorgen
zum Lachen bringen?
Man erzählt ihr am Freitagabend einen Witz!

Warum setzt sich eine Blondine
im Flugzeug nie ans Fenster?
Sie hat gerade ihre Haare geföhnt und
will ihr Styling nicht wieder
durchwirbeln lassen.

Warum haben Blondinen nur
fünfzehn Minuten Mittagspause?
Weil sie sonst wieder neu angelernt werden müssen.

Warum laden Blondinen immer ganz
viele Leute ein, um sich Filme anzuschauen?
Es heißt doch: »Freigegeben ab achtzehn.«

Was ist der Unterschied zwischen einer
Blondine und einem Job?
Der Job wird erst nach einer Woche langweilig.

Warum können Blondinen keine Glühbirnen wechseln? Weil sie die Lampen mit dem Hammer aus der Fassung schlagen.

Was ist eine Blondine hinter einem Lenkrad? Ein Airbag.

Wie kann man die Intelligenz einer Blondine messen? Ihr an der Tankstelle einfach den Luftdruckprüfer ins Ohr stecken.

Warum haben Mantafahrer neuerdings immer einen Strohballen auf dem Beifahrersitz? Hauptsache es ist blond und hält den Mund!

Woran erkennt man, dass ein Fax von einer Blondine gesendet wurde? An der Briefmarke.

Was sagt eine Blondine, nachdem sie gegen einen Baum gefahren ist? »Komisch – ich habe doch gehupt!«

Was passiert, wenn eine Blondine sich gegen eine Mauer lehnt?
Die Klügere gibt nach!

Wie viele Blondinen braucht man, um eine Glühbirne auszuwechseln?
Drei! Zwei drehen die Leiter, die andere hält die Glühbirne fest.

Was ist ein Gerippe unter einer Kellertreppe?
Eine Blondine, die beim Versteckspiel gewonnen hat!

Was machen zwei Blondinen, die sich Strohballen zuwerfen?
Gedankenaustausch!

Warum können Blondinen nicht nach einem Kochbuch doppelte Portionen kochen?
Weil der Ofen nicht bis 400 Grad geht.

Was sind Blondinen in der Uni?
Besucher!

Wie macht eine Blondine Marmelade?
Sie schält Berliner!

Warum gehen Blondinen in der
Dusche immer im Kreis herum?
Weil auf der Shampooflasche
»Wash & go« steht.

Drei Blondinen gehen durch den Wald und treffen eine Fee. Die sagt: »Jede von euch hat einen Wunsch frei.« Die erste wünscht sich auszusehen wie Pamela Anderson – schon ist der Wunsch erfüllt. Die zweite wünscht sich lange Haare – und schon hat sie Haare bis zum Boden. Die dritte wünscht sich, noch dümmer zu sein – und sie wird zum Mann.

Was ist eine Blondine
zwischen zwei Brünetten?
Eine Bildungslücke!

Was sind viele Blondinen Ohr an Ohr?
Ein Windkanal!

Frage: Auf der Straße liegt ein 100-Euro-Schein. Wer hebt ihn auf? – Der Nikolaus? Eine dumme Blondine? Oder eine kluge Blondine?
Antwort: Niemand! Es gibt weder den Nikolaus noch eine kluge Blondine. Und die dumme Blondine glaubt, es wäre ein platt getretener Kaugummi!

Warum sind Blondinenwitze so kurz?
Damit Männer sie behalten können.

Wieso läuft eine Blondine mit einer Ketchup-Flasche auf dem Kopf herum?
Auf der Verpackung stand:
»Vor Gebrauch auf den Kopf stellen!«

Was sagt eine Blondine, wenn man sie nach dem Unterschied zwischen einer weißen und einer braunen Kuh fragt?
»Die braune gibt Kakao.«

Was ist eine Blondine mit schwarz gefärbten Haaren?
Künstliche Intelligenz!

Wie viele Blondinen braucht man, um einen Schokoladenkuchen zu backen?
Vier: Eine macht den Teig und drei schälen die Smarties.

Warum freut sich eine Blondine so sehr, wenn sie nach sechs Monaten ein Kinderpuzzle fertig hat?
Weil »2–4 Jahre« auf der Packung stand!

Weshalb stehen Blondinen mit Computern auf Kriegsfuß?
Sie bekommen RTL nicht rein!

Woran erkennt man, dass eine Blondine am Computer saß?
Am Tipp-Ex auf dem Bildschirm.

Weshalb sind zwei Blondinen im Autokino erfroren?
Sie warten auf den Film »Im Winter geschlossen!«

Warum friert eine Blondine einen
Eimer kochendes Wasser ein?
Heißes Wasser kann man immer brauchen!

Morgens am Hauptbahnhof einer großen Stadt: »Achtung! Abfahrt des Regionalexpress nach Kleinkleckersdorf um 8 Uhr 48! Für die Blondinen unter unseren Fahrgästen mit einer Digitaluhr: Das ist Brezel-Stuhl-Brezel.«

Warum kann man davon ausgehen,
dass Rapunzel eine Blondine war?
Ganz einfach, jede andere hätte die
Schlüssel hinuntergeworfen!

Eine Blondine bekommt von ihrer besten Freundin ein Handy geschenkt. Kurz danach geht sie einkaufen, und schon bald klingelt das Handy in ihrer Tasche. Prompt ist die beste Freundin dran. Die Blondine: »Hallo, Uschi! Wie du siehst, funktioniert das Handy! Aber sag mal, woher weißt du eigentlich, dass ich gerade im Supermarkt bin?«

Eine Blondine läuft durch den Wald, als plötzlich nach einem grellen Blitz eine Fee vor ihr steht und sagt: »Heute ist dein Glückstag, mein Kind. Du hast einen Wunsch frei!«
Die Blondine überlegt und sagt:
»Es gibt so viel Krieg auf der Welt, ich wünsche mir, dass alle Menschen, schwarz oder weiß, in Frieden miteinander leben.«
Da breitet die Fee eine Weltkarte aus, deutet auf tausende Punkte, die Kriegsgebiete in aller Welt markieren, und sagt: »Weißt du, ich bin nur eine kleine Fee und kann nur kleinere Wünsche erfüllen. Dieser übersteigt meine Kräfte. Hast du keinen anderen Wunsch?«
Die Blondine überlegt wieder und sagt:
»Ja, ich würde gern das Abitur bestehen!«
Da legt die Fee die Stirn in Falten und entgegnet ihr: »Da wollen wir doch lieber noch einmal einen Blick auf die Landkarte werfen!«

Eine Blondine und eine Brünette gehen über die Straße, da sagt die Brünette:
»Sieh mal, ein toter Vogel!«
Die Blondine sieht nach oben und fragt:
»Wo?«

Was sind die schwersten drei Jahre
im Leben einer Blondine?
Die erste Klasse!

Steht eine Blondine in Hamburg am Hafen und wirft andauernd Steine ins Wasser. – Warum? Sie hat das Schild gelesen: »DEUTSCHE WERFT«.

Was sagt der Ohrenarzt, wenn
er eine Blondine untersucht?
»Halten sie bitte Ihr anderes
Ohr zu, die Sonne blendet so!«

Warum haben Blondinen immer Stroh im Auto?
Man kann ja nicht alles im Kopf behalten!

Ein Mann bittet eine Blondine,
einmal zu schauen, ob der Blinker
seines Wagens noch funktioniert.
Die Blondine stellt sich
hinter den Wagen und sagt:
»Ja, nein, ja, nein, ja, nein, ja ...«

Eine schwarz gefärbte Blondine geht spazieren.
Da trifft sie einen Schäfer und fragt:
»Hallo, Schäfer, wenn ich errate, was für Tiere das sind, bekomme ich dann eines?«
»Ja, klar«, sagt der Schäfer.
»Das sind Schafe!«, sagt die Blondine, sucht sich eines aus und geht weg.
Da ruft der Schäfer: »Hallo, wenn ich deine echte Haarfarbe errate, bekomme ich dann wieder meinen Schäferhund zurück?«

Wann schreibt eine Blondine Horrorgeschichten?
Wenn sie dein Scheckbuch hat!

Warum mögen Blondinen Gewitter?
Sie denken, dass sie fotografiert werden.

Warum wählen Blondinen nie »110« im Notfall?
Sie finden die »10« nicht auf dem Telefon.

Was ist zehn Kilometer lang und hat einen IQ von vierzig? Eine Blondinen-Parade.

Was ist eine Blondine, wenn sie
95 Prozent ihrer Intelligenz verloren hat?
Geschieden oder Witwe.

Der dicke Chef muss verreisen und bittet seine blonde Sekretärin, ihm zwei Plätze zu besorgen, damit er bequem sitzen kann. Nach einer Stunde kommt sie freudestrahlend zurück und ruft: »Ich habe sogar noch zwei Fensterplätze bekommen!«

Treffen sich eine Blondine und eine Brünette.
Fragt die Blondine:
»Na, wie findest du meinen tollen Strohhut?«
»Wundervoll. Wie aus dem Kopf gewachsen.«

Zwei Blondinen lassen sich als Astronautinnen anheuern:
»Wohin fliegen wir eigentlich?«, fragt die eine.
»Zur Sonne.«
»Du spinnst, die ist doch viel zu heiß!«
»Am Tag schon, aber wir fliegen ja nachts.«

Wundert sich die Dame an der Kinokasse,
als eine Blondine zum dritten Mal eine
Eintrittskarte bei ihr kauft:
»Sie sind jetzt schon zum dritten Mal hier,
um eine Karte zu kaufen, wieso eigentlich?«
»Der Mann am Eingang hat sie mir
jedes Mal zerrissen!«

Im Schuhgeschäft:
»Farbe und Form der Schuhe sind mir egal«,
sagt die große Blonde zum Verkäufer,
»aber niedrige Absätze müssen sie haben.«
»Wozu sollen sie denn passen?«, fragt er.
»Zu einem kleinen dicken Prokuristen!«

Während der ersten Fahrstunde
sagt die Blondine zum Fahrlehrer:
»Der kleine Spiegel dort oben ist
verkehrt eingestellt!«
»Wieso denn?«,
fragt der Fahrlehrer überrascht.
»Na ja, das Einzige,
was ich darin sehen kann,
sind die Autos hinter uns!«

In seiner Show macht ein Bauchredner mit seiner Rednerpuppe auf seinem Knie die üblichen Blondinenwitze. Nach einiger Zeit springt in der zweiten Reihe eine junge hübsche Blondine auf und protestiert lautstark:
»Ich habe die Nase voll von Ihren blödsinnigen Blondinenwitzen. Immer werden alle Blondinen in diese stereotype Rolle gezwängt! Was haben Haarfarbe und Wert eines Menschen miteinander zu tun? Vermeintliche Witzbolde wie Sie sind mit schuld an der Diskriminierung der Frau! Sie sollten einmal zur Besinnung kommen.«
Das Publikum applaudiert, dem Bauchredner ist die Sache ziemlich unangenehm und er versucht sich zu entschuldigen. Aber die Blondine unterbricht ihn barsch:
»Sie halten sich da raus, mein Herr! Ich rede mit dem kleinen fiesen Kerl, der auf Ihrem Knie sitzt!«

Bundeswehrwitze

»Macht die Bundeswehr aggressiv?«
»Noch so eine blöde Frage,
und du kriegst was aufs Maul!!!«

»Macht die Bundeswehr dumm?«
»Waaas?«

Manöver – Ende der zweiten Woche im Feld. Der Hauptmann lässt seine Leute antreten. »Soldaten, heute können wir endlich die Unterwäsche wechseln. Huber wechselt mit Schneider, Wagner mit Becker, Strunz mit Zimmermann ...«

»Sagen Sie, Gefreiter Schütze, haben Sie beim Bund eigentlich noch eine eigene Meinung?«
»Da muss ich erst meinen Spieß fragen!«

»Mein Name ist Stein, und ich bin hart wie Stein. Schreiben Sie sich das hinter die Ohren!
So, und wie heißen Sie?«, fragt der Feldwebel den Rekruten.
»Steinbeißer, Herr Feldwebel ...«

Ehe und Militärdienst sind die zwei staatlich sanktionierten Formen von Freiheitsentzug ohne Gerichtsurteil.

Musterung beim Bund.
»Na, was sind Sie denn von Beruf?«, fragt der Arzt.
»Ich bin Komiker!«
»Komiker – na dann zeigen Sie mal, was Sie können!«
Der Komiker reißt die Tür auf und brüllt:
»Ihr könnt alle heimgehen! Ich habe die Stelle gekriegt!«

Beim Waffenunterricht:
Feldwebel: »Einem Flüchtenden darf nur in die Beine geschossen werden. Also Brustbein, Schambein, Stirnbein, Jochbein und so weiter.«

Was sind drei Mülleimer im Ozean?
Eine russische U-Boot-Flotte!

Nachtübung. Die Soldaten marschieren.
»In welche Richtung bewegen wir uns, Schneider?«, bellt der Spieß.
»Süden.«
»Wieso Süden?«
»Ich fange an zu schwitzen!«

Oberst und Kandidat bei der Musterung:
Oberst: »Was ist mit Ihrem Auge?«
Kandidat: »Das ist ein künstliches Auge.«
Oberst: »Woraus ist denn so ein künstliches Auge?«
Kandidat: »Aus Glas, Herr Oberst.«
Oberst: »Ja logisch, man muss ja durchschauen können.«

»Mann«, schreit der Feldwebel einen Rekruten an. »Sie haben ja eine Nase wie der schiefe Turm von Pisa, wo stammen Sie eigentlich her?«
»Aus Baden-Baden!«
»Donnerwetter, stottern tut der Kerl auch noch!«

Der Spieß staucht Schütze Huber zusammen: »Schütze Huber, was zum Teufel fällt Ihnen ein! Sie sind hier der Erste, der sich über einen nicht aufgegangenen Fallschirm beschwert!«

Rekrut Rupprecht erhält im Manöver den Auftrag, einen Bahnhof hinter den feindlichen Linien außer Gefecht zu setzen. Nach einer Stunde meldet er sich zurück:
»Befehl ausgeführt. Bahnhof unbrauchbar gemacht.«
»Sehr gut«, meint der Kompaniechef.
»Und wie haben Sie das gemacht?«
»Tja, ich habe einfach alle Fahrkarten beschlagnahmt!«

Bei einem großen Empfang im Hause des Generalkonsuls befindet sich unter den Gästen auch ein General in Galauniform. Auf seiner Brust prangen drei Reihen Orden. Plötzlich kommt das Dienstmädchen in den Salon und fragt: »Gnädigste, haben Sie geklingelt?«
»Nein«, erwidert die Dame des Hauses, »der Herr General hat nur geniest!«

Bush und Gorbatschow werden eingefroren
und nach dreißig Jahren wiederbelebt.
Sie wandern durch die Straßen und bewundern
die technischen Neuerungen in der Welt.
Plötzlich lacht Gorbatschow auf und zeigt
auf einen Zeitungsständer mit der »Prawda«, auf
der geschrieben steht:
»USA in schwerster Wirtschaftskrise
seit 40 Jahren.«
Darauf sagt Gorbatschow: »Siehst du – und
der Kommunismus hat doch gesiegt!«
Sie gehen weiter ...
Plötzlich fängt Bush an zu lachen und zeigt auf
einen Zeitungsständer mit der »New York Times«:
»Wieder militärische Konflikte
an der deutsch-chinesischen Grenze!«

»Eine Gewehrkugel
durchschlägt sogar
dickes Holz«,
belehrt der Unteroffizier
die Rekruten.
»Also Vorsicht, Leute –
immer schön den Kopf
einziehen!«

Fragt der Oberst den Schützen: »Schütze! Was waren Sie, bevor Sie zur Bundeswehr kamen?«
Darauf der Schütze:
»Glücklich, Herr Oberst ... glücklich.«

»So, Rekruten«, erteilt der Oberst den Befehl, »ihr drei tarnt euch jetzt einmal als Kühe und schlagt euch zur nächsten Weide durch, verstanden?«
Einer hat noch eine Frage:
»Alles klar, Herr Oberst, aber was sollen wir machen, wenn der Bauer kommt und die Kühe melken will?«

»Unsere Bundeswehr wird genauso aussterben wie die Dinosaurier ...«
»Wieso?«
»Na ja, zu viele Panzer und zu wenig Hirn.«

Wer ist der größte Feind des Grenadiers? Der Rasenmäher! Nimmt Licht, Deckung und die Nahrung weg ...

Der Spieß morgens vor der Kompanie:
»Stein, Sie sind ja nicht rasiert!«
Darauf Stein: »Melde gehorsamst: Hier ist doch alles so eng, und wir waren heute Morgen zu siebt vor dem Spiegel gestanden. Da muss ich wohl den falschen rasiert haben!«

Ein amerikanisches und ein russisches U-Boot treffen sich mitten im Atlantik. Die Kapitäne fangen natürlich sofort an zu prahlen. Der Russe: »Ha! Wir sind jetzt einmal unter dem Nordpol durchgetaucht!« Der Amerikaner: »Pah, wir sind den ganzen Äquator entlanggefahren, ohne aufzutauchen!« Während die beiden sich weiter unterhalten, blubbert und gurgelt es. Ein rostiges, mit Tang behangenes deutsches U-Boot taucht auf. Die Klappe öffnet sich und der deutsche Kapitän fragt: »Na? Ist der Krieg schon vorbei?« Der Amerikaner und der Russe lachen. »Klar! Schon lange! Und ihr habt verloren.«
Darauf der Deutsche:
»Dieser Kaiser Wilhelm!«

»Wie sieht denn die Stube aus?!«, brüllt der Feldwebel beim Stubengang. »Wem gehört die Kippe da auf dem Boden?«
»Ihnen, Herr Feldwebel!«
»Wieso denn das?!«
»Weil Sie sie zuerst gesehen haben ...«

In der Kaserne war bereits Zapfenstreich. Aber auf Bude 110 ist noch Lärm. Wütend kommt der Spieß in die Bude. »Wenn ›gute Nacht‹ gesagt worden ist, dann bedeutet das ›Schnauze halten‹! Kapiert?«
»Jawoll«, antworten die Rekruten, »und ›gute Nacht‹!«

Die jungen Fallschirmspringer sollen zum ersten Mal aus dem Flugzeug abspringen. Der Leutnant führt jeden einzelnen zur Luke und schubst ihn hinaus. Nur einer wehrt sich mit Händen und Füßen, doch schließlich kann ihn der Leutnant doch in die Tiefe befördern.
Einer biegt sich vor Lachen. Brüllt der Leutnant: »Über einen solchen Feigling können Sie noch lachen?«
»Feigling ist gut – das war unser Pilot!«

»Schütze Schmidhuber«, fragt der Spieß,
»was waren Sie eigentlich im Zivilberuf?«
»Mitarbeiter am Robert-Koch-Institut.«
»Gut, dann melden Sie sich zum Küchendienst!«

»Angriff!«, schreit der Kompaniechef.
Alle rennen mit – nur der Gefreite Zwerger
läuft zurück.
»Zwerger – die Front ist da vorn!«
»Ich weiß – aber man wird doch wohl
noch Anlauf nehmen dürfen!«

Bei einem simulierten Angriff muss sich die Truppe gegen einen imaginären Feind verteidigen, wie der Feldwebel es nennt. Er bellt Befehle, doch die Rekruten zeigen nur wenig Reaktion.
»Sie da«, ruft der Feldwebel, »der imaginäre Feind rückt vor, Sie geraten ins Kreuzfeuer!«
Der Rekrut geht zwei Schritte zur Seite.
»Was tun Sie denn da, Mann?«, brüllt der Feldwebel, rot vor Zorn.
Da antwortet der Rekrut ruhig: »Ich stelle mich hinter einen imaginären Baum.«

Der Kompaniehauptmann kommt in Zivil in seine Kaserne, und der Schütze lässt ihn nicht hinein, weil der Hauptmann seinen Ausweis nicht dabeihat.
»Aber Sie müssen mich doch erkennen, ich bin doch der Hauptmann!«
Darauf der Schütze:
»Wenn Sie der Hauptmann sind, bin ich Captain Kirk.«
Der Hauptmann bekommt einen dicken Hals, fährt nach Hause, holt seinen Ausweis und erscheint nach einer Stunde wütend wieder am Tor.
»Sehen Sie jetzt, dass ich der Hauptmann bin?«
Der Schütze nimmt seine Packung Zigaretten, zieht eine Zigarette heraus und spricht in die Packung:
»Scotty, beam me up! Ich glaube, es gibt gleich furchtbaren Ärger ...«

Das letzte Ultimatum des Schützen Braun: »Herr Hauptmann, entweder ich bekomme endlich mehr Sold – oder ich kaufe mir eine Kanone und mache mich selbstständig!«

Erster großer Absprung für die Fallschirmjäger. Der Feldwebel gibt im Flugzeug den Tagesbefehl aus: »Männer, in fünf Minuten ist Absprung. Denkt daran: wenn ihr auf 1000 Meter seid, Reißleine ziehen, der Fallschirm öffnet sich. Tut er es nicht, Ersatzleine ziehen, der Reservefallschirm öffnet sich. Wenn ihr gelandet seid, holt euch der LKW ab!«

Der Gefreite Berger springt zuerst ab, zieht bei 1000 Meter die Reißleine. Nichts passiert. Er zieht die Ersatzleine. Nichts passiert. Darauf sagt er frustriert: »Typisch Bund, nichts klappt hier! Jede Wette, dass der LKW auch nicht da ist!«

Der Hauptmann zum Gefreiten, der einen Befehl nicht ausgeführt hat:
»Hören Sie, wenn Sie zu blöd sind, sich etwas zu merken, dann schreiben sie sich's auf. Ich schreibe mir auch alles auf.«

Peter schreibt seiner Mutter aus der Kaserne:
»Wir liegen hier mit fünfzehn Mann auf einer
Stube – zehn Bayern und fünf Preußen.«
Antwortet seine Mutter stolz:
»Lieber Peter, am meisten freut es mich,
dass ihr schon fünf Gefangene habt.«

Ein Matrose der Bundeswehr schreibt an seine Eltern. »Ich darf nicht schreiben, wo ich gerade bin. Aber was ich gestern geschossen habe, war ein Eisbär.« Einen Monat später kommt der zweite Brief. »Ich darf nicht schreiben, wo ich gerade bin. Aber ich habe mit einer Bauchtänzerin getanzt.« Einen Monat später dann der dritte Brief. »Ich darf nicht schreiben, wo ich gerade bin. Aber der Mann im weißen Kittel sagt, ich hätte besser mit dem Eisbären getanzt und die Bauchtänzerin erschossen ...«

Der Hauptmann erklärt:
»Schütze Schwarz, nun erklären Sie uns mal, wie ein Kanonenrohr hergestellt wird.«
»Ganz einfach. Man nimmt ein Loch und macht Eisen drum herum.«
»Und woher kriegen wir das Loch?«
»Nun, wir kaufen uns ein Ofenrohr und machen das Blech ab.«

Der General lässt die Kompanie antreten, geht auf den Hauptmann zu und schüttelt ihm kräftig die Hand:
»Ich gratuliere Ihnen zu dieser Truppe. Sechs Mal wurden sie zurückgeworfen, und immer wieder sind Ihre Männer nach vorn gestürmt.«
Der Hauptmann:
»Kein Wunder – es sind alles Handelsvertreter!«

Der Kommandant brüllt den Rekruten an:
»Sie sollen gesagt haben, unser Oberst sei blöd! Stimmt das?«
»Ausgeschlossen! Ich verrate keine militärischen Geheimnisse!«

Der Kommandeur brüllt:
»Die ganze Kompanie kehrt!«
Murmelt ein Soldat in der fünften Reihe:
»Okay, wenn es unbedingt sein muss.
Wo sind die Besen?«

Der Spieß zum Rekruten:
»Was sind Sie von Beruf, Soldat?«
Darauf der Soldat:
»Bakteriologe!«
Erwidert der Spieß:
»Reden Sie nicht so geschwollen daher! Das heißt schlicht und einfach Bäcker!«

Der Spieß zum wachhabenden Rekruten:
»Schwarz, was tun Sie, wenn sich nachts eine männliche Person kriechend der Kaserne nähert?«
»Ich bringe den Vorgesetzten diskret ins Bett...«

Chefwitze

Der Chef zu seiner neuen Sekretärin:
»Haben Sie heute Abend Zeit?«
Sie errötet: »Aber Herr Richter – ja!«
»Gut, dann schauen Sie zu Hause doch
mal in dieses Buch. Es heißt Duden!«

Verkaufskanone Schmidt über seinen jüngsten Coup: »Neulich habe ich einem Bauern eine große Melkmaschine verkauft. Der Bauer hatte nur eine Kuh, und die habe ich als Anzahlung mitgenommen!«

Aus einem Schreiben an den Personalchef:
»Wir müssen uns vor Augen halten,
dass der Betrieb eine große Maschine ist,
in dem jede Schraube gebraucht wird.
Deshalb bin ich unbedingt notwendig!«

Stoßseufzer eines Vorgesetzten:
Kommt man morgens zu spät,
ist man ein schlechtes Vorbild.
Kommt man pünktlich, ist man ein Aufpasser.
Ist man zu seinen Mitarbeitern freundlich,
will man sich anbiedern.
Ist man zurückhaltend, gilt man als hochnäsig.
Kümmert man sich um die Arbeit seiner Leute,
ist man ein Schnüffler.
Tut man es nicht, hat man von der Sache
überhaupt keine Ahnung.
Geht man oft zum Chef, ist man ein Radfahrer.
Geht man selten, traut man sich nicht.
Hält man Konferenzen ab, ist man ein Schwätzer.
Hält man keine ab, ist man ein
»Mann der einsamen Entschlüsse«.
Ist man schon etwas älter, gilt man als verkalkt.
Ist man noch jung, fehlt die Erfahrung des Alters.
Bleibt man abends länger, markiert man den
Überbeschäftigten.
Geht man pünktlich, fehlt das Engagement.
Stimmt man sich mit seinen Kollegen ab,
ist man ein Feigling.
Tut man es nicht, ist man ein Eigenbrötler.
Trifft man schnelle Entscheidungen,
ist man oberflächlich.

Lässt man sich Zeit,
mangelt es an Entschlusskraft.
Nimmt man Urlaub,
nutzt man seine Stellung aus.
Nimmt man keinen,
fürchtet man um seine Stellung.
Ist man sehr genau, gilt man als pingelig.
Ist man es nicht, lässt man die Zügel schleifen.
Hat man neue Ideen, ist man ein Phantast.
Bleibt man beim Alten, ist man rückständig.
Delegiert man viel,
spielt man den Generaldirektor.
Delegiert man nichts,
spielt man den Unersetzlichen.

Der frischgebackene Abteilungsleiter sitzt in seinem neuen Büro. Als ein junger Mann eintritt, greift er nach dem Telefonhörer: »Aber ja, Herr Direktor ... Wirklich ein reizender Abend, gestern bei Ihnen ... Aber ja, bis dann ...« Er hängt wieder ein und wendet sich an den Besucher: »Was kann ich für Sie tun?« Der junge Mann lächelnd: »Nichts! Ich will nur das Telefon anschließen!«

»Chef, ein Herr möchte Sie sprechen.«
»Ich habe gerade leider keine Zeit. Bieten Sie ihm in der Zwischenzeit einen Stuhl und einen Kaffee an.«
»Das wird ihm wohl nicht reichen – es ist der Gerichtsvollzieher!«

Prokurist Karsten prahlt beim Stammtisch: »Wir haben einen Boss, der ist so engstirnig, dass er mit beiden Augen zugleich durch ein Schlüsselloch schauen kann.«

»Ich möchte heute auf keinen Fall gestört werden«, sagt der Manager zu seiner Sekretärin, »keine Telefonate, keine Besuche. Wenn jemand sagt, es sei dringend, dann antworten Sie: ›Das sagen sie alle!‹«
Um die Mittagszeit kommt eine schicke Dame ins Büro geeilt und will dringend den Chef sprechen: »Ich bin seine Frau!«
Die Sekretärin zuckt nur die Schultern: »Das sagen sie alle!«

Mittagspause im Büro. Olli und Maxi
von der Buchhaltung tauschen den
neuesten Büroklatsch aus.
»Hast du schon den Neuen beobachtet?«
»Nee, wieso?«
»Wenn der mit dem Boss spricht,
zieht er den Kopf ein. Redet er mit
unserer Praktikantin, dann zieht er
den Bauch ein.«

Der Personalchef erkundigt sich
beim Bewerbungsgespräch:
»Was ist denn der Grund dafür,
dass Sie im letzten Jahr zehn Mal
die Stelle gewechselt haben?«
»Das ist ganz einfach«,
meint der Bewerber. »Die Nachfrage
nach mir war einfach so groß!«

Der Personalchef zum Bewerber:
»Was haben Sie denn gelernt?«
»Nichts!«
»Das vereinfacht die Sache, dann müssen
wir Sie wenigstens nicht umschulen!«

Meier kommt ins Vorzimmer
des Direktors gerannt.
»Entschuldigung, Fräulein Müller,
draußen ist eine Dame, die
den Chef nach dem Geheimrezept
seines Erfolgs befragen möchte.«
Darauf die Chefsekretärin:
»Von der Presse oder vom
Finanzamt?«

Drei Manager sitzen in der Sauna.
Sagt der eine: »Ihr werdet staunen, ich hab mir jetzt mein Handy in die Hand einbauen lassen, so hab ich es immer am Mann.«
Der andere: »Super, ich hab meinen Laptop gleich eingebaut, brauch nur noch die Bauchdecke aufklappen, und schon bin ich online.«
Beide blicken voller Erwartung auf den dritten.
»Na, und du, was hast du zu bieten?«
Der dritte Manager sitzt da, mit verkniffenem Gesicht, drückt und presst, worauf die beiden anderen besorgt fragen:
»Was ist denn mit dir los?«
Dieser antwortet:
»Ich bekomme gerade ein Fax!«

»Hast du schon gehört? Unser Chef ist gestorben.«
»Ja, und ich frage mich die ganze Zeit, wer da mit ihm gestorben ist.«
»Wieso mit ihm?«
»Na, in der Anzeige stand doch:
Mit ihm starb einer unserer fähigsten Mitarbeiter ...«

Chef: »Meine Damen und Herren,
ich habe ja nichts dagegen,
dass es geteilte Meinungen gibt,
aber wir wollen es doch so halten,
dass ich eine Meinung habe
und Sie diese teilen.«

Manche Mitarbeiter sind in den Augen ihres Chefs so unfertig, dass er jeden Tag glaubt, er müsse sie fertig machen.

»Na, wie läuft denn dein neues Geschäft?«
»Danke, gut! Heute Vormittag war ein Kunde da,
nachmittags wurde es allerdings ruhiger!«

Ein Mann in einem Heißluftballon hat die Orientierung verloren. Er geht tiefer und sieht eine Frau. Er sinkt noch weiter und ruft:
»Entschuldigung, können Sie mir helfen? Ich habe einem Freund versprochen, ihn in Kürze zu treffen, und weiß nicht, wo ich bin.«
Die Frau antwortet:
»Sie sind in einem Heißluftballon in ungefähr acht Metern Höhe über dem Grund. Sie befinden sich auf 49 Grad, 28 Minuten und 13 Sekunden nördlicher Breite und 8 Grad, 28 Minuten und 6 Sekunden östlicher Länge.«
»Sie müssen Ingenieurin sein«, sagt der Ballonfahrer.
»Stimmt«, antwortet die Frau, »woher wissen Sie das?«
»Nun«, sagt der Ballonfahrer, »alles, was Sie mir sagten, ist technisch korrekt, aber ich habe keine Ahnung, was ich mit Ihrer Information anfangen soll. Tatsache ist, dass ich immer noch nicht weiß, wo ich bin. Offen gesagt: Sie waren keine große Hilfe. Sie haben nur meine Reise verzögert.«
Die Frau antwortet lächelnd:
»Und Sie müssen im Management tätig sein.«
»Ja«, antwortet der Ballonfahrer, »aber woher wissen nun Sie das?«

»Nun«, sagt die Frau, »Sie wissen weder, wo Sie sind, noch, wohin Sie fahren. Sie sind aufgrund einer großen Menge heißer Luft in Ihre jetzige Position gekommen. Sie haben ein Versprechen abgegeben, von dem Sie keine Ahnung haben, wie Sie es einlösen können, und erwarten von den Menschen unter Ihnen, dass sie Ihre Probleme lösen. Tatsache ist, dass Sie nun in der gleichen Lage sind wie vor unserem Treffen, aber merkwürdigerweise bin ich jetzt irgendwie schuld an der ganzen Situation!«

Der Chef zum Angestellten: »Seit einer geschlagenen Stunde sehen Sie einer Fliege zu. Haben Sie noch nie eine gesehen?«
»Doch, aber im Büro denkt man einfach ganz anders darüber nach!«

»Sie wollen einen Posten in unserer Firma. Was können Sie denn?«
»Nichts!«
»Tut mir Leid, die gut bezahlten Positionen sind alle schon besetzt!«

Die meisten Chefs sind wie Bücher in einer Bibliothek: Die am wenigsten brauchbaren sind am weitesten oben platziert.

»Sagen Sie mal, Herr Kollege, der Chef hat Sie gesucht. Wo waren Sie denn?«
»Aber ich saß doch die ganze Zeit an meinem Schreibtisch und habe gearbeitet.«
»Das konnte natürlich niemand ahnen.«

Der Fernfahrer meldet seinem Chef:
»Boss, der Außenspiegel ist kaputt!«
»Na und, dann wechseln Sie ihn aus!«
»Geht nicht, der LKW liegt drauf!«

»Herzlichen Glückwunsch«, gratuliert der Chef seinem Angestellten. »Ich habe gehört, Sie haben gestern einen Erben bekommen.«
»Vielen Dank, Herr Direktor, aber bei meinem Gehalt bekommt man keine Erben, nur Kinder!«

Drei Manager unterhalten sich darüber, was sie mit Ihrem Weihnachtsgeld gemacht haben. Sagt der erste: »Ich habe mir eine Yacht gekauft, meine Frau bekam einen Porsche, und den Rest hab ich in Aktien angelegt.«
Darauf sagt der zweite: »Bei mir war es ähnlich, ich habe mir ein Flugzeug gekauft und meiner Frau einen Jaguar, und den Rest habe ich in Festgeld angelegt.«
Der dritte sagt: »Ich habe mir eine Wohnung in Paris gekauft, meine Frau bekam ein Rennpferd, und für den Rest hab ich Gold gekauft.«
Kommt der Pförtner in einem neuen Anzug daher. Fragen ihn die Manager, was er mit seinem Weihnachtsgeld gemacht hat. Darauf der Pförtner ganz stolz: »Ich habe mir einen neuen Anzug gekauft!« – »Und der Rest?«, fragen die Manager. Antwortet der Pförtner:
»Ach, den hat die Oma draufgelegt.«

Unterhalten sich zwei Geschäftsleute: »Ich sitze völlig auf dem Trockenen«, sagt der eine.
Meint der andere: »Du hast vielleicht ein Glück. Mir steht das Wasser bis zum Hals.«

Managerseminar:
Am ersten Tag treffen sich die dreißig internationalen Teilnehmer, um ihr Allgemeinwissen zu testen. »Der Modus ist einfach«, erklärt der Seminarleiter. »Ich nenne ein Zitat und Sie sagen mir, wer es wo und wann gesagt hat. Fangen wir gleich an:
›Vom Eise befreit sind Strom und Bäche.‹«
Im Saal herrscht eisiges Schweigen, bis sich ein kleiner Japaner meldet: »Johann Wolfgang von Goethe, Faust, Osterspaziergang, 1808.«
Die Teilnehmer murmeln anerkennend, der Seminarleiter nennt das nächste Zitat:
»Der Mond ist aufgegangen, die goldnen Sternlein prangen.«
Wie aus der Pistole geschossen kommt vom Japaner: »Matthias Claudius, Abendlied, 1779.«
Die anderen Teilnehmer sehen betreten zu Boden, als der Seminarleiter wieder loslegt:
»Festgemauert in der Erden ...«
»Schiller«, strahlt der Japaner. »Das Lied von der Glocke, 1800.« Die Manager sehen sich blamiert. In der ersten Reihe murmelt einer der Teilnehmer: »Scheiß Japaner!«
Wieder ertönt die Stimme von ganz hinten:
»Max Grundig, CeBit, 1982!«

Die Verkäuferin zum Chef:
»Die Dame lässt fragen,
ob dieser Pullover einläuft.«
Der Chef: »Passt der Pullover?«
»Eigentlich ist er etwas zu groß.«
»Dann läuft er ein.«

Der Chef hat Geburtstag und erzählt seinen Angestellten einen Witz.
Alle lachen, nur Meier nicht. Fragt der Chef:
»Warum lachen Sie nicht, Meier?«
Erwidert der: »Habe ich nicht mehr nötig. Ich gehe am Monatsende!«

»Erlauben Sie mal eine Frage, Herr Frank. Warum schreiben Sie den Jahresabschluss nur in Rot?«
»Weil wir keine schwarze Tinte mehr haben, Herr Direktor!«
»Dann kaufen sie gefälligst schwarze Tinte!«
»Kann ich nicht machen, Herr Direktor, dann stehen wir wieder in den roten Zahlen!«

»Entschuldigen Sie mein Zuspätkommen, Chef. Aber meine Frau hat mir heute Nacht einen Sohn geschenkt.«
»Sie hätte Ihnen besser einen Wecker schenken sollen.«

Der Chef fragt den Angestellten:
»Glauben Sie an ein Leben nach dem Tod?«
Der antwortet verdutzt: »Ja.«
Chef: »Das erklärt alles. Nachdem Sie gestern zur Beerdigung Ihres Vaters gegangen waren, kam er und hat nach Ihnen gefragt!«

»Nun sei doch nicht so unkonzentriert«, fährt der Schreinermeister seinen Lehrling an. »Dass man bei der Arbeit an einer Kreissäge nicht schlafen darf, kannst du dir doch an deinen neun Fingern abzählen!«

DDR-Witze

Jelzin, Bush und Honecker in der afrikanischen Wüste. Die drei werden von Einheimischen verfolgt.
Jelzin schreibt auf einen Zettel: »Tausend Rubel, wenn ihr uns nicht weiter verfolgt.«
Doch die Einheimischen verfolgen die drei weiter.
Bush schreibt auch einen Zettel: »Eine Million Dollar, wenn ihr uns nicht weiter verfolgt.«
Das bringt aber auch nichts, die drei werden weiter verfolgt.
Honecker schreibt etwas auf einen Zettel und legt ihn auf den Boden.
Die Einheimischen lesen ihn – und drehen sofort um.
Jelzin und Bush schauen ganz verwundert und fragen Honecker, was er auf den Zettel geschrieben hat.
Honecker antwortet: »Noch einen Kilometer, dann beginnt die DDR.«

Erich Honecker besucht einen Kindergarten in Karl-Marx-Stadt. Eifrig haben sich die Kleinen darauf vorbereitet. Nun fragt Erich den kleinen Hans: »Na mein Kleiner, wer ist denn dein Vater?«

»Du, Onkel Erich!«

Erich freut sich und fragt weiter.

»Nun sag mir doch mal: Wer ist denn deine Mutter?«

»Das ist die DDR, Onkel Erich!«

Wieder freut sich Erich und fragt weiter.

»Und was möchtest du mal werden, mein Kleiner?«

»Vollwaise, Onkel Erich!«

Ein DDR-Bürger schreibt an Erich Honecker:
»Werter Genosse Staatsratsvorsitzender, wenn ich nicht innerhalb von vier Wochen einen neuen Auspuff für meinen Trabant bekomme, hänge ich mich auf.«
Die Antwort kommt prompt:
»Lieber Genosse, hängen Sie sich lieber gleich auf, denn ich kann Ihnen nicht garantieren, dass es in vier Wochen noch Stricke gibt.«

Seinerzeit in Ostberlin:
Honecker läuft über einen Platz und sieht eine lange Menschenschlange. Neugierig wie er ist, stellt er sich auch an. Der Mann vor ihm dreht sich um, erkennt Honecker und flüstert dem Mann vor ihm etwas ins Ohr.
Kurz und gut, nach einer Weile weiß jeder in der Schlange, dass Honecker auch in der Schlange steht. Und die Schlange löst sich auf.
Verwundert fragt Honecker: »Warum steht ihr hier so lange an und verschwindet jetzt alle?«
Sagt der Mann: »Wir wollten unsere Ausreisegenehmigungen abholen. Aber wenn du auch gehen willst, können wir ja hier bleiben.«

Honecker will einen Rehbock schießen.
»Hab ich getroffen?«, fragt er seinen Leibwächter.
Antwort: »Genosse Staatsratsvorsitzender geruhten das Tier zu begnadigen.«

Ein Mann im Kaufhaus am Alexanderplatz:
Mann: »Sagen Sie mal, haben Sie keine Socken?«
Verkäuferin: »Keine Socken gibt's im zweiten Stock, hier gibt es nur keine Hemden.«

Drei Gefangene in Bautzen.
Erster Gefangener: »Warum sitzt ihr?«
Zweiter Gefangener: »Ich kam immer fünf Minuten zu früh. Da hat man mich wegen Spionage verurteilt. Und warum sitzt du?«
Erster Gefangener: »Ich kam immer fünf Minuten zu spät. Da hat man mich wegen Sabotage verurteilt.«
Der erste Gefangene wendet sich an den dritten Gefangenen: »Und nun sag du uns, warum du sitzt!«
Dritter Gefangener: »Ich kam immer pünktlich. Da sind sie dann draufgekommen, dass ich eine West-Uhr hatte ...«

Als man in Ostberlin den Fernsehturm baut, kommt oben auch ein Restaurant mit hinein. Allerdings hat man große Probleme mit den Toilettenanlagen. Da es zur Bauzeit gerade mal wieder keine Rohre gibt, lässt man sie eben einfach weg. Man weiß sich aber zu helfen. Der ganze Mist wird in die Antenne gepumpt und gesendet.

Was sagt die Sonne am Abend,
wenn sie untergeht?
Gott sei Dank, ich bin wieder im Westen!

Ein DDR-Bürger geht spät in der Nacht durch Ostberlin und ruft lauthals immer wieder: »Blöder Staat, miese Regierung!« Plötzlich taucht ein Stasioffizier auf und verhaftet ihn. Der Mann will den Grund dafür wissen, der von der Stasi erinnert ihn an seine lautstarken Äußerungen. Der Mann verteidigt sich und sagt: »Ich habe ja gar nicht gesagt, welchen blöden Staat und welche miese Regierung ich meine.« Der Stasioffizier denkt kurz nach und lässt den Mann gehen. Dieser verschwindet, wird aber zwei Minuten später von dem Stasioffizier wieder eingeholt und erneut verhaftet.
Darauf der Mann: »Wieso das?«
Da sagt der Stasimensch: »Es gibt ja nur einen blöden Staat und eine miese Regierung ...«

Was passiert, wenn die Sahara sozialistisch wird?
Die ersten zehn Jahre passiert gar nichts,
aber dann wird der Sand allmählich knapp.

Unterhalten sich zwei:
»Hast du schon gehört? In Berlin findet dieses Jahr zum ersten Mal das Festival des politischen Witzes statt.«
»Ehrlich?«
»Ja. Und weißt du, was der erste Preis ist?«
»Na!?«
»Zehn Jahre!«

In einer Poliklinik wird ein Kind geboren.
Das Kind öffnet die Augen und sagt sofort:
»A-Quadrat plus B-Quadrat ist gleich C-Quadrat.«
Die Ärzte sind sprachlos und sagen sofort:
»Das Kind ist viel zu schlau. Wir müssen es operieren. Wir werden eine Hälfte des Gehirns entfernen.«
Nach der Operation wacht das Kind auf und sagt sofort: »Eins plus eins ist zwei.«
Die Ärzte sind wieder sprachlos und beschließen sofort, das Kind nochmals zu operieren und die andere Hälfte des Gehirns auch noch zu entfernen.
Nach der Operation wacht das Kind auf und sagt: »Achtung, Achtung, hier spricht die Deutsche Volkspolizei.«

In der Bäckerei:
»Guten Tag, haben Sie Brötchen?«
»Nein.«
»Haben Sie Kuchen?«
»Nein.«
»Haben Sie überhaupt etwas?«
»Nein.«
»Und warum haben Sie dann rund um die Uhr geöffnet?«
»Weil wir keine Schlösser haben ...«

Einem Studenten der Tiermedizin werden zur Abschlussprüfung seines Veterinärstudiums drei Knochen vorgelegt. Der Prüfer fragt den Studenten: »Können Sie diese Knochen zuordnen?« Der Student kommt ins Schwitzen und kann die Frage nicht beantworten. Daraufhin sagt der Prüfer: »Na, was haben Sie denn bei uns die ganze Zeit studiert?« Jetzt fällt es dem Studenten wieder ein und er sagt: »Sagen Sie bloß, das sind die Knochen von Marx, Engels und Lenin!?«

Honecker kommt morgens in sein Büro und öffnet das Fenster. Er sieht die Sonne und sagt:
»Guten Morgen, liebe Sonne.«
Die Sonne antwortet:
»Guten Morgen, lieber Erich.«
Honecker arbeitet und geht am Mittag zum Fenster und sagt:
»Guten Tag, liebe Sonne.«
Die Sonne antwortet:
»Guten Tag, lieber Erich.«
Abends geht Honecker noch einmal zum Fenster und sagt:
»Guten Abend, liebe Sonne.«
Die Sonne antwortet nicht.
Honecker sagt nochmals:
»Guten Abend, liebe Sonne. Was ist denn mit dir los?«
Die Sonne antwortet:
»Rutsch mir den Buckel runter. Ich bin jetzt im Westen.«

Ein DDR-Bürger siedelt in den Westen über. Er geht in ein Geschäft und verlangt eine Schachtel Cabinet.
Der Verkäufer: »Haben wir nicht.«
Er: »Geht das schon wieder los ...«

Warum gibt es in der DDR keine Bankräuber?
Weil sie zehn Jahre auf einen Fluchtwagen warten müssen.

Fritzchen aus Ostberlin macht mit seinen Eltern eine Zugreise durch die Sowjetunion.
Eines Tages, sie sind auf dem Weg Richtung Sibirien, bleibt der Zug auf freier Strecke stehen.
Es vergeht eine Stunde, da wird es dem Vater zu bunt, und er schickt Fritzchen zum Schaffner, um herauszubekommen, warum sie so lange stehen. Es dauert eine Weile, bis Fritzchen wiederkommt:
»Das kann noch dauern, die tauschen gerade die Lok«, sagt Fritzchen.
»Ach ...«, meint der Vater, »das dauert nicht mehr lange.«
Darauf Fritzchen: »Ich glaube schon, die tauschen nämlich gegen Wodka!«

Warum muss in einer DDR-Fleischerei mindestens eine Wurst im Schaufenster hängen?
Damit man nicht denkt, es wäre ein Fachgeschäft für Fliesen.

Warum gehen Volkspolizisten immer zu dritt auf Streife?
Einer kann lesen, der andere schreiben und der dritte überwacht die beiden Intellektuellen.

Das Feinmechanik-Kombinat hat einen Draht entwickelt, der so dünn ist, dass er mit den DDR-eigenen Messgeräten nicht gemessen werden kann. Daraufhin sendet der Kombinatsleiter den Draht zum Nachmessen nach Japan. Nach einiger Zeit kommt das Päckchen zurück. Stolz öffnet es der Kombinatsleiter vor den Augen des Zentralkomitees. In dem Päckchen liegt die Tüte mit dem Draht und ein Brief aus Japan: »Liebe Kollegen, leider ist uns der Brief zu Ihrem Päckchen abhanden gekommen. Somit wussten wir nicht mehr, was wir mit der Lieferung anfangen sollten. Wir haben Ihnen deshalb als Service ein Außen- und ein Innengewinde am Draht angebracht!«

Frage: »Wurde der Sozialismus von Wissenschaftlern oder von Kommunisten erfunden?«
Antwort: »Von Kommunisten. Wissenschaftler hätten ihn sicher erst an Mäusen ausprobiert.«

Die USA, die Sowjetunion und die DDR wollen gemeinsam die Titanic heben. Die USA interessieren sich für den Goldschatz und den Tresor mit den Brillanten. Die Sowjetunion interessiert sich für das technische Know-how. Und die DDR interessiert sich für die Band, die bis zum Untergang noch fröhliche Lieder gespielt hat.

Was ist kurz und zum Sitzen?
Ein politischer Witz in der DDR.

Erich Honecker geht in Ostberlin spazieren.
Er sieht eine Frau voll bepackt mit Einkaufstaschen.
»Na Genossin! Da haben Sie aber fleißig eingekauft!«
»Das kann man wohl sagen, Genosse Staatsratsvorsitzender! Drei Stunden musste ich dafür anstehen!«
»Aber Genossin! Es gibt Länder, da müssen die Leute für einen Schluck Wasser einen ganzen Tag warten!«
»Ja, die sind dann aber sicher schon länger sozialistisch als wir ...«

CIA, KGB und Stasi machen einen Wettbewerb. In einer Höhle liegt ein Skelett. Wer dessen Alter so genau wie möglich errät, ist Sieger. Der CIA-Agent geht als Erster rein. Nach fünf Stunden kommt er heraus: »Das Skelett ist rund 840 000 Jahre alt.«
Die Juroren staunen: »Das ist aber ziemlich genau. Wie haben Sie das herausgefunden?«
Der Ami räuspert sich: »Na ja ... Chemikalien. Aber pssssssst!«
Als Nächster ist der KGB-Agent dran. Der kommt erst nach zehn Stunden raus: »Das Alterchen da hat etwa 845 000 Jährchen auf dem Buckel.«
Die Juroren: »Nicht schlecht. Sie sind noch näher dran. Wie haben Sie das gemacht?«
Der Russe mit ernstem Gesichtsausdruck: »Mit Genosse Stalin, unserem Oberbiologen, entgeht uns nichts. Aber ... pssssssst!«
Als Letzter ist der Stasi-Mensch an der Reihe. Er bleibt fünf Stunden drin, zehn, fünfzehn ... Nach geschlagenen 25 Stunden kommt er wieder heraus. Seine Haare sind wirr, die Kleidung zerfetzt, Schweiß fließt ihm von der Stirn, er hat blaue Flecken: »Der Typ ist 845 792 Jahre alt.«
Den Juroren steht der Mund offen: »Das ist ja das genaue Alter! Wie haben Sie das nur geschafft?« Der Stasi-Agent: »Er hat's mir gestanden ...«

Honecker verspricht einer hübschen DDR-Olympiasiegerin, ihr einen Wunsch zu erfüllen.
»Öffnen Sie für einen Tag die Mauer!«
»Du, du, du!«, meint Honecker: »Willst wohl mit mir ganz allein sein?«

Honecker will bei den Bürgern erkunden, wie beliebt er denn eigentlich ist. Er besucht eine Hochhaussiedlung und klingelt an einer Tür.

Ein kleines Mädchen öffnet:
»Wer bist du denn, Onkel?«
»Ich, meine Kleine, bin der Mann, der dafür sorgt, dass es euch gut geht. Ich sorge für Essen und Wohnung ...«
»Mami, Mami, komm mal ganz schnell, Onkel Peter aus München ist da!«

»Neues Deutschland« meldet:
»Letzte Nacht frecher Einbruch im Innenministerium!«
Honecker ruft seinen Polizeichef an:
»Wurde etwas Wichtiges gestohlen?«
»Halb so wild. Nur die Wahlergebnisse für die nächsten dreißig Jahre.«

Honni und sein Fahrer sind mit dem Citroën unterwegs. Auf einer ruhigen Strecke über Landstraßen sagt Honecker zu seinem Fahrer: »Du, lass mich auch mal fahren!« Der Fahrer äußert seine Bedenken, willigt aber natürlich ein. Honecker fährt so durch die Dörfer, als plötzlich ein Huhn vor das Auto läuft. Er kann nicht mehr rechtzeitig reagieren und macht das Huhn platt. Der Fahrer meint, dass Honni das bei dem Bauern melden und sich entschuldigen muss.
Erich geht also zum Bauern, der Fahrer wartet am Steuer. Nach zehn Sekunden kommt Honecker angelaufen, hinter ihm die Bauernfamilie mit Mistgabeln und Sensen. Honecker kann gerade noch ins Auto springen, und der Fahrer bringt sie in Sicherheit.
Völlig geschockt rasen sie weiter, als plötzlich ein Schwein vor den Citroën läuft und auch überfahren wird. In Erich kommt die Schadenfreude hoch, und er zwingt seinen Fahrer, sich nun auch bei dem Bauern zu entschuldigen.

Der geht ängstlich fort und Honecker wartet im Auto. Nach zwei Stunden kommt der Fahrer wieder. Beladen mit allerlei Geschenken und

leicht angetrunken. Honecker ist total erstaunt. »Wieso behandeln die dich denn so gut, wo du doch so ein großes Schwein überfahren hast und ich doch nur ein kleines Huhn?«
Der Fahrer: »Ich weiß auch nicht, ich habe an der Tür geklopft und nur gesagt: Ich bin der Fahrer von Erich Honecker, und ich habe das Schwein überfahren.«

Das deutlichste Zeichen dafür, dass man sich mit einem Stasi-Spitzel unterhält, ist die Bitte, das zuletzt Gesagte noch mal deutlich in die Blume an seinem Anzugrevers zu sprechen.

Woran merkt man, dass die Stasi Robotron-Wanzen versteckt hat?
Man hat einen neuen Schrank im Zimmer und ein Trafohäuschen vor der Tür.

Warum hatten die ostdeutschen Politiker immer so ein breites Kreuz?
Herzschrittmacher von Robotron.

Als Erich Honecker zum Staatsbesuch in Bonn ist, fragt er Kanzler Kohl, wie er es nur mache, so hervorragende und obendrein kompetente Minister in seinem Kabinett zu haben.
Kohl erklärt Erich, er mache mit seinen Ministern immer einen Intelligenztest.
Nur wer den besteht, kommt auch ins Kabinett.
Er zitiert den Verteidigungsminister her und stellt ihm folgende Frage:
»Es ist nicht Ihr Bruder, nicht Ihre Schwester und doch Ihrer Eltern Kind. Wer ist das?«
Der Verteidigungsminister antwortet wie aus der Pistole geschossen: »Das bin ich!«
»Bravo!«, sagt Kohl zufrieden.
Wieder in der DDR, will Erich dasselbe versuchen. Er ruft Staatssicherheitsminister Mielke zu sich und stellt ihm dieselbe Frage, die Kohl dem Verteidigungsminister gestellt hatte.
Mielke erbittet für die Beantwortung 24 Stunden Zeit. Bis dahin will er die Person heranschaffen.
In der ganzen DDR wird gesucht.
Kein Stein bleibt auf dem anderen. Vergebens.
Nach Ablauf der Frist gesteht Mielke seine Schlappe ein: »Wir konnten trotz eines riesigen Aufwands an Mensch und Material bei der Suche die Person nicht finden.«

»Du Idiot«, schimpft Erich. »Es ist doch ganz einfach. Die gesuchte Person ist der westdeutsche Verteidigungsminister!«

In einem DDR-Gefängnis fragt ein Häftling den anderen nach dem Grund seiner Verurteilung. »Ich war zu faul.« – »Hast du Sabotage getrieben?« »Nein. Ich habe mit einem Kollegen über Politik gesprochen und dachte, ich hätte bis zum nächsten Morgen Zeit, ihn bei der Stasi anzuzeigen. Aber er war leider schneller.«

Zu DDR-Zeiten steht ein englisches Auto mit Nationalitätskennzeichen »GB« in Dresden. Kommt ein Paar vorbei. Sagt der Mann: »Ei, guck mol, wo mog denn där Waachn hergommen, mit ›GB‹?«
Darauf seine Frau: »Na, aus em Gönigreich Bolen.«
»Aber i wo, des gibt's doch nimmer. Das ist doch jetzt e Wolgsrebublik.«
Schließlich kommt ein Passant vorbei, den sie fragen: »Sagn se mal, Guddsdr, wissen Sie, wo des Audo hergommt, mit ›GB‹?«
Er dreht sich vorsichtig um und flüstert schließlich: »Psst, nich weidersachen, des is Griminal-Bolizei.«

Ein DDR-Inlandsflug wird nach Köln-Bonn entführt. Der Kidnapper, ein Familienvater von zwei Kindern, stellt drei Forderungen:
Er möchte seinen Trabant ausgeliefert haben, auf den er schon seit vierzehn Jahren wartet.
Er möchte eine Dreizimmerwohnung für seine Familie.
Er möchte dieses Jahr einen Ferienplatz an der Ostsee.
Der Unterhändler teilt dem ZK die Wünsche mit. Man berät wieder mehrere Stunden, ob man den Forderungen nachgeben soll. Irgendjemand meint, man solle zunächst noch in Erfahrung bringen, womit der Kidnapper droht, wenn man nicht auf seine Forderungen
eingeht. Der Unterhändler wird wieder zum Flughafen Köln-Bonn geschickt. Die Antwort des Kidnappers lautet:
»Dann lasse ich stündlich zwei Geiseln frei ...«

Ehewitze

Ein Erklärungsversuch:
Liebe ist ... ein Versuch der Natur,
den Verstand aus dem Weg zu räumen.

Die Ehefrau betrachtet sich ausgiebig im Spiegel.
Nach einer Weile sagt sie zu ihrem Spiegelbild:
»Dich, alter Besen, gönne ich meinem Mann!«

»Wohin schaust
du, wenn dir
ein hübsches
Mädchen über
den Weg läuft?«
»Ob meine Frau
gerade guckt!«

Entsetzt unterbricht
die junge Braut die
Trauungszeremonie
des Pfarrers:
»Stopp, stopp!
Wie lange, sagten Sie ...«

Mitten in der Nacht stürmt eine
verzweifelte Frau in die Notaufnahme:
»Wo ist der Arzt? Schnell, ich brauche Hilfe.
Mein Mann hat mich beleidigt!«
Die Schwester in der Annahme abwehrend:
»Gnädige Frau, und deshalb kommen Sie ins
Krankenhaus, sogar in die Notaufnahme?«
»Holen Sie nun endlich den Arzt, schnell – mein
Mann muss bestimmt genäht werden!«

»Wenn bei uns zu Hause das Telefon klingelt, nimmt meine Frau immer ab«, erzählt Franz am Stammtisch. Erwidert sein Freund Ludwig: »Hast du ein Glück, bei meiner hilft nur eine Diät!«

»Peter, du willst doch nicht im
Ernst deine Ex-Frau wieder heiraten?«
»Du hast schon richtig gehört.
Ich musste ihr so viel Geld bei
der Scheidung zahlen, dass ich nun
schon aus wirtschaftlichen Gründen
eine reiche Frau heiraten möchte.«

Das Klagelied einer Ehefrau:
»Liebling, früher warst du glücklich, wenn
du mich nur zwei Minuten gesehen hast.«
»Und – daran hat sich wohl auch
nichts geändert, oder?«

Die Ehefrau blickt kurz von ihrer Abendlektüre
auf: »Hartmut, hier steht, dass die Krähe
zu den Singvögeln zählt, wusstest du das?«
»Klar, aber warum wundert dich das?
Du zählst ja auch zum schönen Geschlecht!«

»Na, mein Schatz«, fragt der Ehemann mit
einem hämischen Lächeln im Gesicht, »da zeigt
die Waage wohl etwas zu viel, nicht wahr?«
»Ach wo«, meint seine Frau, »laut Tabelle müsste
ich nur zwanzig Zentimeter größer sein!«

Ein junges Paar hat einen handfesten
Streit. Wutentbrannt schreit sie ihn an:
»Du bist schrecklich eifersüchtig,
wie immer!«
Er: »Wer ist immer?«

Ein Ehemann befürchtet,
seine Frau könnte untreu werden.
Der Junggeselle hofft es!

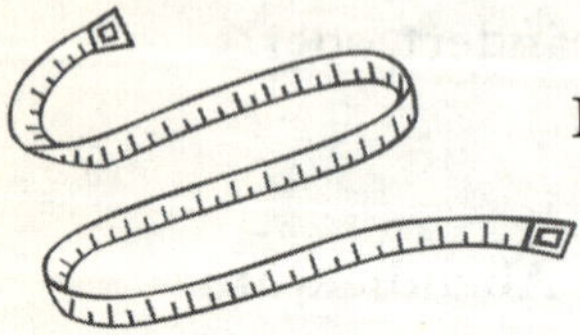

Frauen gehen mit der Mode.
Männer mit Modellen.

Der feine, aber kleine Unterschied
zwischen Frauen und Männern?
Eine Frau ist entsetzt darüber,
was ein Mann alles vergessen kann.
Ein Mann ist entsetzt darüber,
an was sich eine Frau alles erinnern kann!

Meiers verlassen unerwartet früh die
Gartenparty ihres Nachbarn.
Fragt der Gastgeber erstaunt:
»Meine Lieben, Ihr wollt uns doch
jetzt nicht schon verlassen?«
Mit gequält freundlicher Miene sagt Meier:
»Tut mir Leid, war eine schöne Party«, und
mit einem Blick auf seine Frau, »aber wir
haben noch einen handfesten Streit vor uns!«

Jan stürzt ins Schlafzimmer.
»Schnell, Liebes, zieh dir schnell etwas über, bei uns brennt's!«
Tönt eine tiefe Stimme aus dem Kleiderschrank:
»Rettet die Möbel!«

Was ist der Unterschied zwischen einem glücklichen und einem unglücklichen Ehemann? – Der eine hat ein trautes Heim – der andere traut sich nicht heim!

Zwei Arbeitskollegen unterhalten sich bei einem Feierabend-Bierchen. Schwärmt der eine:
»Meine Frau ist in letzter Zeit unheimlich sportlich geworden. Im Weitsprung schafft sie schon über fünf Meter!«
Seufzt der andere:
»An Sportlichkeit übertrifft meine Frau die Ihre weit. Sie hat vor fünf Wochen einen Seitensprung gemacht und ist bisher noch nicht zurückgekehrt!«

Die Frau eines Fußballers will sich
scheiden lassen. Ihr Anwalt redet ihr
nochmals ins Gewissen:
»Sind Sie sich über diesen Schritt
wirklich im Klaren?«
»Ich bin mir ganz sicher«,
meint die Beklagenswerte.
»Mein Mann hat seit Jahren mehr
Auswärts- als Heimspiele!«

Klaus erzählt seinem besten Freund im Vertrauen: »Du, Walter, ich habe gestern meine Ex-Frau wieder getroffen und sie gefragt, ob sie mich wieder heiraten möchte.«
»Und, was hat sie geantwortet?«, fragt Walter neugierig.
»Sie hat mir einen Korb gegeben«, sagt Klaus, »sie meint, ich wäre nur hinter meinem Geld her!«

»Ist Ihre Frau musikalisch?«,
fragt der Chef seinen Mitarbeiter.
»Und wie!«, antwortet dieser.
»Sie kann Geheimnisse ausposaunen und die
ganze Nachbarschaft zusammentrommeln!«

Ein Mann bestellt beim Barkeeper einen Cocktail:
»Groß, kalt und randvoll mit Wodka.«
Meldet sich der Gast neben ihm zu Wort:
»Mein Herr, Sie kennen meine Frau?«

Erkundigt sich der Ehemann bei seiner Frau: »Na, wie war's heute in deiner Kunstklasse? Hast du eurem Kunstprofessor wieder Modell gestanden? Wie soll das Gemälde eigentlich heißen?«
Seine Frau: »Eva und die Schlange.«
»Klingt interessant. Und wer hat für die Eva Modell gestanden?«

Ein Bauer klagt einem anderen:
»Mit meinem Hof steht es nicht mehr zum Besten. Eine lange Dürre hat mich ganz schön ruiniert!«
Sagt der andere: »Ach was?
Bei mir war es meine Frau!«

»Ach, Schatz, Liebe ist doch etwas Wunderbares!«
»Ja, ja, Zuckerschnäuzchen, aber mit dir ist es auch ganz nett!«

Sabine winkt einem Taxifahrer.
»Sind Sie noch frei?«
»Aber sicher, gnädige Frau«, antwortet dieser,
»wohin soll es denn gehen?«
»Zum Standesamt!«
»Pardon, meine Dame«, erwidert der nun
blasse Taxifahrer, »aber so frei bin ich
nun auch wieder nicht!«

Petra entrüstet zu ihrem Mann, der bei seiner späten Rückkehr aus dem Büro eine lapidare Entschuldigung vor sich hin stammelt: »Und du willst mir allen Ernstes weismachen, deine Bremsen hätten versagt! Da hättest du ja eigentlich noch schneller zu Haus sein müssen!«

Stefan zu seinem alten Sandkastenfreund Andreas: »Was wünscht sich deine Frau denn zum Geburtstag?«
»Einen Pelzmantel oder ein Auto.«
»Und was gibt es dieses Jahr?«
»Einen Pelzmantel. Oder weißt du jemand, der falsche Autos verkauft?«

»Jeden Tag Bohneneintopf«, meckert der junge Ehemann am Mittagstisch. »Kannst du nicht einmal etwas anderes kochen?« »Ich bemühe mich ja schon«, meint die Ehefrau verunsichert, »aber es wird immer wieder Bohneneintopf!«

Lars kommt von einem langen Stammtischabend nach Hause und kann den Lichtschalter nicht finden. Reumütig jammert er vor dem ehelichen Schlafzimmer: »Liebling, nun feure endlich deine Standpauke ab, sonst weiß ich nicht, wo das Bett steht!«

Gewitterstimmung bei Kellers. »Du bist ja schon wieder total betrunken!«, mault seine Frau. »Ach, halt doch den Mund«, lallt er, »es reicht schon, dass ich dich doppelt sehe!«

Der Ehemann schrieb von seinem Kuraufenthalt auf Rügen an seine Frau: »Liebe Erika, der Wind heult, das Meer tobt, und ich muss immer an dich denken ...«

Der Ehemann ist völlig aus dem Häuschen:
»Was, bei diesem Sauwetter soll ich jetzt noch die Zeitung holen? Da jagt man ja nicht einmal einen Hund vor die Tür!«
Erwidert die Frau gelassen:
»Ich habe mit keinem Wort gesagt, dass du den Hund mitnehmen sollst!«

Zwei Nachbarinnen unterhalten sich. Sagt die eine zur anderen: »Was ist denn mit Herrn Schmidt von nebenan los? Der läuft seit Tagen herum, als hätte er im Lotto gewonnen!«
Erwidert die andere: »Also, ich habe gehört, dass Schmidt einen schlimmen Autounfall hatte.«
»Das kann wohl kaum der Grund für diese Ausgelassenheit sein!«
»Doch. Er hat durch den Unfall sein Gedächtnis verloren und weiß jetzt nicht einmal mehr, dass er verheiratet ist!«

Ein Ehepaar geht im Park spazieren. Plötzlich zupft der Mann an ihrem Ärmel und flüstert: »Schnell, Susi, mach ein glückliches Gesicht, da drüben auf der Parkbank sitzt meine erste Frau!«

Nach einem Unfall erwacht Boris auf der Intensivstation des Stadtkrankenhauses. In seinem Taumel murmelt der Verwirrte vor sich hin: »Wo bin ich – bin ich etwa im Himmel?«
»Nein«, antwortet seine Frau, die ihm die ganze Zeit zur Seite gestanden hat, »ich bin immer noch bei dir!«

Der Bauer liegt auf dem Sterbebett. Mit seinen letzten Atemzügen erleichtert er noch sein Gewissen: »Weib, jetzt kann ich es dir ja sagen: Ich habe dich mal mit der Magd betrogen!«
Antwortet seine Frau: »Ja, glaubst du eigentlich, ich habe dich ohne Grund vergiftet?«

Eine Ehefrau fragt ihren Mann: »Sag mal Liebling, was soll ich denn zu deinem Geburtstag backen?«
»Am besten deine Koffer ...«

Aus einem Kinderaufsatz: »Heute sind Frau und Mann gleichberechtigt. Der Mann darf tun, was er will, und die Frau darf auch tun, was er will.«

Markus ist auf Brautschau. Doch, wo sind sie alle? Er wird weder im Fitnessstudio, noch in der Disco oder auf der Straße fündig. Deshalb geht er zum Heiratsvermittler. Wie seine Idealfrau denn aussehen soll, wird er gefragt.
»Na ja, sie soll still und besonnen sein wie ich. In etwa so groß wie ich. Sie sollte sich geschmackvoll kleiden, und sie sollte zudem gut schwimmen können!«
Das Ergebnis der Computeranalyse: »Heiraten Sie doch einen Pinguin!«

Ein Bauer wünscht sich für seine Frau beim Rundfunk-Wunschkonzert eine Symphonie zum Hochzeitstag.
»A-Moll oder c-Moll«, wird er gefragt.
Antwortet der Bauer:
»Amol reicht, zehnmol wär scho a bisserl viel!«

Der junge Ehemann zu seiner Frau:
»Bitte stell den Herd noch ein wenig höher, damit das Essen schneller anbrennt! – Wir kommen sonst zu spät ins Restaurant!«

Er lädt sie zu einem Picknick ein.
»Gern«, sagt sie. »Aber vorher würde ich gern noch eine Kleinigkeit essen!«

Zwei Bauern unterhalten sich bei der Brotzeit über die Feldwirtschaft und das liebe Vieh. Der eine erzählt von seiner neuen Kuh, die zickig beim Stier, wählerisch beim Heu und bockig beim Melken sei.
Darauf der andere: »Hast du die etwa in Obermühlhausen gekauft?«
»Ja, warum«, wundert sich der andere über die Frage. »Nun, das kenne ich, meine Frau ist auch aus Obermühlhausen!«

Am Stammtisch fragt Horst seinen Kegelbruder Max: »Na, ist deine Frau wieder von der Kur zurück?«
Max: »Ja, ja, leberleidend fuhr sie weg, und leider lebend kam sie wieder.«

Was hat viele Männer zur Scheidung bewogen?
Die Ehe.

Das junge Liebespaar hat seinen ersten handfesten Krach.
Er: »Ich muss ein wirklich schönes Rindvieh gewesen sein, dass ich dich in der Kneipe überhaupt angesprochen habe ...«

Sie: »Nun übertreibe nun mal nicht so – schön warst du nie!«

Auf die Frage, warum sie so wenig Besuch zu Hause empfangen, antwortet der Ehemann: »Meine Frau hat alle Gäste in die Flucht gekocht!«

Der Eheberater zu Frau Winter: »Damals, als Sie Ihren Mann geheiratet haben, da hatten Sie doch gute Gründe!«
Frau Winter: »Sicher, aber die sind mittlerweile bis auf den letzten Cent aufgebraucht!«

Es ist besser, einen Löwen an der Mähne zu ziehen, als die Ehefrau auf ihr erstes graues Haar aufmerksam zu machen!

Sagt Frau Tischler: »Ist Ihr Mann auch so abergläubisch wie meiner?«
»Na, und wie!«, flötet Frau Meier. »Der schickt doch sogar sein dreizehntes Monatsgehalt zurück!«

Beamter Hinze will heiraten und bekommt dafür drei freie Tage bewilligt. Nach den drei Tagen erscheint ein sichtlich erschöpfter und aufgelöster Hinze wieder im Büro. Sein Vorgesetzter klopft ihm väterlich auf die Schultern und meint tröstend: »Ja, ja, mein Lieber, die Ehe ist kein Schreibtisch, da heißt es arbeiten!«

Arno kleinlaut beim Frühstück:
»Liebling, habe ich eigentlich gestern beim Heimkommen viel Lärm gemacht?«
»Du nicht, aber die anderen vier, die dich hereingetragen haben!«

Die Idealmaße einer begehrenswerten Frau?
50–85–40!
50 Millionen, 85 Jahre und 40 Grad Fieber!

Hausarbeit ist für Barbara ein Fremdwort. Eines Abends tönt die entsetzte Stimme ihres Gatten aus dem Flur: »Barbara, wo ist der Staub auf dem kleinen Tisch? Ich habe mir dort die Telefonnummer eines wichtigen Kunden notiert!«

Ein junges Paar bei einem Sonntagsausflug.
Die Autofahrt führt über idyllische Ortschaften, durch herrliche Wälder und Wiesen.
Auf einer Waldlichtung bricht die junge Frau plötzlich in heftiges Weinen aus:
»Du liebst mich nicht mehr!«, schluchzt sie.
Mit großen Augen blickt sie ihr Mann an und fragt: »Wie kommst du denn nur auf so etwas Dummes?«
»Na ja, als wir noch frisch verliebt waren, hattest du hier immer eine Reifenpanne!«

Fragt ein Strohwitwer einen Leidensgenossen: »Du, meine Socken sind zerbrochen, kannst du mir aushelfen?«
»Klar, nimm solange meine, die stehen unter dem Bett!«

Ein älteres Paar sitzt auf einer Parkbank.
Eine Fee flüstert ihm ins Ohr:
»Du hast einen Wunsch frei!«
»Ich wünsche mir, dass meine Frau
zwanzig Jahre jünger ist als ich!«
Ein Blitz, viel Rauch und ein lauter Knall.
Als die Rauchschwaden verzogen sind, sitzt neben
der Frau ein altes, verknöchertes Männchen.

»Ich habe vielleicht ein Pech«, jammert Charlie.
»Immer, wenn ich die Frau meines Lebens finde,
ist entweder sie verheiratet oder ich!«

Die Ehefrau zu ihrem Mann:
»Unsere Putzfrau bekommt ein Kind!«
Er: »Das ist ihre Sache.«
Sie: »Sie sagt, es sei von dir!«
Er: »Das ist meine Sache.«
Sie: »Wenn das stimmt, bringe ich mich um!«
Er: »Das ist deine Sache!«

Der Ehestand wird als heilig bezeichnet,
weil er so viele Märtyrer hervorgebracht hat.

Wenn ein Mann gerade verheiratet ist sagt er:
»Darf ich Ihnen meine Frau vorstellen?«
Nach zwanzig Jahren Ehe sagt er dann:
»Können Sie sich vorstellen: meine Frau.«
Nach vierzig Jahren sagt er schließlich:
»Können Sie sich mal vor meine Frau stellen.«

»Papi, warum sind Statuen
in Siegerposen immer Frauen?«
»Das, mein Sohn, wirst du erst verstehen,
wenn du verheiratet bist!«

Was ist der Unterschied zwischen
einer Ehe und einer Irrenanstalt?
Um aus der Irrenanstalt rauszukommen,
muss man Fortschritte zeigen.

Albert und Matthias sitzen am Tresen.
Albert seufzt: »Kennst du das auch?
Du kommt nach Hause und wirst mit Wärme,
Interesse und Herzlichkeit empfangen?«
Matthias: »Ja, dann bist du aber
im falschen Haus!«

Er hat sich mit seiner Frau gestritten.
Seit Tagen läuft er mit bitterböser Miene herum.
Endlich zeigt er sich wieder friedlich.
»Nicht mehr eingeschnappt?«, fragt seine Frau.
»Denkste!«, braust er auf.
»Ich ruhe nur mein Gesicht aus.«

Aus einem Kinderaufsatz:
»Mein Vater schimpft immer,
weil meine Mutter so viel Geld
verbraucht. Er sagt, als er sie
geheiratet hat, sei sie nicht so
ausgiebig gewesen.«

Felicitas schreibt einen schmachtenden Brief an Kaspar: »Ich liebe dich von ganzem Herzen, Kaspar! Solltest du wider Erwarten meine Liebe nicht erwidern, gib diesen Brief an Robert weiter!«

Wer Heiratsgesuche und
Stellenbewerbungen liest, lernt Menschen
von ihrer besten Seite kennen!

Was sieht man einem
gut angezogenen Mann sofort an?
Seine Frau hat einen
vortrefflichen Geschmack.

Adam und Eva laufen Arm in Am durchs Paradies. Flüstert sie ihm ins Ohr:
»Liebst du mich auch wirklich?«
»Du stellst Fragen! Wen den sonst?«

Hochwasser bei Friedrichs. Weil das ganze Erdgeschoss unter Wasser steht, flüchtet sich das Paar ins Freie. Sagt sie: »Mein Schatz, ich kann es gar nicht fassen. In den fünfzehn Jahren, die wir verheiratet sind, ist es das erste Mal, dass wir zusammen ausgehen!«

Was macht den Unterschied aus zwischen einem neuen Hund und einer neuen Frau?
Nach einen halben Jahr freut sich der Hund immer noch, dich zu sehen.

Helga zu ihrer besten Freundin: »Sag mal, ganz im Vertrauen, wie schaffst du das nur, dich immer wieder für deinen Mann interessant zu machen?«
»Ein guter Rat unter Freundinnen: Trage ein Parfüm, das nach Bier und verschwitzten Fußballklamotten duftet!«

»Mein Gott, wie fünf Schnäpse
dich verändern können!«, sagt
die Gastgeberin am Ende des Festes
zu ihrem Mann.
Dieser entrüstet: »Ich habe doch
keine fünf Schnäpse getrunken!«
»Aber ich!«

»Wann kochst du endlich so gut
wie meine Mutter?«, meckert der Ehemann.
»Wenn du so viel verdienst wie mein Vater,
Liebling!«

»Liebling, möchtest du gern einmal in einem
großen Wagen chauffiert werden?«
»Aber natürlich, mein Schatz!«
»Dann komm, da vorn steht der Bus!«

Der Ehemann erwartet, dass seine Frau perfekt ist. Und er erwartet, dass sie akzeptiert, dass er es nicht ist.

Beim Klassentreffen werden alte Erinnerungen ausgetauscht. Jeder erzählt, was sich in den letzten Jahren alles so ereignet hat. Auffällig ist, dass Hans fehlt.
»Der Hans kann nicht kommen, seine Frau bekommt heute noch ein Baby, und Hans muss daheim die zehn Kinder hüten«, heißt es.
»Typisch Hans«, meint einer, »der hat schon in der Schule nie aufgepasst ...«

Er: »Ich mache dich zur glücklichsten Frau der Welt!«
Sie: »Ich werde dich vermissen!«

»Mein Schatz, haben deine Freundinnen deinen Verlobungsring schon bewundert?«, fragt Hannes seine Zukünftige.
»Und wie«, erwidert sie, »zwei von ihnen haben ihn sogar wieder erkannt!«

Das Klagelied von Frau Meier:
»Ich bräuchte dringend neue Klamotten!
Die Nachbarn lachen ja schon über meine
alten Sachen, wenn ich auf die Straße gehe.«
Ihr Mann: »Schatz, pack unsere Sachen
zusammen. Es ist billiger, wenn wir umziehen!«

»Felix, tu mir bitte den Gefallen und
streiche das Wort ›Weib‹ aus deinem
Wortschatz. Wenn schon, dann verwende
das Wort ›Dame‹!«
»Wie du meinst. Aber man sagt ja auch
›das weibliche Geschlecht‹ – und nicht
das ›dämliche Geschlecht‹!«

Beim Essen fragt der Ehemann seine Frau:
»Sag mal, wie heißt eigentlich das Zeug,
auf das ich so scharf bin?«
Sie zischt giftig zurück: »Ornella Muti!«

»Warum hast du nur die Verlobung mit
dem Uhrmacher platzen lassen, Maria?«
»Ach, der wollte mich nur aufziehen!«

»In einer jungen Ehe sind Aufrichtigkeit und Willensstärke die wichtigsten Tugenden«, wird die junge Braut von ihrer Mutter aufgeklärt. Die Heiratswillige: »Was ist Aufrichtigkeit?«
»Jedes Versprechen, das du deinem zukünftigen Mann gibst, unbedingt zu halten!«
»Klar. Und was ist Willensstärke?«
»Niemals etwas zu versprechen!«

»Hat dir das Essen geschmeckt, mein Schatz?«
»Ausgezeichnet, Liebling!«, lobt der Ehemann seine Frau. »Und du hast tatsächlich alle Büchsen allein geöffnet?«

Ferdinand trifft seinen Kegelkameraden:
»Die siehst so erholt aus. Warst du im Urlaub?«
»Nein, aber meine Frau!«

»Was ist Ihre größte Stärke?«
»Meine Frau.«
»Und Ihre größte Schwäche?«
»Andere Frauen ...«

»Das ist ja fürchterlich,
schnarcht dein Mann immer so?«
»Nein, nur wenn er schläft!«

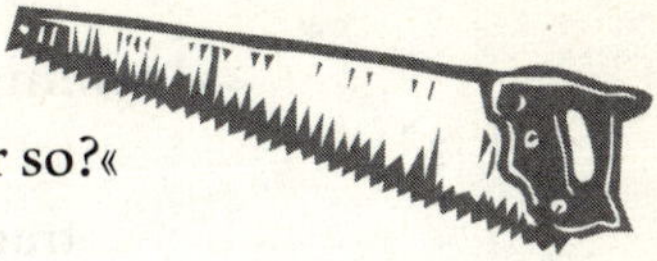

Kurt ist völlig unentschlossen. In seiner Verzweiflung wendet er sich Rat suchend an seinen Freund Hugo: »Soll ich nun die schöne Lara heiraten oder die kluge Linda?«
»Ein guter Tipp von mir«, sagt Hugo, »heirate keine von beiden. Such dir lieber eine Frau, die zu dir passt!«

»Warum macht Ziegler eigentlich immer einen Bogen um den Stammtisch?«
»Weil er von seiner Frau ferngesteuert wird!«

Eine Ehepaar feiert goldene Hochzeit. Zu vorgerückter Stunde prahlt der Jubilar vor seinen Schwiegersöhnen: »Ja, meine Lieben, in meinem langen Leben habe ich vielen Ehemännern Hörner aufgesetzt!«
Da meint die Jubilarin versonnen lächelnd: »Ich nur einem Einzigen ...«

»Liebling, sehe ich wirklich aus
wie fünfunddreißig?«,
fragt Hilde eines Morgens
ihren Angetrauten.
»Nein, Liebling, schon lange nicht mehr!«

Eine Frau beim Scheidungsanwalt.
Der fragt sie natürlich nach dem
Grund für die Scheidung:
»Trinkt er?«
»Keinen Tropfen!«
»Gibt er Ihnen nicht genügend Haushaltsgeld?«
»Er ist überaus großzügig!«
»Und wie steht's mit der ehelichen Treue?«
»Tja, in diesem Punkt könnten wir ihn packen,
das letzte Kind ist nicht von ihm!«

Wann steht man nach dem Höhenflug auf »Wolke sieben« wieder mit beiden Beinen auf der Erde? Wenn er zu Hause anruft und ankündigt, dass er später zum Essen kommt – und sie schon einen Zettel auf den Küchentisch gelegt hat, dass es im Kühlschrank steht.

Am Stammtisch.
Sagt der eine zum anderen:
»Deine Frau ist ja wirklich ein Juwel!«
Darauf der andere:
»Ich trage sie auch mit Fassung!«

»Männer sind wie Kohl«,
weiß die erfahrene Ilse.
»Am besten sind sie leicht
abgebrüht zu genießen ...«

Nach der standesamtlichen Trauung
erkundigt sich der Stammtischbruder
beim frischgebackenen Bräutigam:
»Was hast du eigentlich
dem Standesbeamten gegeben?«
»Dreißig Euro«
»Und, war's ihm genug?«
»Ich denke schon«, meint der Bräutigam,
legt dann aber nachdenklich seine
Stirn in Falten.
»Nach einem langen Blick
auf meine Angetraute hat er mir
zwanzig Euro wieder zurückgegeben.«

Vor einem exquisiten Pelzladen
bleibt Helga wie angewurzelt stehen.
»Liebling«, winkt sie ihren Mann heran.
»Den – oder keinen!«
»Na schön«, meint dieser. »Keinen!«

»Mein Lieber, wie schmeckt dir
das Essen?«, fragt die Gattin.
»Suchst du schon wieder Streit, Karin?«

Wenn sich zwei auf der Straße küssen,
geht man kopfschüttelnd vorbei.
Schlagen sich zwei auf offener Straße,
bleibt man stehen!

Stolz kommt der Ehemann von
seinem Vereinsabend zurück.
»Ich bin zum Vize-Vorstand gewählt worden.«
»Da haben sie für den Posten ja die
Idealbesetzung gefunden«, meint dazu
seine Frau, »die Rolle kennst du ja
schon von zu Hause!«

»Thomas, stell dir vor! Der Heiratsvermittler, der uns zusammengebracht hat, wurde gestern ermordet.«
»Und? Ich habe ein Alibi!«

»Na, mein Schatz, gibt's was Neues?«, begrüßt der Ehemann seine eben vom Einkaufen zurückgekehrte Gattin.
»Wenn du so direkt fragst: Unser Zweitwagen ist jetzt unser Erstwagen!«

Annette und Martin zoffen sich schon wieder. Meint er wütend: »Halt dich lieber zurück und reize nicht das Tier in mir!«
»Meinst du wirklich, ich hätte Angst vor einem Esel?«

Zwei Turteltäubchen unter sich:
»Weißt du, mein Schatz, in der Ehe wird sich für dich einiges ändern: Du wirst beispielsweise selbst kochen müssen!«
»Und du, mein Herz«, meint die Angebetete ohne mit der Wimper zu zucken, »wirst es essen müssen!«

Wagners fahren in den Urlaub:
»Emil, fährt der Zug schon?«
»Ja, glaubst du etwa, deinetwegen
werden die Häuser vorbeigetragen?«

Tief beeindruckt klopft Schwager Bert dem
neuen Familienmitglied auf die Schulter:
»Du hast am Freitag, dem Dreizehnten geheiratet.
Bist du denn gar nicht abergläubisch?«
»Doch, seit jenem Freitag schon!«

Antonia muss in der Schule einen
Aufsatz über die Ehe schreiben:
»Bei uns in Deutschland darf jede
Frau nur einen Mann haben.
Das nennt man Monotonie!«

Ein Bauunternehmer erkundigt sich beim Finanzamt: »Stimmt es, dass man Renovierungskosten von der Steuer absetzen kann?«
»Kommt darauf an, was Sie renovieren lassen wollen«, erklärt der Finanzbeamte.
»Meine Frau will auf die Schönheitsfarm!«

Feierabend – Hans kommt völlig geschafft von der Arbeit. Das Wohnzimmer ist festlich geschmückt, und seine Frau zündet gerade zwanzig Kerzen auf einer Torte an. »Hat jemand Geburtstag?«, fragt er erstaunt.
»Ja«, antwortet sie, »mein Nerzmantel wird heute zwanzig!«

Nach tausend und einer Nacht: »Ich muss euch etwas gestehen«, sagt Scheich Ahmed zu seinem Harem. »Ich habe mich in einen anderen Harem verliebt!«

»Otto«, ermahnt ihn seine Ehefrau, »eine innere Stimme sagt mir, dass du zu viel trinkst.«
»Was«, seufzt Otto, »eine innere Stimme hast du auch noch?«

Die Ehe ist wie ein Restaurantbesuch: Man denkt immer, man hätte das beste bestellt, bis man sieht, was der Typ am Nebentisch bekommen hat.

Im Hause Friedrich herrscht dicke Luft. Er:
»Reiz mich nicht länger, sonst verliere ich neben
meiner Beherrschung auch noch den Verstand!«
Sie: »Das wäre allerdings schlimm,
kleine Sachen sind schwer wieder zu finden!«

Huber geht mit seiner Familie in den Zoo.
»Ich möchte auf einem Esel reiten!«,
schreit Hänschen immerzu.
Da wird es Frau Huber zu viel.
»Willi!«, ruft sie. »Nimm doch endlich
den Kleinen auf die Schulter,
damit wir Ruhe haben!«

Ruft Günther
aus dem Wohnzimmer:
»Wer hat denn da eben an der Haustür geklingelt?
Seine Frau erwidert: »War nur ein Bettler.
Ich habe ihm einen Teller Suppe
und zwei Euro gegeben!«
»Und, hat er die Suppe gegessen?«, fragt er.
»Selbstverständlich, der war total ausgehungert!«
Murmelt der Ehemann vor sich hin:
»Na, dann hat er sich die zwei Euro
auch redlich verdient!«

Svens Freundin steht vor der Haustür:
»Hallo, Liebling, ich komme
gerade vom Schwangerschaftstest!«

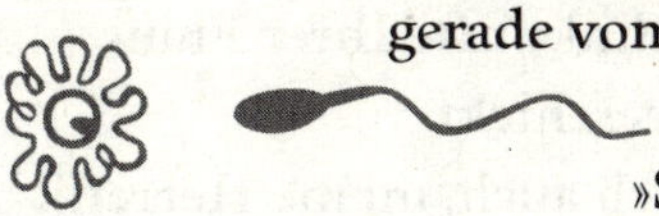

»Und?«
»Sven, willst du uns nicht
erst einmal hereinlassen?«

Meiers kommen aus den Ferien.
Sie haben zum ersten Mal Camping gemacht.
»Es hat doch dieses Jahr so viele Stechmücken gegeben«, stichelt die Nachbarin. »Haben die euch denn nicht arg zugesetzt?«
Schnippisch antwortet Frau Meier: »Nein, in der ersten Hälfte der Nacht war mein Mann immer so betrunken, dass er die Stiche nicht gespürt hat. Und in der zweiten Hälfte der Nacht waren die Viecher so betrunken, dass sie nicht mehr stechen konnten!«

Birgit weint sich an der Schulter ihrer besten Freundin aus: »Selbst unseren Hund behandelt mein Mann besser als mich.«
»Aber Birgit, das kann ich gar nicht glauben.«
»Doch, mir kauft er nicht einmal eine Halskette!«

Lehmann bekommt vom Finanzamt seine
Steuererklärung mit dem Vermerk
»Wir vermissen die Einkünfte Ihrer Frau«
zurückgeschickt.
Lehmann antwortet: »Ich auch, meine Herren!«

Gabi blickt versonnen, aber auch ein wenig melancholisch auf ihren Verlobungsring: »Glaubst du, Andrea, Christof wird mich auch noch lieben, wenn wir verheiratet sind?
»Aber sicher, Gabi! Der ist schließlich ganz verrückt nach verheirateten Frauen!«

»Liebling, ich habe heute eine
Lebensversicherung abgeschlossen«,
verkündet stolz der Ehemann.
Sie bitterböse: »Das ist wieder einmal
typisch! Immer denkst du nur an dich!«

Die junge Frau zum Ehemann:
»Schatz, ich muss gleich mal ausprobieren,
wie sich mein neuer Name schreibt.
Gib mir mal das Scheckbuch.«

»Unser Schlafzimmer ist so eng. Wenn sich einer von uns im Bett umdrehen will, muss der andere aufstehen!«
»Das ist noch gar nichts gegen unsere Küche. Die ist so niedrig, dass wir nur Schollen und Omeletts braten können!«

Sagt der Cowboy, als er gerade das glühende Brenneisen aus dem Feuer zieht, zu seiner Angebeteten: »Du wirst wahrscheinlich einige Tage auf dem Bauch liegen müssen, aber Verlobungsringe kann ich mir momentan nicht leisten!«

»In unserer Ehe ist ›Streit‹ ein Fremdwort.«
»Sie Glückliche!«
»Hoffentlich wird die zweite Woche auch so harmonisch!«

Die schönsten Komplimente, die ein Mann einer Frau machen kann, sind jene, die sich weit von der Wahrheit entfernen.

Mädchen unter zwanzig, die einen
Mann suchen, fragen: »Wie ist er?«
Die von zwanzig bis dreißig fragen: »Was ist er?«
Und die über dreißig: »Wo ist er?«

Ein Radiotechniker im siebten Himmel. Verliebt flüstert er seiner Angebeteten ins Ohr: »Spürst du die Schwingungen zwischen uns? Wie im Äther. Ich bin der Sender und du der Empfänger.«
»Wie recht du doch hast, mein Lieber«, erwidert sie, »und in acht Monaten kommt ein Lautsprecher dazu!«

»Denk dir«, erzählt eine Freundin der anderen, »gestern wollte mich ein fremder Mann auf dem Rathausplatz küssen! Ich bin vielleicht gerannt.«
»Und, hast du ihn eingeholt?«

Er kommt später von der Arbeit nach Hause.
Sie: »Hast Du Überstunden gemacht?«
Er: »Ist das eine Fangfrage?«

Ein Betrunkener steigt in die Straßenbahn ein und betrachtet wankend die Fahrgäste auf der linken und dann auf der rechten Seite. »Tag auch, meine Herrschaften, links sitzen wohl alle Lügner und rechts lauter Ehebrecher!«, lallt der Betrunkene in die Menge. Daraufhin erhebt sich einer auf der rechten Seite und meint entrüstet:
»Bitte schön, ich habe mein Leben lang noch nie einen Seitensprung riskiert!«
Der Betrunkene sieht ihn verdutzt an und entgegnet: »Na, dann setz dich rüber auf die linke Seite!«

Zwei Freunde beim Mittagsplausch.
Fragt der eine den anderen:
»Na, wer hat bei dir daheim die Hosen an?«
»Nun, meine Frau kommandiert die
Angestellten, die Kinder den Hund und ...«
»Und du?«
»Ich habe die Blumen übernommen!«

»Du kannst mir zur blechernen
Hochzeit gratulieren.«
»Blechern? Kenne ich nicht!«
»Zwanzig Jahre Essen aus der Dose!«

»Meine Frau ist sehr zukunftsorientiert!«, prahlt Schmidtchen von seiner Herzdame.
»Wie äußert sich das?«, fragt sein Freund Kalle neugierig.
»Sie verschiebt alles auf den nächsten Tag!«

»Ihr Mann sieht einfach toll aus in seinem neuen Anzug«, meint die Nachbarin zu Erika. »Das ist kein neuer Anzug, das ist ein neuer Mann!«

»Stell dir vor, Julia, ich habe heute in der Firma einen tollen Einfall gehabt, durch den die Firma im Jahr so um die 50000 Euro einsparen wird.«
Seine Frau schaut ihn mit großen Augen an und meint: »Sag bloß, du hast gekündigt?«

Zwei ältere Damen unterhalten sich. Sagt die eine: »Mein Mann hat mir voriges Jahr eine Weltreise zum Geburtstag geschenkt. Aber ich wollte dann doch woandershin!«

»Mein Mann liegt jede Nacht wach im Bett!«,
klagt eine Kundin beim Tapetenhändler.
»Nehmen Sie doch das Design ›Hochwald‹,
Grün beruhigt ungemein!«
Nach vier Wochen kommt die Kundin wieder.
»Nun?«, fragt der Händler.
»Hat die Tapete gewirkt?«
»Und wie! Jetzt sägt er jede Nacht im Schlaf!«

Zwei Männer spielen Golf, als plötzlich auf der Straße neben dem Golfplatz ein Trauerzug vorüberfährt. Einer der Männer unterbricht sein Spiel, nimmt den Hut in die Hand und senkt den Kopf. Nachdem der Zug vorüber ist, spielt er weiter. Meint der andere: »Das war aber eine nette Geste von dir!« »Nach zwanzig Jahren Ehe war das ja das Mindeste, was ich für sie tun konnte!«

Im Theater wendet sich eine Dame mit einem
auffälligen Kopfschmuck nach dem hinter ihr
sitzenden Ehepaar um und fragt höflich:
»Stört Sie mein Hut?«
»Das kann man wohl sagen«, meint der Ehemann,
»jetzt will meine Frau genauso einen haben!«

Ein Ehemann hat eine schlimme Nachricht erhalten.
»Sag mir doch, was dich bedrückt, Liebling«, meint
seine Frau. »Wir haben uns doch versprochen,
dass wir alles gemeinsam durchstehen.«
»Na«, meint er, »eben erfahre ich,
dass wir Vater geworden sind.«

Rudi sitzt vor der Glotze und ruft in die Küche zu seiner Frau: »Vögelchen, bring mal das Bier rein!«
Sie: »Wie heißt das kleine Wort mit den zwei ›t‹?«
Rudi überlegt kurz und sagt: »Aber flott!«

Herr Ludwig betritt eine Boutique
und fragt die Verkäuferin
nach einem Damenkleid.
»Was für eine Farbe soll es denn haben?«,
fragt die Verkäuferin.
»Egal«, meint er.
»Und die Größe?«, fragt sie weiter.
»Auch egal«, erwidert Ludwig.
Die Verkäuferin wird langsam ungehalten:
»An welchen Schnitt haben Sie denn so gedacht?«
»Ach, auch egal. Meine Frau tauscht
den Fummel doch eh wieder um!«

Meldet sich ein Hörer beim
Rundfunk-Wunschkonzert:
»Da meine Frau und ich morgen goldene Hochzeit feiern, wünsche ich mir das Lied ›Verdammt in alle Ewigkeit‹!«

Die Reue, die Feuerwehr und die
guten Einfälle kommen oft zu spät!

Die kleine Lisa fragt ihre Mutter: »Mama, warum ist die Braut immer weiß gekleidet?«
»Mein Kind, das bedeutet, dass dies der glücklichste Tag ihres Lebens ist!«, antwortet die Mutter.
Reibt sich die kleine Lisa an der Nase, denkt kurz nach und fragt: »Und der Bräutigam trägt immer Schwarz, oder?«

»Was ist Lebensstandard?«,
fragt der Ehemann seine Frau.
»Erkläre es mir«, sagt sie.
»Wenn man Geld ausgibt, das man nicht hat,
um Dinge zu kaufen, die man nicht braucht, und
Leute zu beeindrucken, die man nicht mag!«

Mitten in der Nacht schleicht sich Katharina ins Haus. Das Licht geht an, ihr Mann steht vor ihr und stellt sie zur Rede: »Willst du mir etwa erzählen, das Kaffeekränzchen hätte so lange gedauert?«
»Schatz, auch wenn du es nicht glaubst – ja. Immer wenn eine gegangen ist, haben die anderen so über sie gelästert, dass ich mich nicht getraut habe wegzugehen!«

Wo kommt die Ehe noch vor der
Hochzeit und vor der Verlobung?
Im Duden.

»Schau«, sagt Frau Wagner. »Mit dem
neuen Waschmittel ist dein Hemd
schneeweiß geworden!«
Darauf der Mann enttäuscht:
»Getupft gefiel es mir aber besser!«

Der Ehemann kommt nach Hause, macht die Tür auf und ruft seiner Frau zu: »Renate, was gibt es zu essen, und was machen die Kinder?«
»Schnitzel und Masern!«

»Mein Mann hat gestern
endlich wieder mit mir gesprochen.«
»Was hat er denn gesagt?«
»Ich soll doch mal still sein!«

Frage an Radio Eriwan: »Kann eine Frau
ihren Mann zum Millionär machen?«
Antwort: »Im Prinzip ja,
wenn er vorher ein Milliardär war.«

Sie: »Liebes, ich habe überhaupt keine Lust,
heute Abend zu Lemmermeiers zu gehen.«
Er: »Ich doch auch nicht, Liebes.
Aber vergiss nicht, wie die sich freuen,
wenn wir nicht kommen.«
Sie: »Da hast du mal wieder Recht!
Schatz, gehen wir!«

»Glauben Sie an
fliegende Untertassen?«
»Aber sicher!«
»Haben Sie denn schon
welche gesehen?«
»Seit meiner Scheidung nicht mehr!«

Selbstzufrieden verkündet der Biologe seiner Frau: »Da kommst du nie drauf, was für eine Überraschung ich mir für deinen Geburtstag ausgedacht habe!«

»Jetzt, mach es nicht so spannend, Liebling! Was ist es denn?«

»Ich habe ein Virus nach dir benannt!«

Kaffeekränzchen bei Elke.

»Wie haben Sie eigentlich Ihren Mann kennen gelernt?«, wird Elke gefragt.

»Das war so: Ich überquerte mit meinem ersten Mann die Straße, da kam mein zweiter Mann zu schnell von links und überfuhr ihn. Danach haben wir uns öfter getroffen und ineinander verliebt!«

»Spielst du Skat?«

»Seit Wochen schon nicht mehr, meine Frau hat die Würfel versteckt.«

»Hat er tatsächlich gesagt, dass er ohne dich nicht leben kann?«

»Ja, er sagte, ich sei Luft für ihn!«

Aufgeregt rennt Walter vor dem Kleiderschrank herum und ruft seiner Frau zu:
»Hilde, wo sind meine Golfsocken geblieben? Ich kann sie nicht finden!«
Tönt es aus der Küche:
»Von welchen Socken sprichst du, Schatz?«
Ärgerlich brummt Walter:
»Na, die grünen mit den achtzehn Löchern!«

Während des Werbespots für Blumen sagt ein Sprecher:
»Kaufen Sie noch heute einen Strauß Rosen für die Frau, die Sie lieben!«
»Typisch«, kommentiert die Ehefrau.
»An die Verheirateten denkt keiner!«

Kommt Schorsch zum Bauern Hugo ins Haus gerannt: »Du, auf deinem Feld küsst einer gerade deine Frau!«
Hugo rennt panisch los, läuft zum Feld, und kommt wieder zurück ins Haus.
»Und?«, fragt ihn Schorsch.
Meint Hugo: »War nicht mein Feld!«

Frau Meister sagt im Treppenhaus zu Frau Kasper: »Ihr Hund macht mir Spaß. Zu Fremden ist er freundlich, und zu Hause winselt er den ganzen Tag!«
»Ja, das hat er von meinem Mann!«

»Was würdest du darunter verstehen, Andrea, wenn es heißt: Zwei Fliegen mit einer Klappe schlagen?«
»Nun, zum Beispiel einen Millionär aus Liebe heiraten.«

»Meine Frau hat das Buch ›Das doppelte Lottchen‹ gelesen, und kurze Zeit später haben wir Zwillinge bekommen!«
Hans meint: »Das ist noch gar nichts, meine Frau hat ›Schneewittchen und die sieben Zwerge‹ gelesen, und neun Monate später bekamen wir Siebenlinge!«
Klaus wird kreidebleich und rennt davon mit den Worten: »Ich muss schnell nach Hause, meine Frau liest gerade ›Alibaba und die vierzig Räuber‹!«

Am Frühstückstisch fragt die Frau ihren sichtlich von einer anstrengenden Nacht gezeichneten Gatten: »Schatz, warum bist du denn heute morgen so mürrisch?«
Ehemann darauf: »Ich könnte mich ärgern: Heute Nacht habe ich in Englisch geträumt.«
»Na und?«
»Ich habe kein Wort verstanden ...«

Bernd und Matthes trinken gerade ihr Feierabendbierchen in der Stammkneipe.
Bernd zu Matthes: »Du, deine Frau behauptet, du würdest ihr lauter schlaflose Nächte bereiten.«
Matthes erwidert:
»Unsinn, ich bin doch kaum da!«

Wie heißen die amerikanischen Filmstars, die nie geschieden wurden?
Micky Maus, Donald Duck, Schneewittchen ...

Aus dem Tagebuch einer Leidgeprüften:
»Man soll die Männer so nehmen, wie sie sind, aber nicht so lassen!«

»Du Markus, warum ist eigentlich deine
Verlobung mit Silke in die Brüche gegangen?«
»Ich habe nur gesagt, dass ihre
Strumpfhose Falten hätte!«
»Aber das ist doch keine Beleidigung!«
»Doch, sie hatte gar keine an!«

Frisch verheiratet, schwärmt Tobias
seinem Schwiegervater vor:
»Die Ehe bringt Musik ins Leben.«
Antwortet dieser: »Ja, stimmt,
ich habe auch schnell gelernt,
die zweite Geige zu spielen!«

Ein 70-jähriger Millionär heiratet eine
bildschöne 20-Jährige. Fragt sein Freund:
»Wie hast du das bloß gemacht?«
»Ganz einfach«, sagt der Millionär,
»ich habe ihr gesagt, ich sei 95.«

Sagt der Taschendieb zu seiner schwangeren Frau:
»Wenn es ein Mädchen wird,
soll sie Klaudia heißen.«

Er: »Seit 17 Jahren korrigierst du mich,
egal, was ich sage.«
Sie: »Seit 18 Jahren, mein Lieber, seit 18 Jahren.«

Eine selbstbewusste Frau fährt einen Herrn an, der ihr galant die Tür aufhält: »Bloß weil ich eine Frau bin, brauchen Sie mir nicht die Tür aufzuhalten!« »Ich halte Ihnen nicht die Tür auf, weil sie eine Dame sind, sondern weil ich ein Gentleman bin!«

Eine alte Jungfer kommt ins Fundbüro
und sagt: »Ich habe unter meinem Bett
einen Mann gefunden. Wenn sich niemand
meldet, darf ich ihn dann behalten?«

Zwei Hausmädchen unterhalten sich: »Ich glaube, ich kündige bald. Den ganzen Tag muss ich sagen: ›Jawohl, gnädige Frau, jawohl, gnädige Frau und immer wieder jawohl, gnädige Frau ...!‹«
Meint die andere: »Das ist noch gar nichts, ich muss immer wieder sagen:
›Nein, gnädiger Herr, aber nicht doch, gnädiger Herr ...!‹«

Schon wieder erwischt der Bauer einen Lausbuben, der ihm die Äpfel vom Baum klauen will. Er greift sich das Bürschchen, schüttelt es kräftig durch und schließt seine Strafpredigt mit den Worten: »... denn da ist jemand, der dich beim Stehlen beobachtet. Eine höhere Macht, die alles sieht und so erhaben ist, dass selbst ich nur ein kleiner Wurm bin, der sie fürchten muss. Und diese höhere Macht wird dir dein Tun nicht einfach so vergeben. Hast du das kapiert?«
Der Lausbub mault: »Ach, halten Sie doch Ihre Frau da raus.«

Vor dem heillosen Zorn seiner Gattin ist Herr Schneider unter das gemeinsame Bett geflüchtet. Da die beleibte Dame sich außerstande sieht, den Guten wieder hervorzuzerren, schlägt sie mit dem Teppichklopfer energisch auf die Matratze und brüllt:
»Ich zähl jetzt bis drei und dann kommst du da wieder raus. Eins, zwei ...«
Brüllt Schneider zurück: »Herrgott noch mal. Wer ist denn hier der Herr im Haus? Ich bleib hier unten und damit basta.«

»Graham Bell und Samuel Morse waren wirklich große Männer«, berichtet Lehrer Hempel. »Sie haben nicht nur das Telefon und den Morseapparat erfunden, nein, beide haben sich auch nicht davor gescheut, taubstumme Frauen zu heiraten. Weist das nicht auf große, tolerante und fürsorgliche Geister hin?«
Meldet sich Heiko zu Wort: »Ich würde sagen, es beweist eher, dass Männer wirklich Großartiges leisten können, wenn sie zu Hause ihre Ruhe haben.«

Fred ist zu Besuch bei seinem Freund Hans und dessen Frau. Die ganze Zeit nennt Hans seine Frau nur »Schatzilein«, »Mäuschen«, »Schnuckelchen« usw. Als die beiden Männer mal kurz allein sind, lobt Fred: »Ich finde das toll, dass du deiner Frau nach all den Jahren immer noch so zärtliche Kosenamen gibst.« – »Was soll ich machen?«, sagt Hans. »Ich habe vor einiger Zeit ihren Namen vergessen ...«

Eine 80-Jährige beantragte die Scheidung von ihrem 85-jährigen Mann. Auf die Fragen ihrer Kinder nach dem Warum antwortete sie: »Wir sind nun 60 Jahre verheiratet. Genug ist genug.«

Im Restaurant:
»Herr Meier, Ihre Frau bittet Sie ans Telefon.«
»Sie bittet?«
»In der Tat«, antwortet der Kellner.
»Dann muss es sich um einen anderen Meier handeln.«

Gedankenverloren steht ein älterer Mann am Rande eines U-Bahn-Gleises. Da rempelt ihn plötzlich jemand an, und er wäre wohl unter den heranrasenden Zug gefallen, wenn ihn nicht eine kleine Hand am Mantel gepackt und auf den Bahnsteig zurückgezogen hätte. Aufatmend blickt er hinter sich und sieht ein kleines Wesen, das ihn triumphierend anlächelt.
»Vielen Dank, auch«, sagt der ältere Herr und fragt nach: »Und bei wem darf ich mich bedanken?«
»Ich bin dein Schutzengel«, zwitschert der Kleine.
Da verfinstert sich die Miene des Geretteten schlagartig, er packt den kleinen Wicht und schüttelt ihn heftig:
»Mein Schutzengel also! Dich will ich schon seit Jahren in die Finger bekommen.
Wo warst du, als ich geheiratet habe?«

Nach der Untersuchung seiner besseren Hälfte
wird Max ins Sprechzimmer des Arztes gerufen.
Der Doktor mustert Max sorgenvoll:
»Maxe, Maxe – Ihre Frau gefällt
mir gar nicht.«
Max springt auf: »Na, eine Schönheit ist Ihre
aber auch nicht gerade.«

Im Polizeirevier knallt ein Mann das Foto seiner Frau auf den Tisch des Wachhabenden. »Herr Inspektor – sie ist fort. Seit drei Tagen schon. Sie müssen jetzt anfangen zu suchen.« Lange Zeit betrachtet der Wachtmeister das Bild, blickt dann auf und fragt: »Warum?« Der Mann zögert kurz und sagt: »Stimmt. Sie haben Recht ...«

»Zwanzig Jahre lang waren meine Frau und ich die glücklichsten Menschen«, seufzt Wiggerl am Stammtisch.
»Und dann?«, erkundigen sich die Freunde mitfühlend.
»Dann sind wir uns begegnet.«

Wie kriegt man einen Mann dazu, Sit-ups zu machen?
Man befestigt die Fernbedienung des Fernsehers an seinem Fuß.

Auf einem Ball der besseren Gesellschaft gerät eine hübsche Blondine mit einem Herrn in einen heftigen Wortwechsel. Nach minutenlangem Streit verlässt der Mann schließlich wutschnaubend den Ort des Geschehens, und eine andere Dame fragt bei der Blondine nach: »War das Ihr Mann?«
»Was glauben Sie denn«, faucht die Blonde zurück. »Glauben Sie, ich würde mit so einem Trottel ein Verhältnis anfangen?«

»Tja, mein Sohn. Solange Mutti nicht da ist, bin ich wohl Strohwitwer.«
»Tja, Papi. Und wenn sie zurück ist, bist du wieder Strohmann.«

Die Freunde wundern sich, dass Eddi doch noch so plötzlich geheiratet hat. »Ursprünglich wollten wir gute Freunde bleiben«, erklärt er. »Aber dann haben wir es uns doch anders überlegt.«

Ein Ehekrach endet vor dem Scheidungsrichter, der einiges aufzuarbeiten hat. So wirft die Frau ihrem Gatten Vernachlässigung, Brutalität, Ignoranz und mangelnde Treue vor, während sich dieser über die Unzuverlässigkeit, die Nörgelei und die Prüderie seiner Frau mokiert. Schließlich findet der Richter heraus, dass die Situation vor kurzem derart eskalierte, dass das gesamte Wohnungsmobiliar zu Bruch ging, und er verlangt einen Zeugen zu hören.

»Sagen Sie mal«, will er wissen. »Waren Sie dabei, als der Streit begann?«

»Jawohl«, erklärt der Zeuge.

»Ich war Trauzeuge.«

Frau Heise beschwert sich bitterböse: »Immer gehst du abends weg, und nie nimmst du mich mit.« Seine Antwort: »Ich treibe mich halt ungern mit verheirateten Frauen rum.«

»Stell dir vor, Katrin. Stefan hat gestern um meine Hand angehalten.«

»Ja – das macht er sehr charmant, nicht wahr.«

Die Ehefrau besucht den Mann im Gefängnis. Er fragt nach: »Wie geht's dir denn finanziell?« »Och, im Moment ganz gut. Die Belohnung, die sie auf dich ausgesetzt hatten, reicht noch mindestens drei Jahre.«

Ein gestandener Landwirt nimmt seinen Sohn zum ersten Mal mit auf den Viehmarkt. Dort beobachtet der Junge staunend, wie der Vater einer Kuh über das Fell streichelt und vorsichtig das Euter betastet.
»Warum machst du das, Papa«, will er wissen.
»Ich muss doch sehen, ob die Kuh gesund ist, bevor ich sie kaufe.«
Die beiden gehen weiter und nach einer Weile bleibt der Junge stehen und runzelt die Stirn.
»Was ist, mein Junge?«
»Was machen wir bloß, wenn Mami nicht mehr da ist?«
»Aber Mami geht doch nicht fort.«
»Doch. Ich glaube, Onkel Hermann will sie kaufen.«

»Und«, erkundigt sich Harry bei Hugo,
»hat sie deinen Heiratsantrag angenommen?«
»Nein. Abgelehnt.«
»Mit welcher Begründung?«
»Sie war sehr diplomatisch. Sie sagte, dass sie mich für zu klug hielte, eine Frau zu lieben, die so dumm wäre, mich zu heiraten.«

»Ich werde nie wieder eine Frau fragen, ob sie mich heiraten will«, seufzt Ingo.
»Wieder abgeblitzt?«, erkundigt sich sein Freund mitfühlend.
»Eben nicht.«

Wie sortieren Männer ihre Wäsche?
In »Schmutzig« und »Schmutzig, aber tragbar«.

Fünfzehn Jahre haben die beiden nun in wilder Ehe zusammengelebt, da fragt sie eines Tages: »Meinst du nicht, wir sollten heiraten?«
Er winkt ab: »Wer würde uns denn jetzt noch nehmen?«

Pünktlich zum Monatsersten erwartet
die Ehefrau des Geschichtsprofessors
ihr Haushaltsgeld.
Von der Küche aus ruft sie in die Bibliothek:
»Wilhelm! Der Erste!« –
Tönt es aus dem Arbeitszimmer: »1871 bis 1888!«

Roswitha, die frischgebackene Ehefrau,
sagt auf der Hochzeitsreise zu ihrem Mann:
»Du, Liebling, könnten wir nicht so tun,
als wären wir schon länger verheiratet?«
»Gut, mein Herzblatt, trag du die Koffer!«

Unterhalten sich zwei Arbeitskollegen.
»Mensch, Harald, du bist ja knackig
braun von deiner Hochzeitsreise zurück!
Aber warum ist deine rechte Hand so weiß?«
»Ich musste dauernd tief in die Tasche greifen!«

Der Mittagstisch ist gedeckt.
Die Ehefrau ruft vom Esszimmer ins
Arbeitszimmer ihres Mannes:
»Komm nörgeln, Liebling! Das Essen ist fertig!«

Meint der Scheidungsanwalt kopfschüttelnd zu der hübschen Zwanzigjährigen: »Ich weiß gar nicht, was Sie eigentlich haben – für sein hohes Alter ist Ihr Mann doch noch sehr rüstig!«
Antwortet sie mit einem Schmollmund: »Für sein Alter mag das ja zutreffen – aber nicht für meins!«

Arno schüttet bei einem Arbeitskollegen sein Herz aus: »Mein Frau behauptet immer das Gegenteil von mir«, jammert Arno. »Wobei denn?«, hakt sein Arbeitskollege nach. »Immer wenn ich nach Hause komme und ›guten Abend‹ sage, sagt sie jedes Mal ›guten Morgen‹!«

»Mein Herzblatt«, erkundigt sich die Ehefrau besorgt bei ihrem Mann, »fühlst du dich auch gut?« Der Mann, der sich wie immer schweigend hinter die Morgenzeitung verkrochen hat, blickt von seiner Lektüre auf und fragt erstaunt: »Wie kommst du denn auf so etwas?« Sie: »Na, deine Finger sind so blass!«

Eine berühmte Hollywood-Diva hat einen feurigen Mexikaner geheiratet. In einem Fernsehinterview, in dem sie zu ihrem neuen Eheglück befragt wird, gesteht sie: »Ob ich glücklich bin? Ich bin im siebten Himmel! In Zukunft heirate ich nur noch Mexikaner!«

»Vati, warum legt sich Mutti am Abend immer Gurkenscheiben aufs Gesicht?«
Der Vater: »Damit sie besser aussieht!«
Der Sohn: »Ich finde aber, sie sieht ohne viel besser aus!«

Nach einem besonders heftigen Streit begeben sich Herr und Frau Meier zu Bett, ohne miteinander zu sprechen. Herr Meier muss früh aufstehen, deshalb schreibt er auf einen Zettel »Weck mich um sechs« und legt ihn auf den Nachttisch seiner Frau. Am helllichten Tag, um zehn Uhr erwacht Herr Meier und findet seinerseits einen Zettel auf seinem Nachttisch. Darauf steht: »Es ist sechs Uhr. Steh auf!«

Die Familie isst im Restaurant.
Der geizige Familienvater zum Kellner:
»Die zwei Würste, die übrig geblieben sind,
packen Sie bitte ein, die nehme ich
für den Hund mit!«
Jubeln die Kinder:
»Prima, Vati kauft uns einen Hund!«

Wie hilft der Ehemann bei der Hausarbeit?
Er hebt die Füße, wenn die Frau staubsaugt!

Hilde und Erwin machen eine Radtour – zum ersten Mal auf einem Tandem. Nur mit Mühe und Not bewältigen die beiden einen steilen Hügel. Oben angekommen, sind sie außer Puste.

Erwin zu seiner Frau: »Unglaublich, dass wir das geschafft haben!«
Meint Hilde: »Also, ich hatte da auch meine Zweifel. Nur gut, dass ich die ganze Zeit gebremst habe, sonst wären wir immer wieder rückwärts gerollt!«

Erwin fährt, wie jedes Jahr, allein in den Skiurlaub. Mit einem zärtlichen Kuss verabschiedet sich seine Frau von ihm, winkt ihm nach und ruft ihm zu: »Soll ich dir die Post wie immer ins Krankenhaus nachschicken?«

Kunze will, bevor er sich ewig bindet, lieber auf Nummer sicher gehen: Er beauftragt unter falschem Namen einen Detektiv, um den Ruf seiner Frau zu überprüfen. Nach wenigen Tagen erstattet der Schnüffler Bericht: »Alles einwandfrei, Herr Kunze. Ihre Zukünftige hat eine weiße Weste. Aber es hat sich rumgesprochen, dass sie in letzter Zeit mit einem gewissen Herrn Kunze ausgeht, und der hat wirklich keinen guten Ruf!«

Fritz jammert am Stammtisch: »Übermorgen hat meine Maria Geburtstag, und ich habe immer noch kein passendes Geschenk für sie.« Seine Kumpel raten ihm: »Frag sie doch einfach.« »Na, so viel Geld wollte ich nun auch wieder nicht ausgeben!«

Familienwitze

»Onkel, schmerzt dein Ohr immer noch?«
»Was soll die Frage?«
»Vati sagt, er hätte dich gestern tüchtig übers Ohr gehauen.«

Tante Elsa kommt zu Besuch. Biggi fragt freudestrahlend: »Du, Tantchen, ich habe dir extra ein Bonbon aufgehoben, möchtest du es haben?« »Gern«, sagt die Tante und lutscht genüsslich. »Schmeckt's?«, will Biggi wissen. »Ja, lecker.« »Dann verstehe ich nicht, warum Bello es vorhin ausgespuckt hat!«

»Na, wie geht's eurer Kleinen?«
»Danke der Nachfrage, noch zwei Raten an die Hebamme, dann gehört sie uns!«

»Das ist aber schön, dass du kommst«, begrüßt der kleine Alexander den Onkel an der Tür. »Mama sagte eben erst, du hättest uns gerade noch gefehlt.«

Das Geschwisterpaar Hilde und Horst
liegt sich mal wieder in den Haaren.
Horst: »Du bist ein blödes Schaf!«
Hilde kontert: »Und du ein hirnloser
Hornochse!«
Vater platzt der Kragen:
»Ihr habt wohl vergessen, dass ich auch
noch im Zimmer bin!«

»Omi ist ein Schiff, Omi ist ein Schiff«,
kichert und gluckst der kleine Tobias.
Die Großmutter hört das und will
natürlich von ihrem Enkelkind wissen,
wie es eigentlich auf die Idee kommt,
sie sei ein Schiff.
»Omilein, du bist ein Schiff, verstehst du?
Ich hab schließlich ganz genau gehört,
wie der Papa zur Mama gesagt hat:
›Jetzt ist der alte Dampfer schon wieder da!‹«

»Mein Onkel ist Pfarrer, und jedermann sagt Hochwürden zu ihm!«, erzählt Lukas.
»Mein Onkel ist Kardinal, und zu ihm sagen alle Eminenz!«, sagt Valentin.
»Und mein Onkel wiegt acht Zentner, und auf der Straße sagen alle Allmächtiger!«, sagt Fritz.

»Onkel Hans, bist du ein Menschenfresser?«
»Natürlich nicht, weshalb?«
»Na, der Papa sagt immer, du lebst nur von deinen Verwandten!«

Fragt die kleine Erika ihre Tante: »Sag mal, Tante: Warum haben du und Onkel Arthur eigentlich noch keine Kinder?«
Antwortet die Tante: »Weißt du, Erika, der Klapperstorch hat uns noch keine gebracht!«
»Ach so«, meint Klein-Erika, »wenn ihr noch an den Klapperstorch glaubt, dann ist mir alles klar ...«

Mit einer Geldsendung und einer
Erbtante kann man erst dann etwas
anfangen, wenn sie eingegangen sind.

»Du siehst ja völlig fertig aus. Hast du Probleme?«
»Ich habe gestern meinen Erbonkel getroffen.«
»Und – hat er dich etwa enterbt?«
»Viel schlimmer – er hat mich angepumpt!«

Entsetzt erzählt Richard seinem Bruder: »Opa hatte ganz Recht, als er mir den Rat gab, nicht in den Nachtclub zu gehen. Dort gibt es Dinge, die ich besser nicht sehen sollte.«
»So, was hast du denn gesehen?«
»Opa!«

»Axel, wie alt ist eigentlich deine Großmutter?«
»Das weiß ich nicht, wir haben sie doch schon so lange!«

Im Hause Fischer hat sich Nachwuchs eingestellt: Zwillinge. Der Jüngste in der Familie, Maximilian, wird gefragt: »Na, habt ihr denn schon Namen für die beiden?«
»Klar«, meint Maximilian, »Vati ruft immer: Donner und Doria!«

Der kleine Patrick will es genau wissen:
»Wie lange bist du eigentlich schon
mit Papi verheiratet, Mutti?«
»Zwölf Jahre.«
Patrick denkt kurz nach: »Aha.
Und wie lange musst du noch?«

»Den Eigensinn hat der Junge von dir«,
wirft die Mutter ihrem Ehemann vor.
»Muss er wohl«, brummt dieser
zustimmend. »Du hast deinen ja noch.«

Nachgefragt am Stammtisch: »Oliver ist
gestern Vater geworden. Wie wird er den
Stammhalter denn nennen?«
Die Antwort: »Hamlet wahrscheinlich.
Sein oder nicht sein ist schließlich die Frage.«

Ein Findelkind wird im Sandkasten von
Altersgenossen aufgrund seiner unbestimmten
und zweifelhaften Herkunft gehänselt.
Die Antwort: »Meine Eltern konnten mich aussuchen. Eure mussten nehmen, was kommt.«

»Papa, ich will später mal die Oma heiraten.«
»Aber Moritz, du kannst doch nicht
meine Mutter heiraten.«
»Wieso denn? Du hast doch auch
meine Mutter geheiratet.«

Judith verspricht ihrem Papa, dass
er diesmal so viel zum Geburtstag
bekommt, dass er es gar nicht auf
einmal tragen kann.
Was bekommt der Papa?
Logisch! Zwei Krawatten!

Sabrina hat zum ersten Mal ganz
allein Nudeln mit Soße gekocht
und ist unheimlich stolz darauf.
Beim Mittagessen mault eigentlich
nur ihr Bruder, dass die Suppe
total versalzen sei.
»Ich habe aber gelernt, dass der Mensch
mindestens zwei Kilo Salz im Jahr
braucht«, rechtfertigt sich Sabrina.
»Kann ja sein, aber doch nicht alles
auf einmal.«

Die kleine Christina schaut immer zu,
wenn ihr Brüderchen gewickelt wird.
Auch heute ist sie wieder dabei und bemerkt
sofort, dass Mutti das Puder vergessen hat.
»Stopp«, ruft sie. »Noch nicht einwickeln.
Du hast vergessen zu salzen.«

»Warum kannst du nicht einmal meiner Meinung sein?«, will Thomas von seiner Schwester wissen.
»Weil wir dann beide Unrecht hätten«,
antwortet diese.

»Begleitest du mich zum Bus?«,
fragt Tante Erna den dicken Neffen.
»Geht nicht«, antwortet dieser.
»Sobald du weg bist, schneidet
Mutti den Kuchen an.«

Vater geht mit Großvater spazieren.
Plötzlich blickt er auf und fragt:
»Hoppla, gehe ich etwa zu schnell?«
»Du nicht«, keucht der Achtzigjährige.
»Aber ich.«

»Wer streitet bei euch denn so laut?«,
fragt der Nachbar den kleinen Oliver.
»Das sind mein Vater und mein Opa.«
»Und warum brüllen die so?«
»Die machen gerade meine Hausaufgaben.«

Ein Bayer will ein Kind aus Afrika adoptieren und besorgt sich auf dem Rathaus alle notwendigen Formulare und Papiere. Vorsichtig fragt der Beamte nach, warum es denn ein dunkelhäutiges Kind sein musste. Der Bayer wird energisch: »Oiso, bei dem woaß i genau, dass's koa Preiß net is.«

»Mutti«, fragt das Töchterchen.
»Wenn ich groß bin, bekomme ich
dann auch einen Mann wie Papa?«
Die Mutter lacht viel sagend: »Nicht,
wenn du gut aufpasst, mein Kind.«

Der kleine Sohn will es genau wissen:
»Hör mal, Mami. Unser täglich Brot gibt uns
der liebe Gott, die Kinder bringt der Storch,
und wozu brauchen wir eigentlich Papi?«

Frau Borstig geht mit ihren fünf Kindern ins Kaufhaus. »Wo bitte geht es zur Kinderabteilung?«, fragt sie eine Verkäuferin.
Da zupft sie ihr Erstgeborener am Ärmel und flüstert: »Mama, kauf dir doch bitte nicht noch eins. Die Wohnung ist schon eng genug.«

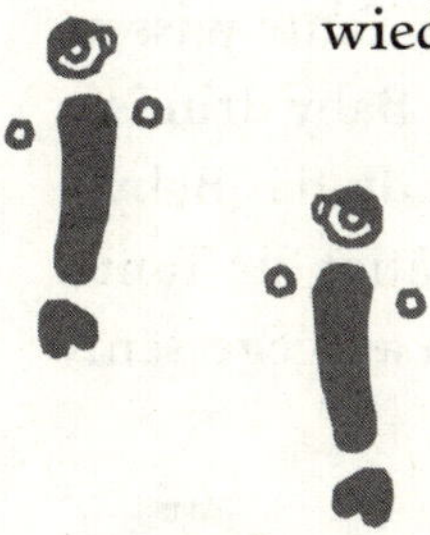

Michi und Stefan streiten sich mal wieder zu Hause. Die Mutter schnappt sich die beiden Streithähne und meint: »Zum Muttertag wünsche ich mir zwei anständige Söhne.«
»Super«, brüllt Michi.
»Dann sind wir vier.«

Ein wütender Mann rennt in die Metzgerei und bestürmt den Ladeninhaber:
»Auf der Straße draußen hat ihr Sohn mit einem Stein nach mir geworfen und mich fast getroffen.«
Der Metzger lässt sein Hackebeil sinken:
»Er hat nicht getroffen?«
»Es ging knapp daneben.«
»Dann war es nicht mein Sohn!«

Esther und Andreas praktizieren die antiautoritäre Erziehung sehr konsequent. Bei der Geburt ihres jüngsten Sprösslings fragt der Standesbeamte zunächst nach: »Junge oder Mädchen?«
Darauf der stolze Vater: »Das soll das Kind später selbst entscheiden.«

»Warum hast du denn so einen dicken Bauch?«, will Claudia von der Tante wissen.
»Weil da ein Baby drin ist.«
Claudia überlegt: »Und magst du das Baby?«
»Natürlich«, bestätigt die Tante.
»Und warum hast du es dann aufgegessen?«

»Mami, Mami, wann bekomme ich denn endlich mein Schwesterchen?«
»Ach Max – darf's denn auch ein Brüderchen sein?«
»Wieso, geht das schneller?«

Eric zu Fabian: »Wie war euer Schulausflug?«
»Toll. Wir sind nach Berlin gefahren, in den Zoo gegangen und haben Politiker besucht.«

Die neugierige Fußgängerin
schaut in einen Kinderwagen:
»Nein, so ein kleines Kind«, ruft sie entzückt.
Die Mutter nickt resigniert:
»Es sollte eigentlich gar keines werden.«

Onkel Alois wünscht sich von seinem Neffen zum Geburtstag ein Album mit Portraits der gesamten Familie. Der Neffe bemüht sich auch tatsächlich, alle Konterfeis in ein hübsches Album zu bekommen, obwohl er sich nicht so recht vorstellen kann, wozu der Onkel es wohl verwenden wird. Schließlich ist er nicht gerade für seinen Familiensinn bekannt. Und tatsächlich: Am Tag nach der Geburtstagsfeier hört der junge Mann, wie der Onkel seiner Frau das Album mit folgenden Worte überreicht: »Merk dir diese Gesichter gut. Wenn eines davon hier auftaucht, bin ich verreist.«

Emilia fragt den Arzt nach dem Besuch bei der schwerkranken Erbtante: »Seien Sie ganz offen zu mir, Herr Doktor. Muss ich das Beste hoffen oder darf ich das Schlimmste befürchten?«

Ein Streit unter Liebenden: »Hätte ich bloß auf meine Mutter gehört und dich nie geheiratet.«
Er fragt nach: »Deine Mutter hat dir abgeraten?«
»Immer.«
»Mein Gott«, stammelt er erschüttert.
»Wie habe ich dieser Frau Unrecht getan.«

»Lena, schenkst du mir ein Foto von dir?«
Lena ist ganz gerührt, dass ihr Bruder sie plötzlich so gern hat. »Du willst wirklich ein Foto von deiner großen Schwester haben?«
»Ja. Wir sollen morgen in die Schule irgendein Bild von einer Naturkatastrophe mitbringen.«

Herr Schmidt nimmt seinen künftigen Schwiegersohn genauer unter die Lupe und ins Verhör:
»Rauchen Sie, junger Mann?«
»Nein.«
»Schauen Sie anderen Frauen hinterher?«
»Niemals.«
»Sie scheinen ja wirklich eine weiße Weste zu haben. Kommen Sie, einen Fehler müssen doch auch Sie haben?«
»Ja. Ich lüge!«

Zwei Mütter unterhalten sich über die Einflüsse auf das ungeborene Kind während der Schwangerschaft: »Alles Quatsch, sage ich Ihnen. Meine Mutter stürzte zum Beispiel im siebten Monat über einen Stapel Schallplatten und ich habe keinerlei Schaden keinerlei Schaden keinerlei Schaden ...«

Damit Michaelas Zähne endlich begradigt werden, bekommt sie vom Zahnarzt eine Zahnspange. Der kleine Bruder, ein schlimmer Raufbold, ist neidisch und meint: »Nix in den Fäusten, keine Prügeleien, aber muss mit 'ner Stoßstange rumlaufen.«

Der kleine Tim ist ganz fassungslos, als Tante Helga endlich mal zu Besuch kommt. »Also, du bist Tante Helga. Dich haben wir uns aber ganz anders vorgestellt.« »Ja, wie denn?«, will Helga wissen. »Alt und hässlich vielleicht?« »Nein, ganz im Gegenteil.«

»Mama, hast du nicht immer gesagt, meine kleine Schwester hat Papas Nase und deine Augen.«

»Ja, allerdings, das habe ich gesagt.«

»Super. Jetzt hat sie auch noch Opas Zähne.«

Karl ist mit seinem Bruder Georg zum Training in der Sporthalle und wie immer der Erste beim Duschen. Da Karl ziemlich faul ist, schreibt er einen Zettel: »Lieber Bruder. Kannst du bitte meine Tasche mit nach Hause nehmen. Ich habe sie vergessen.«
Georg schreibt auch einen Zettel: »Nimm du sie lieber mit. Ich hab den Zettel nicht gesehen.«

Die ganze Verwandtschaft macht einen Familienausflug in den Zoo. Plötzlich ruft der achtjährige Henry: »Guck mal, Mama. Der Affe da sieht genauso aus wie Opa.«
»Psst«, tuschelt die Mutter nervös und wirft einen Blick auf ihren Schwiegervater, der einige Meter entfernt steht: »So etwas sagt man doch nicht laut.«
»Ach, keine Angst, Mutti«, beruhigt sie Henry. »Der Affe versteht uns doch nicht.«

»Mami, hat uns der Himmel das
kleine Brüderchen geschickt?«
»Stimmt genau, mein Engel.«
»Kann ich gut verstehen, dass die
den Schreihals nicht behalten wollten.«

»Brigitte, ich habe das ideale Geburtstagsgeschenk für dich gefunden«, kräht der kleine Bruder voller Begeisterung.
»Ach ja?«, fragt Brigitte nach. »Und was willst du mir schenken?«
»Eine neue Füllung für deine Luftmatratze.«

»Herzlichen Dank für dein
Geburtstagsgeschenk, Tante Roswitha!«
»Aber das war doch kaum der Rede wert.«
»Find ich auch. Aber Mami hat gesagt,
ich soll mich trotzdem bedanken.«

Aus einem Schulaufsatz:
»Der Sonntagnachmittag war interessant. Wir gingen in den Zoo und besuchten meine Patentante!«

Linda schiebt den Kinderwagen mit ihrem kleinen Bruder. Eine alte Oma kommt vorbei, wirft einen kurzen Blick in den Wagen und fragt: »Ist das ein Mädchen?«
»Nein«, antwortet Linda.
»Dann ist es sicher ein kleiner Junge.«
»Klasse, wie Sie das erraten haben.«

»Die Gitarre, die du mir zum Geburtstag geschenkt hast, hat mir schon viel Geld eingebracht«, erzählt Martin voller Stolz der Oma.
»Was, du gibst schon Konzerte«, fragt die Großmutter erstaunt.
»Nein, das nicht. Aber Papa gibt mir jedes Mal einen Euro, wenn ich aufhöre zu üben.«

Mutter und Sohn blättern in den alten Fotoalben der Familie.
»Mutti, wer ist denn der dünne Mann mit der Brille?«
»Das ist dein Vater.«
»Ach ja, und wer ist dann der Dicke, der bei uns wohnt?«

»Wie findest du denn deinen neuen Papa?«, fragt die frisch verheiratete Mutter ihren neunjährigen Sohn.
»Es geht so.«
»Aber ihr spielt doch immer so schön Pferd und Reiter.«
»Ja, schon, aber immer das Gejammere, wenn ich ihn neu beschlagen will!«

Papa versucht einen alten, verbogenen Nagel aus der Wand zu ziehen. Das gestaltet sich schwieriger als erwartet, und folgerichtig trägt er seinem Sohn auf, doch mal die alte Beißzange zu holen. Sekunden später hört er aus der Küche entsetzt den folgenden Satz: »Oma, komm doch mal rüber. Papa will was von dir.«

Nach einem heftigen Streit zwischen seinen Eltern nimmt Valentin seinen Vater tröstend zur Seite und meint: »Wir beide könnten das schönste Leben haben, wenn du deine Frau nie kennen gelernt hättest!«

Onkel Konrad fragt die kleine Gerda:
»Sag mal, raucht dein kleiner
Bruder wirklich schon?«
»Halb so wild«, wiegelt Gerda ab.
»Nur wenn er betrunken ist.«

Lara und Tamara lieben Kaninchen über alles und haben in den Ställen auch jede Menge Nachwuchs. Eines Tages kommt Tante Manuela zu Besuch und muss natürlich auch die Kaninchen besichtigen. Aber Lara hat eine andere Frage:
»Sag mal, Tante. Hast du eigentlich Kinder?«
Die Tante verneint.
»Und kriegst du auch keine mehr?«
Wieder schüttelt die Tante den Kopf.
Da beugt sich Lara zu Tamara und flüstert:
»Du, ich glaube, die ist ein Männchen.«

In der Schule prahlen zwei Jungs,
wie toll doch ihre Väter sind.
Sagt der eine: »Mein Vater hat das Loch
für den Bodensee gegraben!«
»Und meiner«, gibt der andere an,
»hat das Tote Meer erschlagen!«

»Hast du auch Zahnbürste und Zahnpasta eingepackt?«, will die Mutter von ihrer Tochter wissen, die für zwei Wochen ins Zeltlager fährt.
»Zahnbürste und Zahnpasta?«, fragt das Mädchen entsetzt. »Ich denke, ich fahre in die Ferien?!«

Fragt die Tochter ihren Vater:
»Papi, bist du eigentlich durchsichtig?«
»Aber Kind, was ist das denn für eine Frage?«, wundert sich der Vater.
»Komisch«, meint die Kleine, »gestern habe ich gehört, wie Mami sagte, sie habe dich durchschaut!«

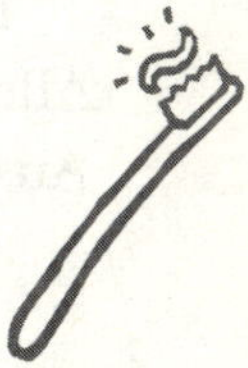

Die kleine Steffi nimmt ihre Großmutter in die Arme, drückt sie ganz fest und meint: »Ich hab dich ganz toll lieb! Wenn ich mal ein Kind kriege, nenne ich es ›Omi‹!«

Aus einem Schulaufsatz:
»Von mir zu Hause, von meinen Eltern und Geschwistern gibt es nichts zu erzählen. Bei uns geht es immer ziemlich gewöhnlich zu!«

Der kleine Maxi flucht wie ein Rohrspatz. Das kommt seiner Tante zu Ohren, die gerade auf Besuch ist. Mit ernster Miene sagt sie zu ihrem Neffen: »Also, Maxi, solche Ausdrücke gehören sich nicht. Wenn du mir versprichst, niemals wieder dieses Wort in den Mund zu nehmen, dann bekommst du von mir einen Euro!«
Maxi denkt kurz nach und sagt schließlich: »Alles klar, Tante, aber da kenne ich noch einen Ausdruck, der ist mindestens fünf Euro wert!«

Sven, seit kurzem stolzer Besitzer eines Führerscheins, kommt ins Zimmer und klopft seinem Vater tröstend auf die Schulter:
»Papi, ich kann dich beruhigen!«
»Ich bin doch ganz ruhig!«
»Du sollst es auch bleiben. Ich wollte dir nur sagen, du hast die Autoversicherung nicht umsonst bezahlt!«

»Warum hat der liebe Gott die Vitamine nur in Obst und Gemüse gesteckt und nicht in Schokolade und Kuchen!«, jammert Molly.

Jochen zu seinen Eltern: »Wenn Daniela eine Flöte bekommt, dann will ich aber Rollschuhe!«

»Warum das denn?«, fragen ihn seine Eltern erstaunt.

»Na, damit ich wegfahren kann«, meint Jochen. »Wenn sie übt!«

Fred und Philipp haben sich auf dem Spielplatz verbummelt. Es dämmert bereits, und die beiden sollten eigentlich schon vor zwei Stunden zu Hause sein. Meint Fred: »Oh Gott, das gibt wieder Ärger, jetzt muss ich aber schnell nach Hause!« Er will schon losrennen, da hält ihn Philipp zurück. »Du ersparst dir eine Menge Ärger, wenn du noch eine Weile wartest, bis es richtig dunkel wird. Dann bekommen es deine Eltern mit der Angst zu tun und sind froh, wenn sie dich wiederhaben!«

Die Mutter schickt ihren Sohn ins Bad: »Schau doch mal bitte nach, ob noch Zahnpasta da ist!« Nach einer Weile hört man den Kleinen aus dem Bad rufen: »Mami, die reicht noch vom Badezimmer bis in den Flur!«

Was sie später einmal werden will, fragt die Tante ihre Nichte. »Tierärztin«, meint Jasmin selbstbewusst. »Na, dann hast du dir ja viel vorgenommen«, meint die Tante. »Nö, Tantchen«, erwidert das Mädchen, »ich nehme nämlich nur die kleinen Tiere!«

Die Mutter ruft mehrmals vergeblich durch das Haus nach ihrer Tochter. »Hörst du schlecht?«, weist sie ihre Tochter wütend zurecht. »Aber Mutti«, entschuldigt sich die Tochter, »erst als du zum vierten Mal gerufen hast, habe ich dich zum ersten Mal gehört!«

Miriam und ihr Bruder machen mit den Großeltern einen Ausflug in den Zoo. Nachdem sie fast alle Tiere gesehen, alle Tiershows besucht und schon Richtung Ausgang gehen, zeigt Oma noch zum Aquarium: »Kommt, lasst uns zusehen, wie die Fische gefüttert werden!« Meinen die Geschwister: »Möchtet ihr nicht lieber zusehen, wie wir Kinder Eis essen?«

Elke fragt die Mama:
»Sag mal, wo bist du denn geboren?«
»In München, mein Kind.«
»Und wo ist Papa geboren?«
»In Berlin.«
»Und wo bin ich geboren?«
»In Köln.«
Elke überlegt eine Weile und sagt dann:
»Welch ein Zufall, dass wir drei uns dann
getroffen haben.«

Großmutter Olga hat sich in einem Hutgeschäft in ein besonders schickes Modell verguckt. »Sie sehen glatt zwanzig Jahre jünger aus!«, schmeichelt der Verkäufer. Sagt der Enkel zur Großmutter: »Dann kauf ihn bloß nicht, sonst verlierst du deine Rente, Omi!«

Die Familie sitzt am Tisch. Papa ist stark erkältet. Fragt die kleine Dagmar: »Papa, sollen wir dir einen Promilletee kochen?«

Oma ist wieder mal zu Besuch. Zu ihrem Enkel sagt sie: »Wenn ich dir jetzt zehn Euro gebe, wirst du sie doch in dein Sparschwein stecken, nicht wahr, Klausi?«
»Klar«, freut sich Klausi.
»Und du wirst später auch nicht versuchen, den Zehn-Euro-Schein mit einer Sicherheitsnadel wieder herauszuangeln?«, meint die Oma schmunzelnd.
»Bestimmt nicht, Omi«, versichert Klausi nochmals und setzt sich zu seiner Omi an den Kaffeetisch. Nach einer Weile sagt er: »Aber das mit der Sicherheitsnadel ist wirklich eine tolle Idee, Omi!«

Ute wird von ihrem großen Bruder wieder einmal furchtbar gehänselt. Schließlich beschwert sie sich bei der Mutter: »Du, Mutti, musst du denn auch alles nehmen, was der Storch dir bringt?«

Die Tochter der berühmten Filmdiva auf die Frage, ob ihr der neue Papa denn gefalle: »Wir hatten schon bessere.«

Timo kommt heulend nach Hause:
»Mami, ich glaub, ich habe einen Holzsplitter im Finger. Das tut wirklich weh!«
Meint sein großer Bruder hämisch:
»Hast dich wohl am Kopf gekratzt, hmm?«

»Mama, in der Zeitung steht, das Theater sucht Statisten. Was sind denn Statisten?«
»Statisten sind Leute, die nur herumstehen und nichts zu sagen haben.«
»Wär das nix für Papa?«

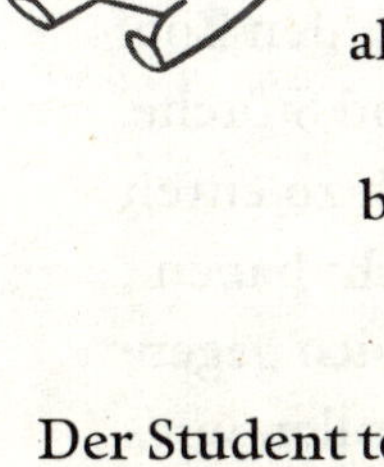

»Opa, ich glaub ich kriege jetzt bald ein Brüderchen«, sagt Fritz.
»Wie kommst du denn darauf?«, fragt der Großvater erstaunt.
»Vor einigen Monaten haben mir alle erzählt, dass Mama krank sei, und dann habe ich ein Schwesterchen bekommen. Und jetzt ist Papa krank.«

Der Student telegrafiert an seinen Vater:
»Wo bleibt Geld?« – Vater an Sohn: »Hier!«

»Stell dir vor, Torsten«, sagt der Vater zum Sohn,
»du hast heute Nacht ein
Schwesterchen bekommen.«
»Super«, freut sich der Kleine.
»Weiß es Mama schon?«

»Sag mal, Papa. Wo komme ich eigentlich her?«
Der peinlich berührte Vater, auf diese Frage offensichtlich nicht vorbereitet, hält einen langen Vortrag über Bienen, Blüten und Schmetterlinge und fragt schließlich erschöpft: »Und warum wolltest du das wissen?«
Der Sohn blickt ihn verständnislos an und sagt: »Wir haben einen Neuen in der Klasse, und der kommt aus Berlin.«

Die Oma spaziert mit ihren beiden
Enkelkindern durch den Zoo.
»Und das da drüben sind Störche.
Das sind die Tiere, die euch zu euren
Eltern gebracht haben.«
Die beiden Kinder stoßen sich gegenseitig an: »Was meinst du? Sollen wir's
ihr sagen oder soll sie dumm sterben?«

Am Sonntagvormittag: Tante Walli ist zu Besuch. Bei Tisch sitzt die kleine Julia eine Zeit lang ruhig da und starrt die Tante an. Dann steht sie auf, geht zur Tante und leckt mit der Zunge an ihrem Kleid. Ungehalten springt Tante Walli auf.
Julia aber sagt ganz ruhig:
»Mama hat Recht. Das Kleid ist vollkommen geschmacklos!«

Der zwölfjährige Felix ist beim Nachbarjungen zum Geburtstag eingeladen. Die Mutter gibt ihm das Geschenk in die Hand und sagt: »Sei auch schön artig, mein Schatz. Und vergiss nicht, dich beim Abschied bei den Leuten für dein Benehmen zu entschuldigen!«

Es klingelt.
Ein Vater von drei Töchtern
nimmt den Telefonhörer ab
und hört die süßlichen Worte
eines jungen Mannes:
»Bist du es, mein Fischlein?«
»Nein«, grollt der leidgeprüfte Vater,
»hier ist der Besitzer des ganzen Teichs!«

»Papi, sag Mami bitte nicht, dass ich ihr Schokolade zum Geburtstag gekauft habe!«
»Kein Wort, willst du sie überraschen?«
Sagt Tom: »Nein, ich habe sie aufgegessen!«

Fragt der Kollege:
»Führt deine Freundin öfter Selbstgespräche?«
»Ja, aber sie weiß nichts davon. Sie denkt, ich höre zu!«

Fragt die Nachbarin die andere:
»Wem sieht der neue Sprössling der Wagners denn ähnlich?«
»Er kommt nach der Mutter, sagt man.«
»Ach, ganz der Vater also!«, meint die Nachbarin.

»Na, Babsi, was hat dir dein großer Bruder denn zum Geburtstag geschenkt?«
»Ein leeres Sparschwein!«
»Das sieht ihm mal wieder ähnlich!«
Sagt Babsi artig: »Nein, eigentlich kein bisschen!«

Fragt die kleine Verena: »Papi, warum hast du Mutti eigentlich geheiratet?«
»Siehst du, Hannelore, nicht einmal ein Kind versteht das!«

Im überfüllten Bus bietet Axel einer Dame seinen Sitzplatz an. Die Dame bedankt sich gerührt. Axel: »Nichts zu danken, es ist die Pflicht jedes höflichen Mannes, einer Dame seinen Platz anzubieten. Die meisten Männer stehen zwar nur bei schönen Frauen auf, aber ich mache da keinen Unterschied!«

Ludwig geht mit seiner Oma in die Stadt. Er findet einen Fünf-Euro-Schein. Als er ihn aufheben will, sagt die Oma: »Was auf dem Boden liegt, darf man nicht aufheben!« Sie gehen weiter. Ludwig findet einen Zehn-Euro-Schein. Die Oma sagt wieder: »Was auf dem Boden liegt, darf man nicht aufheben!« Auf dem Rückweg fällt die Oma hin. Sie bittet Ludwig um Hilfe. Er antwortet: »Was auf dem Boden liegt, darf man nicht aufheben!«

Birgits Großmutter ist gestorben.
Die Mutter will es ihr schonend beibringen:
»Du, Birgit, unsere Omi ist auf die
letzte Reise gegangen.«
»Wo ist sie denn hingefahren?«
»Dorthin, wo wir alle einmal
hinfahren müssen, mein Kind.«
»Ach ja, ich weiß schon – nach Mallorca.«

Tante Anka zu ihrem Neffen:
»Sieh mal, Jens, ein Töff-Töff!«
»So ein Blödsinn, Tantchen«, erwidert der
Kleine, »das ist doch eine Sechszylinder-
Limousine mit Sonderausstattung!«

Onkel Ferdinand schickt seinen
Neffen zum Bäcker um die Ecke.
»Hier hast du zwei Euro. Kauf davon bitte
zwei Laugensemmeln. Eine bringst du
dann mir, und die andere darfst du essen.«
Fünf Minuten später kommt sein Neffe
fröhlich mampfend zurück und gibt seinem
Onkel einen Euro. »Die hatten leider nur
noch eine Laugensemmel.«

Fußballwitze

Unterhalten sich zwei alte Herren über die Fußball-EM.
Der erste: »Wer spielt denn heute?«
Der zweite: »Österreich – Ungarn.«
Darauf der erste: »Und gegen wen?«

Kommt ein Fußballer nach einem Spiel nach Hause. Fragt ihn seine Frau: »Na, wie war das Spiel?
»Super! Ich habe zwei Tore geschossen!«
Darauf die Frau: »Klasse! Und wie ist das Spiel ausgegangen?«
»1:1!«

Ein Mannschaftsarzt zum Thema Doping im Fußball: »Doping im Fußball bringt nix – das Zeug muss in die Spieler!«

Welche ist die kleinste Brauerei Deutschlands?
Das Nationalteam, die haben elf Flaschen.

Ein Spieler kommt zum Probetraining. Bevor er mit der Mannschaft auf den Platz geht, hält ihm der Geschäftsführer schon einen Vertrag unter die Nase. »Aber Sie haben mich ja noch gar nicht spielen sehen!«
»Das ist egal, Sie haben eine schöne breite Brust für die Trikotwerbung.«

Der Zahnarzt zu seinem Patienten:
»Bitte schreien Sie mal, so laut sie können!«
Der Patient: »Aber sie haben doch das Wartezimmer voller Patienten!«
»Eben drum, das Länderspiel fängt in einer Stunde an!«

»Nun, wie war das Spiel?
»Keine Ahnung, das Stadion war ausverkauft, und ich habe nichts gesehen.«
»Aber Sie sind doch fast zwei Meter groß!«
»Ja, schon, aber ich stand verkehrt herum und konnte mich in dem Gedränge nicht umdrehen.«

Ein Knirps sitzt beim Pokalendspiel allein auf dem besten Platz der Tribüne. Ein Ordner fragt ihn, warum er denn ganz allein hier sei.
Der Knirps: »Mein Vater ist zu Hause und sucht seine Eintrittskarte.«

Eine Frau steht deprimiert in der Parfümerie und sagt zur Verkäuferin: »Haben Sie einen Duft, der nach Fußball riecht?«

Ein Knirps klettert nach dem Spiel über den Stadionzaun. Ein Ordner schnauzt ihn an: »Kannst du nicht so rausgehen, wie du reingekommen bist?«
Der Knirps: »Mach ich ja!«

In der Halbzeitpause fragt der Trainer entsetzt seinen Mittelstürmer: »Warum hast du denn ein Eigentor geschossen?«
»Weißt du, die Tore sehen sich so verdammt ähnlich!«

Der Trainer nach einer verheerenden Niederlage zur Mannschaft: »Ich habe vor dem Spiel doch zu euch gesagt, ›Spielt, wie Ihr noch nie gespielt habt‹, und nicht ›Spielt, als ob Ihr noch nie gespielt habt‹!«

Zwei Fans treffen sich. »Du, meine Frau will sich scheiden lassen, wenn ich weiterhin jedes Wochenende zum Fußballplatz gehe.«
»Das tut mir aber Leid.«
»Ja, allerdings, sie wird mir sehr fehlen.«

Wann wurde die deutsche Fußball-Nationalmannschaft zum ersten Mal schriftlich erwähnt?
Im Alten Testament: »Sie trugen seltsame Gewänder und irrten ziellos umher.«

Ein Fußballer wird gefoult und humpelt nun mit schmerzverzerrtem Gesicht auf dem Spielfeld herum. Da meint der Trainer zum Vereinsmasseur: »Bei dem weiß man nie recht, ob man den Doktor oder den Theaterkritiker kommen lassen soll.«

Was sind elf Nationalspieler, die hintereinander gehen? – Ein Flaschenzug.

Warum wurde das Frankfurter Waldstadion überdacht? Weil Glücksspiele unter freiem Himmel verboten sind!

Ein Nachwuchstalent fragt den
Manager des Fußballclubs:
»Wie hoch ist denn mein Gehalt?
»Zunächst 10 000 Euro monatlich,
später dann mehr.«
»Okay, dann komm ich später wieder!«

Wie lange dauert ein Fußballspiel zwischen Kolumbien und Jamaika? Nicht eine Minute, weil die Kolumbianer die Linien schnupfen und die Jamaikaner das Gras rauchen.

Warum spielen die Ostfriesen auf einem kleineren Spielfeld? Weil sie glauben, dass dann das Spiel kürzer ist.

Warum macht die deutsche Fußball-Nationalmannschaft nach der WM eine Tournee durch Deutschlands Altenheime?
Weil die Spieler ihre ehemaligen Klassenkameraden wiedersehen wollen.

»Haben Sie drei Sekunden Zeit?«, fragt ein Zuschauer den Schiedsrichter nach Spielschluss. Dieser nickt zustimmend. »Dann erzählen Sie mir mal alles, was Sie über Fußball wissen!«

Ein Fußballspieler wartet auf die U-Bahn und vertreibt sich die Zeit damit, Dribbelschritte zu üben. Sagt eine ältere Dame zu ihm: »Kommen Sie, junger Mann. Ich zeige Ihnen, wo die Toilette ist.«

Der Trainer beruhigt den Torwart, der aufgeregt auf einen Strafstoß wartet: »Lass dich nicht verrückt machen! Du kennst doch den Trick von diesem Libero. Der schießt den Ball immer entweder in die rechte oder in die linke Torecke.«

In der Schule fragt der Lehrer:
»Toni, nenne mir drei berühmte Deutsche
mit dem Anfangsbuchstaben B!«
Daraufhin sagt Toni:
»Beckenbauer, Basler, Bierhoff!«
»Hast du noch nie was von Bach,
Brahms und Beethoven gehört?«
»Nein«, erwidert Toni, »Ersatzspieler
interessieren mich nicht!«

Warum streuen Ostfriesen
vor dem Spiel Pfeffer auf den Ball?
Damit sie schärfer schießen können!

»Du bist einfach zu langsam«, sagt der
Trainer zu seinem Stürmer.
»Kannst du nichts, was schnell geht?«
»Doch, ich werde schnell müde.«

»Papa, was wird eigentlich aus
einem Fußballer, wenn er nicht mehr
gut sieht?«, will Benni wissen.
»Dann wird er Schiedsrichter«, sagt der Vater.

»Zwei Dinge, mein Junge«, sagt der Trainer nach dem Spiel, »sind es, die dich daran hindern, ein großer Fußballspieler zu werden.«
»Und welche sind das?«
»Deine beiden Beine.«

»Meine Fußballer sind jetzt fairer als früher«, sagt der Trainer zum Schiedsrichter. »Nach dem Spiel gehen sie ihre Gegner im Krankenhaus besuchen.«

Zwei Freunde unterhalten sich: »Kennst du den Unterschied zwischen unserem Fußballteam und einem Marienkäfer?«
»Die Marienkäfer haben mehr Punkte!«

Zwei Fußballfreunde unterhalten sich. »Wie oft kannst du mit dem Ball jonglieren?«, fragt der eine.
»Ungefähr dreißig Mal.«
»Was, mehr schaffst du nicht?«
»Na ja, jedes Mal werde ich vom Angriff der gegnerischen Mannschaft gestört.«

»Immer wenn ich im Fernsehen die Nationalmannschaft sehe, verlieren die.«
»Beruhige dich! Im Radio spielen die auch nicht besser.«

Eine kleine Spinne betrachtet das Netz des Fußballtores. »Donnerwetter – hier muss es aber riesige Spinnen geben ...«

Nach dem Spiel will der Schiedsrichter mit seinem Auto nach Hause fahren. Da fragt ihn ein Spieler im Vorübergehen: »Sag mal, seit wann dürfen Blinde Auto fahren?«

Warum spielen Ostfriesen bei jedem Fußballspiel nur eine Halbzeit lang?
Weil Sie nicht wissen, wie sie den Platz umdrehen sollen.

Weshalb ist Fußball nur halb so spannend wie ein Krimi?
Weil man gleich weiß, wer geschossen hat!

Beim Länderspiel im ausverkauften Stadion bleibt auf der Tribüne nur ein Sitzplatz leer. Der Besitzer der Karte erlaubt einem Zuschauer, der nur eine Stehplatzkarte ergattern konnte, sich zu setzen. »Wissen Sie«, erklärt er, »die Karte habe ich für meine Frau gekauft, aber die ist vor drei Tagen plötzlich gestorben.«
»Konnten Sie die Karte denn nicht an Freunde oder Verwandte verkaufen oder verschenken?«
»Das ging leider nicht, die sind doch heute alle auf der Beerdigung.«

Ein Spieler wird gefoult und fliegt genau auf die Nase. Der Schiedsrichter bückt sich, hilft ihm auf und fragt: »Sind Sie verletzt? Ist die Nase noch heil?« Darauf antwortet der Spieler: »Alles okay, die Löcher in der Nase waren ja schon vorher drin.«

Der Fußballtrainer fragt seine Mannschaft:
»Sagt mal, welche Muskeln arbeiten, wenn ich ein Tor schieße?«
Darauf die Kicker: »Unsere Lachmuskeln!«

Der Mittelstürmer humpelt vom Fußballplatz. Besorgt kommt ihm der Trainer entgegen und fragt: »Bist du schlimm verletzt?«
Darauf antwortet der Mittelstürmer:
»Nein, mein Bein ist nur eingeschlafen!«

»Das war ein Spitzenspiel!«, sagt der Trainer zu seinen Spielern in der Kabine. »Dafür habt Ihr Euch wirklich eine Erfrischung verdient. Macht mal alle Fenster auf!«

»Mist, ich stand allein vor dem Tor und habe vorbeigeschossen«, sagt der Spieler. »Ich könnte mich selbst in den Hintern treten.«
»Versuch es erst gar nicht«, antwortet der Trainer. »Du würdest ja sowieso nicht treffen!«

Der Trainer ist begeistert: »Unser neuer Spieler ist wirklich ein Profi. Wie er seine Kenntnisse aus dem Studium im Spiel umsetzt.«
»Wann ist er denn mit dem Sportstudium fertig?«, fragt der Co-Trainer.
»Wieso Sport? Theaterwissenschaft!«

»Meine Erkältung geht einfach nicht weg«,
sagt einer der Spieler.
»Kein Wunder, der Trainer lässt dich ja
auch immer im Sturm spielen.«

Der Schiedsrichter zieht nach einen Foul die gelbe Karte. Höflich fragt der Spieler: »Wieso bekomme ich eine gelbe Karte?« Darauf antwortet der Schiri: »Oh Entschuldigung, es war die falsche. Ich bin farbenblind.« Und zieht die rote Karte.

Der Trainer vor dem Spiel zu seinem Stürmer:
»Du spielst heute gegen ›Eisenfuß-Manni‹.«
»Um Himmels willen. Der tritt doch gegen
alles, was sich bewegt!«
»Na, dann brauchst du dir ja
keine Sorgen zu machen.«

Sitzt ein Schalker mit Kaffee und Kuchen im Garten. Da setzt sich eine Wespe auf den Pflaumenkuchen. Der Schalker empört: »Zieh bloß dat Trikot aus in mein' Garten!«

Ein Spieler kommt schlecht gelaunt
vom Fußballspiel nach Hause.
»Was ist denn los, habt ihr verloren?«,
fragt seine Frau.
»Nein, ich soll künftig in einer
anderen Mannschaft spielen.«
»Also haben sie dich verkauft?«
»Nein – verschenkt!«

»Mein Arzt hat mir geraten,
das Fußballspielen aufzugeben.«
»Hat er dich mal gründlich durchgecheckt?«
»Nein, er hat mich spielen sehen.«

Ein Fan des FC St. Pauli betritt eine Kneipe und ruft: »He, Männer, wer will einen super HSV-Witz hören?« Am Tresen dreht sich ein riesenhafter Kerl um und sagt: »Ich bin 188 cm groß, wiege 110 kg und bin HSV-Fan! Der Typ neben mir ist 197 cm groß, wiegt 135 kg und ist HSV-Fan! Und der Typ neben ihm ist 211 cm groß, wiegt 166 kg und ist auch HSV-Fan! Willst du uns den Witz immer noch erzählen?« Darauf der St. Paulianer: »Ach, lass mal, bevor ich ihn dreimal erklären muss.«

Ruhrpottderby.
Das Stadion ist ausverkauft. In der Halbzeit soll die Miss Ruhrgebiet gekürt werden.
Der Stadionsprecher bittet sie in den Mittelkreis und sagt: »Frau Koslowski, beantworten Sie mir die Frage, wie viel drei mal drei ist, und Sie sind Miss Ruhrgebiet.«
Spontane Antwort: »Zehn.« Das ganze Stadion brüllt: »Gib sie noch eine Chance.« Sie überlegt und sagt: »Acht.« Das Stadion brüllt wieder: »Gib sie noch eine Chance. Gib sie noch eine Chance.«
Der Stadionsprecher erbarmt sich und sagt: »Jetzt muss die Antwort aber stimmen, sonst wird's nichts mit dem Titel!« Frau Koslowski überlegt lange, dann sagt sie: »Neun!« Das ganze Stadion brüllt: »Gib sie noch eine Chance. Gib sie noch eine Chance. Gib sie noch eine Chance!«

Die Nationalmannschaft kassiert
zehn Minuten vor Schluss das 0:13.
Blickt der Trainer auf die Uhr und sagt:
»Das war's wohl!«
Raunt ein Spieler im Vorbeigehen:
»Der immer mit seinem
blöden Aberglauben!«

Beim Scheidungsprozess fragt der Richter den Sohn der Familie, ob er bei der Mutter bleiben möchte.
»Nein, bitte, bitte nicht zur Mutter, die schlägt mich immer!«
»Also dann zum Vater«, meint der Richter besonnen.
»Nein, bitte, bitte nicht zum Vater, der schlägt mich auch immer!«
Fragt der Richter leicht genervt:
»Ja, wo willst du denn dann hin?«
»Bitte, bitte, ich will zur Nationalmannschaft. Die schlägt keinen ...«

Der wahre Grund dafür, dass die Fußball-WM 2006 in Deutschland stattfindet:
Das ist die einzige Chance für Deutschland, an dieser WM teilnehmen zu können.

Karl soll einen Schulaufsatz über ein Fußballspiel schreiben, aber ihm fällt nichts ein.
Also schreibt er:
»Der Platz war leider nicht bespielbar.«

»Woher kommt das, dass ihr bei jedem Spiel
immer einen Elfmeter zugesprochen bekommt.
Das ist doch geradezu unheimlich«,
wird der Trainer vom FC gefragt,
»Weiß ich auch nicht«, sagt der Trainer.
»Wo ich doch ich vor jedem Spiel mit dem
Schiedsrichter um hundert Euro wette,
dass er diesmal keinen Elfmeter für uns gibt.«

»Versteht euer Trainer etwas vom Fußball?«,
fragt der Vater seinen Sohn.
»Klar! Vor dem Spiel erklärt er uns,
wie wir gewinnen können.
Und nach dem Spiel sagt er uns ganz genau,
warum wir verloren haben.«

Nach dem 0:10 tippt der Trainer
seinem hoch bezahlten Stürmer
auf die Schulter und meint: »Wann
kriege ich denn wieder mal was
Ordentliches von Ihnen zu sehen?«
»Heute Abend im Werbefernsehen!
Da stelle ich die neue
Ochsenschwanzsuppe vor ...«

Gaunerwitze

Der Polizeidirektor wütend:
»Wie konnte euch der Einbrecher nur durch die Lappen gehen? Hab ich nicht ausdrücklich befohlen, alle Ausgänge zu überwachen?«
»Chef, das haben wir ja auch, aber dieser Mistkerl ist durch den Eingang abgehauen!«

Bei Nacht und Nebel begegnen sich zwei Männer auf der Straße an einer Hausecke.
Fragt der eine:
»Guten Abend, mein Herr! Haben Sie in der Nähe zufällig einen Polizisten gesehen?«
Der angesprochene Mann zuckt mit den Schultern: »Nein!«
»Hervorragend! Dann rücken Sie mal Ihre Brieftasche raus!«

In die Wohnung eines Arbeitslosen steigt ein Einbrecher ein.
»Keinen Laut, oder ich schieße!«, droht der Einbrecher. »Rücken Sie das Geld lieber freiwillig raus, sonst hole ich es mir mit Gewalt.«
»Moment«, antwortet der Arbeitslose, »ich suche mit!«

»Mal ganz ehrlich, haben Sie den Ladendiebstahl verübt?«
»Nein, ich schwöre es, Herr Rechtsanwalt!«
»Wie wollen Sie mich dann bezahlen?«

Polizeimeister Huber verwarnt den sündigen Autofahrer: »Ich hoffe, dass ich Sie in Zukunft nicht mehr beim Rasen erwische!«
»Ja, das hoffe ich auch«, meint der Autofahrer.

»Angeklagter, warum haben Sie die parkenden Autos aufgebrochen?«
»Für fahrende Autos war ich leider nicht schnell genug!«

Der Bankdirektor ist verzweifelt:
Zum fünften Mal in Folge wurde seine Bank überfallen – und das immer vom gleichen Räuber. Händeringend meint der Polizist zum Direktor: »Ist Ihnen nicht endlich was an dem Täter aufgefallen?«
Der Direktor überlegt kurz:
»Wenn Sie es genau wissen wollen:
Er war jedes Mal besser angezogen!«

Hauptkommissar Huber nimmt Langfinger-Ede ganz schön in die Mangel. Nach zwei Stunden mühseligen Verhörens will er von Ede wissen: »Denken Sie bei Ihren Raubzügen eigentlich gar nicht an Ihre Frau und die drei Kinder?«
Ede mit gesenktem Blick:
»Doch, schon. Hab aber beim letzten Bruch nichts Passendes finden können!«

»Sehr geehrter Herr Inspektor«, rechtfertigt sich der Bäcker, »ich gebe ja zu, dass ich Sägemehl in den Teig gerührt habe. Aber ich habe das Gebäck immerhin als Baumkuchen verkauft!«

Der Gefängnisaufseher zu seinem Kollegen
beim morgendlichen Rundgang:
»Hast du es schon gehört?
Der Typ von Zelle 134
hat gestern die Flitze gemacht!«
Sagt der andere:
»Endlich! Das Quietschen der Feile hat mich
schon die ganze Zeit genervt!«

In einer Firma wird eingebrochen. Die Diebe überrumpeln den Nachtwächter und zwingen ihn mit vorgehaltener Pistole, den Tresor zu öffnen. Der vor Angst zitternde Nachtwächter äußert mit dünner Stimme noch eine Bitte: »Bevor ich Ihnen den Tresor öffne, schießen Sie doch bitte im Zimmer herum, so dass es wirklich wie ein Überfall aussieht!« Gesagt, getan, die Diebe ballern im Zimmer herum – peng, ein Schuss in den Schreibtisch – peng, ein Schuss in die Lampe – peng, einer durchs Fenster. »Und noch ein Schuss durch meine Mütze«, bittet der Wachmann. »Geht nicht«, meint einer der Diebe, »unsere Magazine sind leer!« Darauf der Nachtwächter: »Dann bleibt der Tresor eben zu!«

Handwerkerwitze

Welcher Handwerker wird am meisten geehrt?
Der Friseur. Vor ihm ziehen alle den Hut.

»Erklären Sie mir mal bitte, warum dieser Herr hier auf der Baustelle mit Zylinder arbeitet?«
»Ach, der? Das ist der Bürgermeister. Er hat hier den Grundstein gelegt, und als er hörte, wie viel ein Maurer verdient, ist er gleich hier geblieben!«

»Du hast den Beruf verfehlt: Du hättest Elektroinstallateur werden sollen. Die lange Leitung hast du ja schon!«
»Und du hättest Baustatiker werden sollen: Dir ist noch nie etwas eingefallen!«

Der Bauleiter zu einem Arbeiter:
»Ich beobachte Sie schon eine ganze Weile. Von all meinen Arbeitern sind Sie am meisten auf den Beinen!«
»Wie meinen Sie denn das, Chef?«
»Sie machen den größten Bogen um die Arbeit!«

Maier beschwert sich bei seinem Chef:
»Chef, finden Sie nicht, dass mein Gehalt in keinem Verhältnis zu meinen Fähigkeiten steht?«
»Sie haben Recht, Maier, aber wir können Sie doch nicht verhungern lassen, oder?!«

Der Kfz-Meister zu seinem Lehrling:
»Also, Josef, heute üben wir mal das Kopfschütteln beim Öffnen der Motorhaube!«

Meier bei einem Gebrauchtwagenhändler:
»Ich suche einen Wagen für meine Frau.«
Der Autohändler winkt ab:
»Tut mir Leid, mein Herr! Aber Tauschgeschäfte mache ich nicht!«

Maurer Rupprecht sitzt bei seinem Arbeitsberater: »Herr Rupprecht, Sie machen es mir wirklich nicht leicht. An vier Baustellen habe ich Sie nun in den letzten drei Monaten vermittelt, aber bei keiner dieser Stellen haben Sie jemals angefangen. Können Sie mir das mal erklären?«
»Ich wollte schon, aber da standen immer diese Schilder mit der Aufschrift ›Betreten verboten‹!«

»Ich kündige fristlos«, meint der langjährige Mitarbeiter in einem kleinen Handwerksbetrieb. Sein Chef fassungslos: »Aber wir haben Sie doch immer so behandelt, als ob Sie zur Familie gehören würden.« Der Angestellte: »Tja Chef, und das habe ich mir nun lange genug gefallen lassen!«

Der Kunde empört zum Elektriker: »Sie sind wohl noch nicht lange Handwerker. Sie werden ja noch rot, wenn Sie die Rechnung ausstellen!«

»Zwanzig Euro Bußgeld fürs Falsch-Parken«, grinst die Politesse den Metzgermeister an. »Oder darf's auch etwas mehr sein?«

»Chef, ich möchte Sie um eine Lohnerhöhung bitten. Mit dem Gehalt, das ich momentan verdiene, kann ich wirklich keine großen Sprünge machen!«
»Das müssen Sie ja auch nicht. Ich habe Sie schließlich als Kurier und nicht als Känguru eingestellt!«

Beim Friseur:
»Möchten Sie das Haar im Nacken behalten?«
»Ja, unbedingt.«
»Gut, dann packe ich es Ihnen ein.«

Fragt ein Maurer seinen Kollegen: »Warum kommt denn der Walter heute nicht zur Arbeit?«
Kollege: »Der ist gestern eine Leiter runtergeklettert, die vorher jemand weggenommen hat.«

»Also, für den gleichen Preis kann ich beim Konditor drei Straßen weiter zwei Stück Torte haben«, nörgelt die alte Dame mit dem Kuchenpäckchen in der Hand.
»Das können Sie bei uns auch haben«, erwidert der Konditor. »Soll ich Ihnen das Stück in der Mitte durchschneiden?«

Ein Lehrling stellt sich im Betrieb vor:
»Wie heißen Sie?«
»Feierabend.«
»Da kann ich Sie leider nicht einstellen. Wenn ich Sie rufe, gehen ja alle Leute nach Hause.«

Der Elektriker soll bei Müllers einen Schaden beheben. Als er auf die Klingel an der Haustür drückt, bekommt er einen Stromschlag.
Frau Müller öffnet daraufhin die Tür und meint: »Sie sind aber schnell, nicht einmal fünf Minuten hier und schon den Schaden entdeckt!«

Ein Schreinerlehrling bewirbt sich bei einem Meister und fragt:
»Wie hoch ist mein Monatslohn?«
Darauf der Meister: »300 Euro und später mehr.«
Der Lehrling antwortet:
»Dann komme ich später wieder.«

Mit seiner Bitte um eine Gehaltserhöhung stößt der Automechaniker bei seinem Chef auf taube Ohren.
»Also schön«, meint er schließlich, »wenn Sie mir keine Gehaltserhöhung geben wollen, erzähle ich allen in der Werkstatt, ich hätte eine bekommen!«

Ein Arzt lässt sich seine Garageneinfahrt neu pflastern. Als die Arbeiter fertig sind, streuen sie Sand auf die neu verlegten Steine, um die Fugen auszufüllen.
Der Arzt sieht das, geht zu den Arbeitern und sagt: »Jetzt wird der Pfusch also mit Sand überdeckt, damit ihn keiner sieht.«
Darauf antwortet ein Arbeiter: »Ja, das haben unsere Berufe gemeinsam ...«

Treffen sich zwei frühere
Schulkameraden auf der Straße.
»Hallo Toni, wie geht's, was machst
du denn jetzt so?«
»Ich bin Automechaniker.«
»Und wie geht es dir sonst so?«
»Rostfrei!«
»Wie meinst du das?«
»Na, mir geht's glänzend!«

Metzgermeister und Geselle beim Wurstmachen.
Der Geselle: »Chef, wenn das rauskommt,
was da reinkommt, kommen Sie irgendwo rein,
wo Sie nie wieder rauskommen.«

Der Polier schnauzt Huber an:
»He du, bei der Arbeit wird nicht geraucht!«
Schreit Huber zurück:
»Haben Sie mich etwa arbeiten sehen?«

»Pass auf«, sagt der Meister zu seinem Lehrling,
»jetzt machen wir Konkurs,
damit du das auch lernst!«

»Bin ich hier richtig?«, fragt der Klempner.
»Ich komme zur Reparatur des Rohrbruchs.«
»Bei uns ist alles in Ordnung!«, antwortet die Hausfrau.
»Merkwürdig! Wohnen denn hier nicht Wagners?«
»Wagners? Die sind doch schon vor einem halben Jahr umgezogen!«
»Typisch! Erst bestellen sie einen Handwerker, und dann ziehen sie Hals über Kopf aus!«

Drei Zimmermänner arbeiten hoch oben am Turm einer Kirche. Plötzlich rutscht einer aus, schwankt und fällt in die Tiefe. »Brauchst nicht mehr heraufkommen«, ruft ihm der zweite nach. »Es ist gleich fünf Uhr!« Der dritte schüttelt den Kopf. »Wozu die Mühe?«, brummt er. »Er fällt doch sowieso an der Turmuhr vorbei!«

»Jetzt sind deine Lehrjahre beendet«, meint der Schreinermeister in hochoffiziellem Ton. »Ab sofort sage ich nicht mehr du, sondern Sie zu dir. Und ab sofort brauchst du auch nicht mehr das Frühstück zu holen – ab sofort holen nämlich Sie das Frühstück!«

Beim abendlichen Stammtisch muss der Bäckermeister sich immer wieder anhören, dass seine Brötchen ständig kleiner werden. Als ein Stammtischfreund es wieder mal ganz schlimm mit ihm treibt, schmunzelt der Meister und sagt ganz sanft: »Dass meine Brötchen immer kleiner werden, stimmt wirklich nicht. Das siehst du verkehrt. Es ist nämlich so, dass du deinen Mund jeden Tag weiter aufreißt!«

»Sind in der Bockwurst auch ganz bestimmt keine Salmonellen?«, fragt ein penibler Kunde. »Natürlich nicht!«, entgegnet der Metzger. »Schauen Sie her: Die Bockwurst ist doch an jedem Ende fest zugebunden!«

»Herr Bäcker, die Semmeln sind ja von gestern! Ich will welche von heute haben!« – »In Ordnung. Aber dann müssen Sie morgen wiederkommen.«

Der Schreinermeister zu Wiedemann: »Aufgrund Ihrer Einsatzfreude, Herr Wiedemann, habe ich mich entschlossen, Ihnen einen Posten bei der Konkurrenz zu beschaffen!«

Ein Malermeister erhält den Auftrag, das Zifferblatt an der Uhr des Glockenturms aufzufrischen. Er schickt seinen besten Gesellen. Der aber kehrt am Abend schlecht gelaunt in die Werkstatt zurück. »So ein Mist. Erst die Hälfte konnte ich heute streichen. Kaum hat man ein paar Striche gemacht, schlägt einem der Zeiger schon wieder den Pinsel aus der Hand!«

Fragt der Friseur seinen Kunden: »Wie hätten Sie gern das Haar geschnitten?« »Schweigend.«

Der Chef lobt seine neue Sekretärin: »Ihre Briefe werden von Tag zu Tag besser. Bald können wir auch mal einen abschicken!«

Mit Feuereifer wird an einem Kamin gebaut, gewerkelt und gemauert. Stolze dreißig Meter soll er in die Höhe wachsen. Da kommt plötzlich ein völlig aufgelöster Polier gelaufen. Schon von weitem hört man ihn brüllen: »Halt, stopp, aufhören!« Als er an der Baustelle angelangt ist, erklärt er: »Männer, das ist alles falsch. Ich hab den Plan verkehrt herum gelesen. Das soll eigentlich ein dreißig Meter tiefer Schacht werden!«

Zwei Handwerksmeister wetten,
welcher ihrer Lehrlinge mehr essen kann.
»Meiner«, prahlt der eine. »Der isst vierzig Paar
Würste auf einmal!«
Der andere fordert den Beweis, und dem Lehrling
wird ein Berg mit Würsten vorgesetzt.
Doch schon nach dem vierten Paar streicht der
Lehrling die Segel.
»Komisch«, stammelt der Meister vor sich hin,
»vorhin bei der Probe hat es doch so gut geklappt!«

Ein Metzger neckt einen Bäcker:
»Pass auf, dass dir die Fliegen deine Brezeln
nicht klauen!«
»Ich an deiner Stelle würde still sein«, erwidert
der Bäcker. »Bei der letzten Überschwemmung
sind dir doch die Bratwürste durchs Schlüsselloch
davongeschwommen!«

»Ostsee, Österreich, Rom!«, schüttelt der Finanzbeamte den Kopf. »Ihre Betriebsausflüge sind auch nicht von Pappe!« – »Versteht sich von selbst«, meint der Firmenchef. »Bei nur einem Mitarbeiter!«

Meier bringt sein Auto, das große Ähnlichkeit mit einem Schrotthaufen hat, in die Werkstatt. Der Meister höchstpersönlich rutscht unter das Auto, hämmert ein bisschen hier und dort, und als er wieder zum Vorschein kommt, sagt er: »Also mal ehrlich. Wenn's ein Pferd wäre, würde ich sagen: Geben Sie ihm den Gnadenschuss!«

Der Friseurmeister zu einem jungen Mann, der sich als Lehrling beworben hat: »Es tut mir Leid, aber für unseren Betrieb sind Sie nicht der richtige Mann. Aber derjenige, der Ihnen diese Frisur gemacht hat, würde uns interessieren!«

Weisheiten à la Automechaniker.
Frage: »Was ist ein Fußgänger?«
Antwort: »Ein Autofahrer, dessen Wagen gerade in der Werkstatt ist!«

Was unterscheidet Ihren
Chef von einem Blinddarm?
Nichts. Beide sind überflüssig und ständig gereizt.

»Sag mal«, fragt der Meister seinen Lehrling, »ist dir eigentlich noch nie aufgefallen, warum ich dir deinen Lohn immer in Geschenkpapier einwickle?«

Evi beim Metzger: »Ich habe gehört, Sie haben Nachwuchs bekommen. Was ist es denn? Ein Sohn?« »Ja«, nickt der Metzger stolz. »Wie viel wiegt er denn?« »Sieben Pfund mit Knochen!«

»Chef, heute kann ich nicht zur Arbeit kommen«, sagt der Azubi am Telefon. »Mich hat's schlimm erwischt!« »Polizei? Zahnschmerzen?« »Nein, Schüttelfrost.« »Das passt ja prima!«, ruft der Meister ins Telefon. »Komm nur gleich rüber zum Sandsieben!«

Helmuts Wagen ist zwar schon sehr alt, trotzdem wünscht sich der Student seit langem ein Hightech-Autoradio. Er kratzt seine Ersparnisse zusammen und geht in ein Fachgeschäft. Im Geschäft trägt er seinen Wunsch vor. »Mit Lang-, Mittel- und Ultrakurzwelle?«, fragt ihn der eifrige Händler.

Helmut, der von technischen Dingen keinen blassen Schimmer hat, sagt: »Nein. Ich habe einen Kleinwagen, da geht nur Kurzwelle rein!«

»Warum erzählen Sie Ihren Kunden beim Haareschneiden immer so grausige Geschichten?«, fragt jemand seinen Friseur.
»Ganz einfach«, antwortet der. »Dann stehen den Leuten die Haare zu Berge, und ich kann sie ihnen viel besser schneiden!«

Der Baustellenleiter zu seinen Arbeitern:
»Männer, seht Ihr die Fliege dort auf dem Gerüst?«
»Welche Fliege?«
»Alles klar, Leute. Feierabend für heute wegen schlechter Sicht!«

Der Bauunternehmer zu seinen Mitarbeitern:
»Leute, ich habe eine gute und eine schlechte Nachricht für euch. Zuerst die schlechte: Ihr müsst 1000 Sandsäcke per Hand abfüllen. Doch nun die gute: Es ist genug Sand da!«

In einer Elektronik-Werkstatt:
CD-Player zur Reparatur, Fehlerangabe:
»Spielt keine B-Seiten«.
Fernseher zur Reparatur, Fehlerangabe:
»Pfeift und macht keinen Ton«.
Mikrowelle zur Reparatur, Fehlerangabe:
»Essen schmeckt nicht«.

»Was glaubst du, welcher Reifen dreht sich in der Rechtskurve am wenigsten?«, fragt der Kfz-Meister seinen neuen Lehrling. Der ist nicht auf den Mund gefallen und meint: »Der Ersatzreifen!«

»Guten Tag, ich möchte meinen
Verstärker zur Reparatur bringen.«
»Was hat er denn?«
»150 Watt!«
»Nein, ich meine, was ihm fehlt!«
»Noch ein CD-Eingang!«
»Nein, nein, was der Defekt ist, will ich wissen!«
»Na, das sollen Sie doch herausfinden!«
»Oh Gott, ich meine, warum bringen
Sie ihn zu uns in die Werkstatt?«
»Na, weil er kaputt ist!«

Ein älterer Herr bei der Reparaturannahme: »Ich habe hier einen kaputten Plattenspieler zur Reparatur. Lohnt sich das noch?«
»Weiß nicht. Wie alt sind Sie denn?«

Maurer Rudi und Peter auf dem Bau. Plötzlich nimmt Rudi seine Kelle und schlägt wie wild auf eine Schnecke ein. »He«, ruft Peter, »was machst du denn da? Das Tier hat dir doch gar nichts getan!« – »Nichts getan?! Die verfolgt mich schon den ganzen Tag!«

Zwei Tischler bringen einen Tisch zu einem Kunden. Plötzlich stolpert der eine.
»Was machst du denn da?«, fragt der andere.
»Ich bin auf einer Schnecke ausgerutscht.«
»Hast du die denn nicht gesehen?«
»Nein, die kam von hinten.«

Der Chef zum Lehrling: »Ich bin kein Mann der vielen Worte. Wenn ich mit dem Finger winke, kommst du.« Der Lehrling zum Chef: »Mir geht es genauso. Wenn ich mit dem Kopf schüttle, komme ich nicht.«

»Unsere ganze Familie macht zurzeit einen Kurs«, meint der Malermeister. »Unser Sohn macht einen Tenniskurs, die Tochter einen Tanzkurs, meine Frau einen Bastelkurs und ich ... ich mache Konkurs!«

Ein Kfz-Mechaniker
steht vor der Himmelspforte.
Petrus öffnet ihm die Tür.
»Petrus, warum bin ich denn schon hier,
ich bin doch erst 40?!«
Petrus schaut in seine Unterlagen:
»Nach den Stunden, die du deinen
Kunden berechnet hast, musst du
mindestens schon 94 sein!«

Die reizende Renate kommt
zum Schlüsseldienst. »Könnten Sie mir
von meinem Wohnungsschlüssel
neun Stück nachmachen?«
Darauf der Schlosser:
»Ist es nicht einfacher, wenn Sie zu
einem Schreiner gehen, und sich
eine Drehtür einbauen lassen?«

Eine Studentin fährt mit ihrem
uralten Käfer in die Autowerkstatt.
»Einmal Ölwechsel, bitte«, sagt die Studentin.
Darauf der Mechaniker:
»Einmal Autowechsel, danke!«

Der Baustellenleiter ärgerlich zum Lehrling: »Sie kommen schon wieder zu spät. Wissen Sie denn nicht, wann die Arbeit beginnt?«
Der Lehrling mit einem Schulterzucken: »Keine Ahnung – wenn ich komme, arbeiten die anderen immer schon!«

Beim Friseur: »Halten Sie da etwa mein Ohr in der Hand?«
»Dachte ich's mir doch. Wie aus dem Gesicht geschnitten!«

Ein Mann stürmt ins Uhrengeschäft. »Sie Schwindler! Diesen Wecker habe ich vor drei Wochen bei Ihnen gekauft – auf Ihr Wort, dass der bis an mein Lebensende hält. Und was ist jetzt – kaputt!«
»Werter Herr, seien Sie doch froh«, meint der Uhrmacher, »wenn Sie wüssten, wie schlecht Sie vor drei Wochen ausgesehen haben!«

»Ich möchte den Meister sprechen.«
»Geht leider nicht, er ist nicht da!«
»Ich habe ihn doch durchs Fenster gesehen!«
»Er Sie auch.«

Der Schreinermeister zu seinem Lehrling:
»Heute will ich mir mal etwas Gutes
tun und Geschäft und Vergnügen
miteinander verbinden!
Schmidt, Sie sind entlassen!«

Friseur: »Ihr Haar wird langsam grau!«
Kunde: »Kein Wunder bei Ihrem Arbeitstempo!«

Voller Stolz erzählt der Friseur seinem Kollegen: »Ich habe jetzt eine computergesteuerte Haarschneidemaschine. Da steckt der Kunde seinen Kopf rein, dann kommen die rotierenden Messer – und fertig.«
»Aber jeder Kunde hat doch eine andere Kopfform«, entgegnet der Kollege.
»Vorher – nur vorher.«

Nach getaner Arbeit wendet sich der Monteur an die Dame des Hauses: »Geschafft. Jetzt können Sie Ihre Wäsche wieder schleudern.« »Wäsche schleudern?«, entgegnet die Hausfrau entsetzt. »Sie haben doch gerade unseren Fernseher repariert.«

Der Bäckerlehrling wird beauftragt, auf die Torte »Happy Birthday« zu schreiben. »Aber bitte so sauber wie möglich«, mahnt der Meister.
Zehn Minuten später. »Bist du endlich fertig?«, ruft der Meister nach hinten. »Nein«, brüllt der Azubi zurück. »Ich bekomme das Ding einfach nicht in die Schreibmaschine.«

Florian Hurtig macht eine Lehre in der Gärtnerei. Nach einigen Monaten erkundigt sich der Vater nach den Fortschritten. »Er ist ein bisschen langsam«, meint der Meister. »Aber jetzt haben wir die richtige Aufgabe für ihn gefunden.« »Wie schön«, freut sich der stolze Vater. »Was macht er denn?« »Er jagt die Schnecken vom Gemüse.«

Schon mehrmals hat der Friseurlehrling den Kunden verletzt. Zuerst noch ganz ruhig, zieht der Kunde plötzlich ein Messer aus der Hosentasche. »Was soll denn das?«, will der Nachwuchsfriseur wissen. »Wollen Sie sich jetzt selbst rasieren?«, »Nein«, brummt der Kunde, »nur verteidigen.«

Nach getaner Arbeit hält der Friseur dem Kunden den Spiegel an den Hinterkopf: »Ist es so recht, mein Herr?« »Ein bisschen länger, bitte.«

Im Frisiersalon setzt sich eine riesige Dogge direkt neben den Stuhl, auf dem soeben ein Kunde Platz genommen hat. Der Kunde fragt ängstlich den Meister: »Was macht der Hund denn da? Beißt der?« »Nein, keine Sorge. Der sitzt da nur, weil manchmal ein Ohr für ihn abfällt.«

Der Kunde beschwert sich beim Tabakhändler über die miserable Qualität der verkauften Zigarren. »Was wollen Sie denn?«, rechtfertigt sich der Geschäftsmann. »Sie haben fünf gekauft und ich hab 500 davon.«

An der Haustür von Jansens klingelt es. Der Fernsehtechniker ist da.
»Haben Sie bei uns angerufen?«, fragt er den Rentner.
»Ganz richtig, aber die Sache hat sich in der Zwischenzeit schon erledigt«, erklärt Opa Jansen betreten. »Meine Frau und ich hatten nur die Brillen vertauscht!«

Vor der Fassade einer romanischen Kirche steht gedankenverloren ein Tourist, mustert alle Skulpturen und kommt offensichtlich zu keinem rechten Ergebnis.
Schließlich wendet er sich an einen Einheimischen und fragt: »Sagen Sie mal, ich kann da drüben die Figur des heiligen Johannes erkennen, dort ist die Maria und das da drüben ist zweifellos der ehemalige Stiftsherr. Aber die beiden da drüben links – die kann ich einfach nicht zuordnen.«
»Warten Sie bis zur Mittagspause um zwölf Uhr«, rät ihm der Einheimische. »Wenn sie sich dann bewegen, sind's die Maurer.«

August hatte auf dem Bau einen Arbeitsunfall. Als die Nase mehr und mehr anschwillt, schickt ihn sein Chef zum Arzt. Der betrachtet die fürchterlich zugerichtete Nase und fragt: »Hat man schon feuchte Umschläge über Ihre Nase gemacht?« – »Nein, nur dämliche Witze«, antwortet August.

Zwei Handwerker auf dem Weg zum Kunden. Fragt der eine den anderen: »Weißt du, was der Unterschied zwischen dem Winter und einem Handwerker ist?«
»Keine Ahnung.«
»Der Winter kommt bestimmt!«

Hubert schnauzt seinen faulen Kollegen Richard an. »Könntest du mit deiner Kelle eigentlich auch mal etwas tun? Weißt du, Arbeit macht das Leben nämlich süß!«
»Tja, da hast du bei mir wohl Pech«, grinst Richard frech zurück. »Mir hat der Zahnarzt Süßes verboten!«

Bäckermeister Vogel muss bei einer
anderen Firma bestellen, weil sein
bisheriger Handelsvertreter ihn auf
seiner Tour vergessen hat.
Kaum ist sein alter Vertreter wieder da,
beschwert er sich bitterlich über den Ersatz.
»Waren die Sachen,
die er geliefert hat, etwa schlecht?«
»Oh nein.«
»Hat er dir etwa zu viel oder zu wenig geschickt?«
»Nein, nein – das auch nicht.«
»Was war denn dann los?«
»Der hat mir einen Rabatt auf die
Rechnung geschrieben.
Und dabei hab ich den doch gar nicht bestellt.«

Beim Vorstellungsgespräch.
Der Chef fühlt der Bewerberin
Anna auf den Zahn:
»Junge Frau, können Sie mir sagen, warum
Sie Ihre letzte Stelle aufgegeben haben?«
Darauf Anna empört: »Was soll denn das?
Ich frage Sie doch auch nicht, warum
meine Vorgängerin es nicht mehr bei
Ihnen ausgehalten hat!«

Der Schneider zu seinem neuen Gesellen: »Ich möchte Ihnen dringend nahe legen, niemandem zu sagen, was Sie bei mir verdienen!« Darauf der Geselle: »Da brauchen Sie keine Angst zu haben. Mir ist es genauso peinlich wie Ihnen!«

Nach stundenlangen, zähen Verhandlungen unterschreibt der Schreinermeister endlich eine Feuerversicherung. Zehn Mal hat er dabei den Vertreter gefragt, ob denn die Versicherung auch wirklich zahlt, wenn sein Betrieb abbrennen sollte – zehn Mal hat ihm der Vertreter dies versichert. Anschließend sitzt man im Wohnzimmer des Schreiners noch gemütlich bei einem Glas Bier zusammen, und der Vertreter klopft dem Schreiner freundschaftlich auf die Schulter: »Aber nicht anzünden.« Darauf der Handwerker sauer: »Hab ich mir schon gedacht, dass da ein Haken ist.«

Beim Treffen der Schornsteinfeger: »Sag mal, du siehst aber heute blass aus. Bist du krank?« »Nein, nur sauber.«

Schreinergeselle Michel beschwert sich bitterlich über seinen Kollegen Horst: »Mit dem Geizhals gehe ich nie wieder in der Mittagspause an die Würstchenbude. Hat der doch tatsächlich kein Geld dabei!«
»Warum? Wollte er dich anpumpen?«
»Nein. Aber als ich ihn bat, mir etwas Knete zu leihen, hatte er wieder mal keine!«

Der Sohn eines Elektrikers sieht eines Nachts, wie eine Sternschnuppe vom Himmel fällt. Entzückt ruft er: »Du, Papi, jetzt hat es im Himmel einen Kurzschluss gegeben!«

»Meister, ich arbeite nun schon seit über acht Jahren für Sie und habe stets für drei gearbeitet! Ich möchte um eine Gehaltserhöhung bitten«, meint der langjährige Geselle.
Darauf der Meister: »Was denken Sie sich eigentlich? Eine Gehaltserhöhung ist derzeit nicht drin! Wer sind denn die beiden anderen – die Kerle werfe ich raus!«

Ein treuer Kunde klagt beim Friseur über plötzlichen Haarausfall. Der Meister höchstpersönlich kramt in seiner »Schatzkiste« und bietet dem Mann ein spezielles Haarwuchsmittel an, dessen Wirkung der Meister an sich selbst erprobt hat.
Um auch noch den letzten Zweifel seines Kunden auszuräumen, erzählt der Meister: »Einer meiner Kunden hatte eine richtige Glatze, als er mit der Kur begann. Zwei Monate später konnte er sich bereits die Haare raufen, als er die Rechnung erhielt!«

Als der ungeschickte Maurerlehrling
Hofer zum ersten Mal eine schwere Schubkarre
schieben muss, fällt er mehrmals auf die Nase.
Ärgerlich meint er: »Wo kann man denn hier
das Gleichgewicht einschalten?«

Der kleine Junge bleibt auf der Straße staunend
vor einem Schornsteinfeger stehen. So eine
Gestalt hat er noch nie gesehen. »Mami«, ruft er
aufgeregt seiner Mutter zu, »wäscht der sich auch?«
Sagt die Mutter lächelnd: »Ja, mein Kleiner.«
Meint der Junge kopfschüttelnd:
»Und was hat er davon?«

Der Schotte zum Bäcker:
»Bitte ein Stück Brot, und wickeln Sie es
in die Zeitung von heute ein!«

Ein älterer Herr bewirbt sich um den freien Posten als Dachdecker. Dem Meister scheint der Bewerber allerdings nicht so geeignet für den Job, und er äußert offen seine Bedenken: »Bei schwierigen Arbeiten können wir wohl nicht mit Ihnen rechnen?« Meint der Bewerber brummig: »Ich dachte, ich bewerbe mich hier als Dachdecker und nicht als Vorturner!«

Der Bauleiter schimpft:
»Huber, wenn Sie nicht
bald schneller werden,
mache ich Sie
zur Schnecke!«
»Glauben Sie, dass ich
dann schneller bin?«

Immer aufgelegt zu
einem Schwätzchen,
fragt der Friseur-
meister einen neuen
Kunden: »Werter
Herr, sind Sie zu
Besuch hier?«
Sagt der Kunde:
»Nein! Ich wollte
mir nur die Haare
schneiden lassen!«

In der Optikerklasse verkündet der Dozent:
»Hier seht Ihr, dass Ihr nichts seht, und warum
Ihr nichts seht, werdet Ihr gleich sehen!«

Bei den angehenden Straßenbauern steht »Tunnelbau« auf dem Stundenplan. Um das ganze fachmännisch richtig zu erklären, hat die Berufsschule einen Chefingenieur eingeladen.
»Also, wir bohren den Berg gleichzeitig von beiden Seiten an und treiben die Stollen vorwärts. Und in der Mitte treffen sie sich dann«, berichtet er der gespannten Klasse.
»Klasse! – Aber was passiert eigentlich, wenn sie sich nicht treffen?«
»In diesem Fall«, erklärt der Ingenieur fröhlich, »entstehen zwei Autotunnel!«

Der mürrische Kunde in der Metzgerei:
»Heiße Würstchen.«
»Angenehm«, antwortet die Verkäuferin
freundlich. »Ich heiße Eva Förster.
Und was wünschen Sie, bitte?«

Der kleine Max darf zum ersten Mal mit dem Vater, einem ortsbekannten Maurer, nach München.
Er zeigt große Wissbegier. Am Hauptbahnhof weist er auf eine Baustelle und fragt:
»Papa, was wird denn das?«
Der Vater: »Bub, das weiß ich nicht.«
Vor dem Rathaus fragt der Max:
»Papa, was ist denn das für ein Haus?«
»Bub, kennen tu ich's schon. Aber wie das jetzt grad heißt ...«
So geht es weiter.
»Papa, was ist denn das für ein Tor?«
»Bub, jetzt ist mir der Name entfallen.«
Nach einer Weile:
»Papa, was ist denn das für eine Kirche?«
»Bub, die kenn ich genau, aber ...«
Max hakt nach:
»Papa, soll ich dich lieber nix mehr fragen?«
»Nein, nein, Bub«, sagt der Vater, »frag nur. Wie sollst du denn sonst was lernen?«

Ein Maurer zum anderen:
»Ich habe gerade ein Haus verputzt.«
»Und – war's lecker?«

Der Reporter der Lokalzeitung fragt den überlegenen Sieger des Holzfällerwettbewerbs, wo er seine großartige Technik gelernt habe. »In der Sahara«, lautet die Antwort. »In der Sahara? Aber da gibt's doch gar keine Bäume.« – »Jetzt nicht mehr.«

Sepp hat sein Maurerfrühstück, ein Riesenstück Limburger, auf ein Fensterbrett gelegt. In der Sonne fängt der Käse zu laufen an. Sepp betrachtet sich die Sache und sagt zum Käse: »Die Baustelle kannst du dir meinetwegen anschauen, aber zur Pause um neun musst du wieder da sein!«

Der Vorarbeiter sucht wieder einmal die beiden Maurer, die eigentlich schon lange mit ihrer Arbeit fertig sein müssten. Endlich findet er sie – über eine Schildkröte gebeugt.
»Was macht ihr denn hier? Ihr solltet doch bei der Arbeit sein.«
Wendet sich einer zu ihm um:
»Das ist einfach faszinierend, Chef.
Jetzt sitzen wir hier schon zwei Stunden und beobachten dieses Tier. Es rührt sich nicht.
Unfassbar, wie faul manche Geschöpfe sind.«

Ein Passant beobachtet fasziniert das Treiben auf einer Riesenbaustelle und fragt schließlich einen Vorarbeiter:
»Sagen Sie mal, wie viel Mann arbeiten denn da?«
Der Vorarbeiter streicht sich nachdenklich durch die Haare: »Ungefähr die Hälfte.«

Ein Bäcker betritt die Metzgerei und fragt den Meister: »Haben Sie Eisbeine?«
»Ja, aber sicher«, erwidert dieser.
»Na, dann kaufen Sie sich doch Filzpantoffeln!«

Ein Geschäftsmann zum anderen:
»Es gibt viele Möglichkeiten, zu Geld zu kommen, aber eigentlich nur eine, die anständig ist.«
»Welche?«
»Dachte ich mir, dass Sie die nicht kennen.«

Was macht ein Glaser,
wenn er kein Glas hat? –
Er trinkt aus der Flasche.

Wie sagte der Werkstattbesitzer:
»Mit Platten verdiene ich mehr
als so mancher Schlagerstar!«

»Weißt du schon das Neueste, Papa?«,
fragt Florian seinen Vater.
»Unser Dachdecker Schuster wurde
vom Auto überfahren!«
»Schrecklich – nicht einmal auf dem
Dach ist man vor den Dingern sicher.«

Lüftungsbauer Heinrich kommt zum Meister:
»Meine Else meint, ich hätte schon seit
langem eine Lohnerhöhung verdient
und sollte Sie deshalb endlich mal fragen.«
Der Meister nickt verständnisvoll:
»Das kann ich mir gut vorstellen.
Aber ich muss erst mal meine Margot
fragen, was sie dazu meint.«

Der Glasermeister zum Kunden:
»Nehmen Sie die Fensterscheibe so mit –
oder soll ich sie Ihnen einschlagen?«

In einem Handwerksbetrieb holt ein Kunde
einen reparierten Gegenstand ab. Höflich fragt
der Lehrling: »Was für Zahlungsbedingungen
hätten Sie denn gerne?«
Der Kunde: »Ich bezahle bar!« Darauf der Lehrling
verdutzt: »Bar? Moment mal, da muss ich
erst mal den Chef fragen, wie man das macht!«

»Hast du dich denn mit dem Mädchen, das du gestern Abend in der Disco kennen gelernt hast, wieder verabredet, Max?«
»Nein, die hat mir doch nicht so gut gefallen.«
»Sie war aber doch sehr hübsch!«
»Das stimmt. Aber weißt du, ihr Lachen hat mir nicht gefallen!«
»Worüber hat sie denn gelacht?«
»Ich habe ihr erzählt, was ich als Maurer so verdiene, und da hat sie ganz hässlich gelacht!«

Mutter: »Katrin, geh bitte zum Metzger
und schau, ob er Schweinsfüße hat!«
Katrin geht los und kommt nach zehn Minuten
zurück: »Mutti, ich konnte es nicht sehen,
er hatte Schuhe an!«

Ein Elektriker hat in einem Einfamilienhaus Steckdosen und Stromleitungen installiert. Kurz, nachdem er nach getaner Arbeit die Haustür hinter sich geschlossen hat, gibt es einen Stromausfall. Die Hausherrin rennt aus dem Haus und hinter dem Elektriker her. »Mein Herr, sämtliche Leitungen sind durchgeschmort, und jetzt haben wir wieder keinen Strom.« Da wendet sich der Elektriker um und sagt mit ernster Miene: »Gnädige Frau, nichts ist für die Ewigkeit!«

Harald macht eine Ausbildung beim Friseur. Über seine Lernfähigkeit und Geschicklichkeit kann der Meister allerdings nur den Kopf schütteln. Als Harald einem Kunden die Haare schneidet, hat er nicht die Haare, sondern das Ohr erwischt. Mit schreckerfülltem Gesicht hebt Harald es auf und sagt zum Kunden: »Schnell, stecken Sie es ein, bevor es der Meister sieht, sonst macht er wieder ein Mordsgeschrei!«

Malermeister Klecks gibt seinem Lehrling
den Auftrag, die Fenster zu streichen.
Im guten Glauben, den Lehrling mit einer
einfachen und machbaren Aufgabe betraut
zu haben, geht der Meister essen.
Bei seiner Rückkehr wird er vom
arbeitseifrigen Lehrling freudestrahlend
empfangen: »Chef, soll ich den Rahmen
auch noch streichen?«

»Können Sie eine Empfehlung vorweisen?«,
fragt der Meister. Der Bewerber bejaht.
»Und wer hat Ihnen die gegeben?«
»Mein früherer Chef!«
»Na, dann lassen Sie mal hören.
Was hat er denn gesagt?«
»Ich solle mich schnellstens
nach einer neuen Stelle umsehen!«

Ein Schlosser meldet sich auf die
Zeitungsannonce: »Montagearbeiter gesucht.«
Beim Einstellungsgespräch fragt er:
»Müssen wir auch wirklich nur
montags arbeiten?«

Gräfin Elvira ruft beim Metzger an:
»Entschuldigen Sie, Herr Metzger, ich bräuchte dringend 100 Gramm Salami-Aufschnitt. Könnten Sie bitte gleich liefern?«
Darauf der Metzger:
»Das geht nicht, wir können leider nicht liefern. Unser Lastwagen ist gerade mit einem Suppenwürfel unterwegs.«

Der Sohn des Poliers wusste in der Schule nicht, wo die Türkei liegt und fragt daheim seinen Vater danach.
Der muss nicht lange nachdenken:
»Weit kann die nicht weg sein. Wir haben zwei Türken auf der Baustelle, die gehen mittags immer zum Essen nach Hause!«

»Pass auf, Karl!«, ruft der Elektriker.
»Schalte den Strom noch nicht ein, ich sitze noch in der Zentrifuiiiiii...«

Die junge Schulabsolventin bewirbt sich als Stenotypistin in einem großen Handwerksbetrieb. Sie wird vom Meister gefragt, wie viele Anschläge sie in der Minute schafft.
»Anschläge? Ich wollte mich eigentlich als Stenotypistin bewerben und nicht als Terroristin!«

»Nun, mein Lieber«,
sagt der Meister zum künftigen Gesellen,
»nachdem wir deine Personalien und
dein Aufgabengebiet besprochen haben,
sag mir doch mal, wie hoch du dir
dein Gehalt vorstellst. Dann lachen wir beide
herzlich darüber, und ich sag dir,
was du bekommst!«

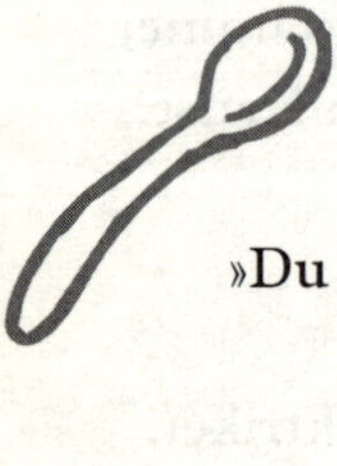

Konditor zum Lehrling:
»Du nimmst ⅓ Milch, ⅓ Bitterschokolade,
⅓ Kakao und ⅓ Kokosfett.«
»Aber das sind ja schon vier Drittel!
Wie soll ich das denn machen?«
»Du nimmst einfach einen etwas größeren Topf!«

Beim Friseur. Ein Mann mit einer großen unansehnlichen Narbe im Gesicht wünscht eine Rasur. Der Anblick der Narbe verunsichert den Lehrling so sehr, dass seine Hände zittern. Der Lehrling versucht krampfhaft, seine Unsicherheit zu überspielen und fängt ein Gespräch mit dem Kunden an:
»Waren Sie schon öfter bei uns?«
Meint der Kunde: »Nein, die Narbe habe ich schon seit meiner Kindheit.«

Fragt der neue Lehrling
seinen Kollegen im zweiten Lehrjahr:
»Du, sag mal, wie ist der Meister denn so?«
»Eigentlich könnte man ihn als ziemlich
ausgeglichen bezeichnen – er ist immer
gleich boshaft!«

Ein junger Mann kommt zum Fotografen.
»Ich hätte gern vier Passfotos.«
»Selbstverständlich. Wollen Sie die Bilder
gleich mitnehmen?«
Darauf der Kunde hoch erfreut: »Das ist ja ein
Ding! Haben Sie etwa welche von mir vorrätig?!«

Schuhmacher Braun zu seinem Angestellten:
»Manfred, hat die Dame,
die Sie gerade beraten haben, etwas gekauft?«
»Aber sicher, Meister«, freut sich Manfred.
»Die exklusiven Krokodillederschuhe
hat sie genommen.«
»Hat sie denn bar bezahlt?«,
fragt Meister Braun nach.
»Nein, sie hat nur 100 Euro angezahlt.
Das restliche Geld will sie morgen bringen.«
»Ja, sind Sie verrückt«, schimpft Braun.
»Die sehen wir doch nie wieder!«
»Keine Angst, Meister,
die kommt wieder. Ich habe ihr
zwei rechte Schuhe mitgegeben!«

Der wütende Chef empfängt seinen
Lehrling schon an der Eingangstür:
»Warum kommst du erst jetzt,
du Faulpelz?«, schimpft er.
Mit einem verwunderten Blick
meint der Lehrling:
»Aber Chef, Sie haben doch gestern
gesagt, ich soll meine Sportzeitung
in Ruhe zu Hause lesen?!«

Schreinermeister Horst Holzig will seine Werkstatt verkaufen. »Aus gesundheitlichen Gründen«, ist am Samstag im Anzeigenteil der Zeitung zu lesen. Am nächsten Tag kommt ein Interessent in die Werkstatt, mustert Horst Holzig von Kopf bis Fuß und sagt: »Sieht ja alles ganz ordentlich aus. Tut mir Leid für Sie, aber wenn die Gesundheit nicht mehr mitmacht ... Aber eigentlich sehen Sie doch putzmunter aus!«
»Ich bin ja auch nicht krank«, räumt Holzig ein, »aber das Geschäft ...«

Ein Zimmermann erklärt
seine Lebensphilosophie:
»Die Menschen sind heutzutage
viel zu nervös. Ich mache alles
mit Ruhe. Das ist viel besser.
Ich esse langsam, ich spreche
langsam, ich gehe langsam,
ich zahle langsam ...«
Sein Kollege: »Donnerwetter,
das ist aber langweilig!
Gibt es denn gar nichts, was bei
dir schnell geht?«
»Doch – ich werde schnell müde!«

Die Metzgerei Friedrich hat in der
ganzen Stadt den allerbesten Ruf.
Kommt eine feine Dame in den Laden:
»Guten Tag, werter Herr Friedrich,
ich hätte gern drei Fasane – aber bitte nicht
so zerschossen wie beim letzten Mal!«
Darauf Metzger Friedrich: »Ich bedaure,
gnädige Frau. Fasane, die sich totgelacht
haben, führe nicht einmal ich!«

Simone will sich fotografieren lassen, fährt in die Stadt und sucht den Fotografen auf. Der fragt sie, wie das Bild sein soll. Sie weiß es nicht.
»Schon recht, Fräulein«, sagt der Fotograf. »Vielleicht blättern Sie mal dieses Album durch. Hier sind Bilder in allen Ausführungen und Größen: Profil, en face, Brustbild, Luxusausführungen mit Goldrand, vor künstlerischem Hintergrund – da werden Sie bestimmt was Passendes finden.«
Simone nimmt das Album und blättert. Nach einer Weile wird der Fotograf ungeduldig und fragt: »Nun – haben Sie sich entschieden?«
Simone sieht ihn unschlüssig an und meint: »Ihre Bilder gefallen mir schon ganz gut – aber wissen Sie, ich möchte doch gern eins, wo ich selber drauf bin.«

Der neue Lehrling von Friseurmeister Locke hat zum ersten Mal einen Kunden rasiert. Als dieser im Anschluss an die Rasur nach einem Glas Wasser verlangt, erkundigt sich der Friseurmeister höflich: »Haben Sie einen trockenen Mund? Das könnte ich verstehen, hier drinnen ist es wirklich ein bisschen heiß!«
»Das ist es eigentlich nicht«, meint der Kunde. »Ich wollte nur testen, ob mein Hals noch überall dicht ist!«

An einer Steigung steht ein Schreiner-Lehrling mit einem kleinen Handwagen, auf dem ein großer Schrank liegt. Er schafft es nicht, den Schrank hinaufzuschieben. Da kommt ihm ein freundlicher Passant zu Hilfe. Als sie oben sind, sagt er: »Also das versteh ich nicht, dass dich dein Meister mit so einem großen Schrank allein wegschickt!«
Darauf der Bub: »Der Meister hat gesagt, ich werde schon irgendwo einen Blöden finden, der mir hilft!«

Nach einem nächtlichen Einbruch fehlen im Tresor des Handwerksbetriebs 10 000 Euro. Erbost sagt der Meister zum herbeigeeilten Reporter vom Lokalblatt: »Schreiben Sie, der Einbrecher hätte 30 000 Euro erbeutet – dann kann der Gauner wenigstens zu Hause von seiner Frau was erleben!«

Der alte Herr Walter
kommt zum Friseur
und verlangt ein Haarwuchsmittel.
Die Friseurin erkundigt sich:
»Eine kleine oder eine große Flasche?«
Herr Walter denkt kurz nach
und sagt dann mit fester Stimme:
»Eine kleine Flasche müsste reichen.
Zu lang sollen meine Haare
auch nicht werden!«

Die kleine Lena darf ihre Mutter zum Friseur begleiten. Im Laden sieht sie, auf Holzköpfen aufgesteckt, zum ersten Mal in ihrem Leben Perücken. »Mama«, ruft sie aus, »die haben hier Haare ohne Leute!«

Moritz im Metzgerladen:
»Für zwanzig Cent Wurstzipfel für die Hunde;
aber nicht so fett – das letzte Mal hat sie
mein Vater nicht essen können!«

An einer Straßenbaustelle ist ein neuer Hilfsarbeiter eingestellt worden. Der Polier stellt ihn mit der Schaufel in einen Schacht. Nach einiger Zeit kommt er wieder vorbei und ruft ihn herauf:
»Wie heißen Sie eigentlich?«
»Fritz Stütz!«
»Ist gut«, sagt der Polier, »gehen Sie wieder runter!«
In immer kürzer werdenden Abständen kommt nun der Polier wieder, ruft den neuen Hilfsarbeiter herauf und fragt ihn nacheinander nach Geburtsdatum, Glaubensbekenntnis, letzter Arbeitsstelle, Schulbildung, Familienstand und anderen persönlichen Dingen.
Beim zehnten Mal wird es dem Neuen zu dumm und er meint: »Warum fragen Sie denn das nicht alles auf einmal, damit ich nicht jedes Mal wieder aus der Grube herauf muss?«
»Das ist ganz einfach«, sagt der Polier. »Weil Sie nämlich mit den Schuhen mehr Dreck heraufbringen als mit der Schaufel!«

Bert betritt den Metzgerladen und verlangt ein Pfund Suppenfleisch. Da fragt der Metzger prüfend: »Sag mal, Bert, weißt du denn auch, wie das Tier heißt, von dem das Fleisch kommt? Schau dir doch diese Wurst hier mal an! Die gehört dir, wenn du es errätst. Das Tier hat ein dickes Fell, eine große Schnauze, einen dicken Kopf und keinen Verstand.« Bert guckt den Metzger an und sagt ganz freundlich: »Das bist du selbst, Onkel Metzger!«

Ein Maurer hat auf einem Bauernhof einen Backofen errichtet und geht, nachdem er sein Werk betrachtet und für gut befunden hat, zufrieden vom Hof. Kaum ist er ein paar Schritte entfernt, bricht der Backofen wieder zusammen. Wie der Blitz saust die Bäuerin hinter dem Maurer her: »Meister! Meister! Ihr Ofen ist umgefallen!« Da wendet sich der Maurer um und spricht mit einem ernsten Seufzer: »Ach, gute Frau, was hält schon ewig?«

Eine Frau sagt in einem Laden zum Metzger:
»Übrigens kann ich Ihnen versprechen,
dass ich meine Wurst immer nur
bei Ihnen kaufen werde!«
»Schmeckt sie Ihnen denn so gut?«,
freut sich der Metzger.
»Es handelt sich bei mir um einen ganz
besonderen Fall! Durch die Zeitung,
in die Sie einmal eine Mettwurst für mich
eingewickelt hatten, habe ich meinen
jetzigen Mann kennen gelernt!«

Bei der Lohnzahlung erhält ein Geselle versehentlich fünf Euro zu viel. Er nimmt's und schweigt. Als ihm aber bei der nächsten Auszahlung die fünf Euro abgezogen werden, fängt er an zu schimpfen. »Wieso kriege ich auf einmal fünf Euro zu wenig! Das ist doch vielleicht ein Sch...betrieb!«
Der Meister weist ihn darauf hin, dass er beim vorigen Mal fünf Euro zu viel bekommen hat:
»Und da haben Sie kein Wort gesagt, mein Guter.«
Darauf der Geselle:
»Einmal lässt man sich ja noch einen Fehler gefallen und sagt nichts. Aber wenn so was dauernd vorkommt ...!«

Frau Richter hat sich von ihrem Friseur zur
Abwechslung eine neue Frisur machen lassen.
Sie gefällt sich ausnehmend gut.
Am nächsten Tag aber erscheint sie wütend
bei ihrem Friseur und klagt:
»Also, nehmen Sie mir es nicht übel,
aber meinem Mann gefällt der Kopf nicht.«
Darauf der Friseur: »Liebe Frau, da hätte er sich eine
andere aussuchen müssen, solange noch Zeit war!«

»Ich habe Sie rufen lassen«, sagt der Prokurist zum Zimmermann, »weil Sie mir diese Rechnung geschrieben haben: Für Zimmermannsarbeit am Werksdach und für einen Hut. Was soll das?«
»Oh, Herr Prokurist. Der Hut ist mir bei der Arbeit vom Kopf geflogen, und ich konnte ihn nirgends mehr finden.«
»Nichts da, was soll der Direktor sagen«, wehrt der Prokurist ab.
Am nächsten Tag bringt der Zimmermann eine neue Rechnung. Zufrieden sagt der Prokurist: »So ist es recht, der Hut ist verschwunden.«
»Oh nein«, meint der gerissene Zimmermann, »er steht noch drauf, Herr Prokurist, aber Sie finden ihn nicht mehr.«

Manfred ist unter die Feinmechaniker gegangen. Nun prahlt er gegenüber seinem Kollegen mit seiner Arbeit: »Du musst ganz genau sein, du musst mit Tausendstel und Abertausendstel Millimetern rechnen.«
Sein Kollege ist gebührend beeindruckt und will wissen: »Wie viele Tausendstel hat denn ein Zentimeter?«
Bernd ganz überlegen: »Millionen und Abermillionen!«

Bei Richters geht die Klingel nicht. Man ruft den Elektriker. Er verspricht, sofort zu kommen. Aber er kommt nicht. Herr Richter ruft noch einmal an. »Sie, jetzt werde ich aber bald sauer, wenn Sie immer noch nicht kommen. Eine Stunde kann man ja warten, auch zwei, na schön und meinetwegen auch drei – aber jetzt sind bald fünf Stunden vorbei und wenn Sie nun nicht endlich ...«
Da unterbricht der Elektriker:
»Was wollen Sie denn eigentlich? Ich war doch da und hab mindestens fünfmal geklingelt. Aber es hat ja keiner aufgemacht!«

Viel hat der Friseur beim Haareschneiden nicht zu tun, denn der Kunde besitzt nur noch drei Haare.
»Was für eine Frisur wünschen der Herr?«, fragt der Meister.
»Scheitel links!«
Der Friseur legt ein Haar nach links, zwei will er nach rechts legen. Doch da geht ein Haar aus.
»Verzeihung«, sagt der Friseur, »was wünschen der Herr jetzt?«
»Mittelscheitel.«
Der Friseur lässt äußerste Vorsicht walten – doch wieder geht ein Haar aus.
»Verzeihung – was jetzt?«
»Jetzt lassen Sie mich in Ruhe!«, sagt der Mann erbost. »Jetzt gehe ich ungekämmt nach Hause!«

Der Reporter interviewt den Gesellen eines Handwerksbetriebes:
»Wie viele Leute arbeiten hier?«
»Mit dem Meister 25.«
»Aha, ohne den Meister also 24.«
»Nein«, verbessert ihn der Geselle, »ohne den Meister arbeitet hier niemand!«

Ein Architekt besucht mit dem Bauherrn die Baustelle. In einem Raum bittet der Architekt den Bauherrn, dort zu bleiben, und geht weiter in das nächste Zimmer. Dort ruft er:
»Hören Sie mich?«
»Ja!«
»Sehen Sie mich?«
»Nein!«
»Das sind massive Wände, was?«

Mittagspause in der Werkstatt.
Alle Gespräche drehen sich um das lang ersehnte Wochenende.
»Du, Horst, was machst du so am Samstagabend?«
»Immer das Gleiche.«
»Und was?«
»Ich zerreiße meinen Lottoschein.«

Der Meister zum Lehrling:
»Du bist der größte Dummkopf, den ich kenne!«
Warnt der Lehrling:
»Vorsicht, Meister, Sie vergessen sich!«

»Meister«, wagt der Lehrling einen Vorstoß. »Sie haben mir mehr Gehalt versprochen, wenn Sie mit mir zufrieden sind.«
»Stimmt!«, gibt der Chef zu. »Aber sagen Sie selbst: Kann ich mit einem Mitarbeiter zufrieden sein, der eine Gehaltserhöhung fordert?«

Zwei Arbeiter auf der Landstraße:
Der eine schaufelt ein Loch,
der andere schaufelt es wieder zu.
Alle fünfzig Meter geht das so, den ganzen Nachmittag lang. Der eine schaufelt ein Loch, der andere macht es wieder zu.
Kommt einer daher und fragt: »He! Was soll denn der Quatsch?«
»Ja, eigentlich sind wir drei«, sagt einer der Arbeiter. »Aber der dritte, der die Telegrafenstangen ins Loch stecken soll, ist heute krank.«

Die beiden Friseurinnen Silke und Anja unterhalten sich über die Waschbecken hinweg.
Silke: »Wie geht's eigentlich Jürgen, deinem Verlobten?«
Anja: »Ziemlich gut. Er heißt jetzt Peter.«

Beim Friseur verlangt ein Kunde ein Haarwuchsmittel. Ihm wird eine bunte Flasche für 15 Euro präsentiert. »Na, hören Sie, das ist aber ganz schön teuer! Gibt's denn da wenigstens eine Garantie, dass es auch wirkt?«
Der Besitzer weist auf sein eigenes üppiges Haar: »Hier, sehen Sie. So sieht das nach dem Gebrauch dieses Mittels aus!«
Und als der Kunde noch immer skeptisch blickt, setzt er hinzu: »So sah es vor dem Gebrauch aus!« Und hebt seine Perücke.

Ein Mann geht zum Tischler:
»Schneiden Sie mir bitte eine Kiste zu – vier Zentimeter hoch, drei Zentimeter breit und zwanzig Meter lang.«
»Das ist technisch möglich«, meint der Tischler. »Aber sagen Sie doch bitte, wozu brauchen Sie denn so eine merkwürdige Kiste?«
»Mein Onkel hat sich von mir einen Gartenschlauch zum Geburtstag gewünscht und den will ich ihm nett einpacken.«

Herr August kommt mit seinem Kleinwagen in die Werkstatt gefahren. Aus der Motorhaube qualmt es. Fragt der vorwitzige Lehrling: »Na, Kleiner, darfst du denn überhaupt schon rauchen?!«

Brotzeitpause in der Werkstatt.
»Mensch, gestern Abend gab es wieder Streit bei uns zu Hause«, beklagt sich Torsten bei seinem Kollegen.
»Und das nur wegen des Fernsehprogramms. Ich wollte das Länderspiel sehen und meine Frau einen Liebesfilm ...«
»Und, Torsten, wie war die Schnulze so?«

Kommt eine junge Frau zur Schneiderin, schaut sich die Brautmodelle an und sagt: »Ich möchte mir gern ein Brautkleid machen lassen in Größe 36. Was würde denn dieses Modell hier kosten?«
»1000 Euro«, sagt die Schneiderin.
Die junge Frau seufzt.
»Und das daneben?«, fragt sie zaghaft.
Die Schneiderin lächelt mitleidig: »Drei Seufzer!«

Susanne kommt in die Werkstatt von Steinbildhauer Krause.
»Oh, Meister«, bricht sie in Entzücken aus, »wie haben Sie nur dieses herrliche Marmorbild geschaffen?«
»Also, ich habe es aus diesem wunderbaren Carrara-Marmor geschlagen.«
»Ist das die Möglichkeit! Wie haben Sie denn gewusst, dass diese entzückende Statue darin versteckt war?«

Nörgelt die Kundin beim Fotografen: »Hören Sie mal, sind meine Passbilder immer noch nicht fertig? Dabei steht doch auf dem Schild an Ihrer Türe: Auf Passfotos kann gewartet werden.«
»Genau! Und müssen Sie denn nicht auf Ihre Fotos warten?«

Eine Frau kommt ins Fotogeschäft, legt einen Film auf die Theke und sagt zu dem Fotografen: »Bitte den Film entwickeln und Abzüge machen, matt.«
»Übermorgen können Sie die Fotos abholen«, sagt der Fotograf.
Fragt ihn die Kundin: »Bekomme ich keinen Abholschein?«
»Ist nicht notwendig, ich habe Ihren Namen aufgeschrieben, Frau Matt.«

Der Schreiner baut bei Frau Meister einen Kleiderschrank auf, mit dem sie ihren Mann überraschen will. Als er fertig ist, fährt ein Bus am Haus vorbei, und der Schrank fällt in sich zusammen. Der Schreiner wundert sich und baut den Schrank neu auf. Wieder fährt ein Bus vorbei, der Schrank fällt wieder in sich zusammen. Ein weiteres Mal baut der Schreiner ihn ärgerlich zusammen und beschließt, sich in den Schrank zu stellen und von innen zu sehen, welche Schraube sich lockert, wenn der Bus vorbeifährt. Also stellt er sich hinein und wartet. In diesem Moment kommt Herr Meister von der Arbeit nach Hause. Er wundert sich über den neuen Schrank, macht die Türe auf und sieht den Schreiner darin stehen.
»Ja, was machen Sie denn da?«, fragt er wütend.
Meint der Schreiner: »Ob Sie's glauben oder nicht, aber ich warte auf den nächsten Bus!«

Der Schneider hat eine neue Hose genäht. Er bringt die Hose zum Kunden und der probiert sie an. Aber die Hose reicht nur bis zum Knie. Da brüllt der Schneider voller Zorn: »Verflixt noch mal, dreimal abgeschnitten und immer noch zu kurz!«

Im Büro von Sanitärinstallateur Krug geht das Telefon. Krug soll unbedingt und sofort zu Frau von Zack kommen und die Armaturen ihrer Hightech-Dusche reparieren. Der Meister rast unverzüglich zur Luxusvilla der von Zacks, wo er vom Diener mit folgenden Worten empfangen wird: »Tut uns Leid, dass Sie umsonst gekommen sind. Wir haben den Defekt schon selbst behoben.«
Darauf grinst der Handwerker und sagt: »Also, eines ist Ihnen sicher klar. Ich bin ja vielleicht vergeblich gekommen, aber bestimmt nicht umsonst!«

Kfz-Lehrling Dietmar fährt an seinem ersten freien Tag mit Freundin Hanne ein bisschen ins Grüne. Doch die Freude währt nicht lange, eine Panne stoppt das junge Glück. Dietmar, ganz Fachmann, steigt aus und überprüft die Ursache. »Nicht schlimm!«, ruft er Hanne zu. »Der Reifen ist zum Glück nur unten platt!«

»Guter Mann!«, seufzt der Metzgermeister.
»Müssen Sie mir denn jede Woche
erzählen, wie billig das Fleisch 1963 war?«

Goldschmied Kluncker bevorzugt nicht nur bei seiner Arbeit alternative Techniken. Auch in puncto Gesundheit vertraut er mehr seinem Heilpraktiker als einem gewöhnlichen Arzt. Nur mit den Rechnungen kann er sich nicht so recht anfreunden. Den Brief mit der letzten Rechnung hat er gleich ungeöffnet wieder zurückgeschickt. Als Kluncker deshalb beim nächsten Besuch zur Rede gestellt wird, verteidigt er sich: »Lieber Herr, Sie haben mir das letzte Mal doch selbst gesagt, dass jede Art von Aufregung mein Tod sein könnte!«

Auf der Baustelle.
Maurer Manni beklagt sich bei seinem Kollegen:
»Eigentlich bin ich ein Rindvieh.
Ich arbeite wie ein Pferd, schwitze wie ein Stier
und fühle mich auch noch hundeelend!«
Darauf sein Kollege trocken: »Dann ist es höchste
Zeit, dass du einmal einen Tierarzt besuchst!«

Metzgermeister Egon schimpft: »Es kommt noch der Tag, an dem die Metzger-Innung alle Fernsehanstalten schließen wird!«
»Warum denn die Metzger-Innung?«, fragt sein Geselle.
»Das ist doch sonnenklar, bei den vielen alten Schinken!«

Um sich zu stärken, macht Rosamunde auf ihrem Stadtbummel einen kleinen Abstecher in die nächste Konditorei. Als sie noch in der Verkaufsstube voll Heißhunger in den Kuchen beißt, wackeln bei ihr sogar die Weisheitszähne.
»Fräulein, mal ehrlich, wie alt ist dieser Kuchen?«
»Also, wenn ich ehrlich sein soll: Ich weiß es nicht. Ich habe hier erst vor sechs Wochen angefangen«, flüstert die junge Konditorin.

Maurer Siggi gibt vor seinen Kollegen an:
»Letztes Jahr haben meine Familie und ich eine Weltreise gemacht.«
»Und dieses Jahr?«
»Dieses Jahr fahren wir natürlich woandershin!«

»Meister, kann ich morgen daheim bleiben? Mein Opa ist nämlich gestorben.«
»Sag mal, für wie doof hältst du mich eigentlich? Das ist schon das fünfte Mal, dass du wegen einem angeblich gestorbenen Großvater freihaben willst!«
»Meister, Sie kennen meine Oma nicht. Die heiratet nämlich jedes Mal wieder.«

Zwanzig Bauarbeiter stehen um eine Baugrube herum und gucken dumm. Kommt der Polier hinzu und fragt: »Was ist denn hier los?«
»Keine Ahnung, Chef«, ist die Antwort. »Der Letzte, der das gewusst hat, ist schon vor einer halben Stunde gegangen.«

»Andi, dein Vater ist doch Schneider«, spricht der Mathematiklehrer. »Jetzt pass auf: Eine Kundin gibt ihm fünf Meter Stoff für ein Kostüm. Dein Vater braucht aber nur 3,75 Meter. Wie viel Stoff gibt er der Kundin zurück?«
Andi grinst: »Nix. Wetten?«

Die Mutter schickt ihre Tochter zum Metzger, damit sie ein Kilo Wurstaufschnitt für den Besuch holt. Sie macht ihre Aufgabe prima. Doch weil der Aufschnitt der Mutter etwas zu wenig erscheint, wiegt sie ihn nach. Sogleich ruft sie den Metzgermeister an und macht ihrem Ärger Luft: »Ich habe die Wurst nachgewogen. Da fehlt ja fast ein halbes Pfund!« »Wiegen Sie bitte mal Ihre Tochter nach«, rät ihr der Metzgermeister. »Vielleicht hat sie ein halbes Pfund zu viel.«

In der Berufsschule. Bei den angehenden Technikern steht heute Mathematik auf dem Plan. »Damit ihr eine Kontrollmöglichkeit habt, rechnet ihr die Aufgabe bitte mehrmals durch und schreibt dann das Ergebnis hin«, sagt der Lehrer. »Nur eine Frage«, meldet sich einer von der letzten Bank, »sollen wir dann sämtliche Ergebnisse hinschreiben?«

Matheunterricht in der Berufsschule bei den Metzgern. Heute werden die Maßeinheiten nochmals durchgenommen: »Es gibt also Millimeter, Zentimeter, Dezimeter ... Und was noch?« Ein stolzer Fingerzeig aus der letzten Reihe: »Elfmeter!«

In der Berufsschule sind bei den Optikerlehrlingen diesmal die geschliffenen Linsen dran. »Also, Boris. Du kannst uns nun sicher erklären, warum man für Brillen kein Fensterglas verwenden kann?«

»Ähm, das ist, weil ... Also zum einen, weil das Fensterglas viereckig ist, und außerdem, weil es viel zu groß wäre!«

Maurer Didi kommt mit einer Riesenbeule in den Bauwagen. »Mensch, Didi! Was hast du denn gemacht?«

»Mich hat eine Biene gestochen!«

»Ja, aber davon bekommt man doch nicht so eine Riesenbeule!«

»Von der Biene nicht. Aber der Toni neben mir hat die Biene mit der Schaufel erschlagen!«

Ferienträume in der Mittagspause. Lehrling Thomas: »Ich denke, dass ich dieses Jahr eine Kreuzfahrt in die Karibik machen werde, mit allem drum und dran!« Meister Ulrich: »Klingt super, aber hast du dafür genug Geld?« »Brauche ich nicht.« – »Wie denn das?« »Tja, das Denken ist umsonst!«

Die Lehrlinge Michi und Andi sind auf dem Weg zur Berufsschule. Als die beiden an der Bushaltestelle ankommen, merken sie, dass der Bus schon fort ist. »Wenn du nicht so getrödelt hättest«, schimpft Michi, »dann hätten wir den Bus noch erwischt!«

»Und wenn du nicht wie ein Irrer gelaufen wärst«, entgegnet ihm Andi, »dann müssten wir jetzt nicht so lang auf den Nächsten warten!«

In der Autowerkstatt versucht sich Konrad mit seinem Kollegen Herbert die Zeit während einer Standardreparatur zu vertreiben.
»Du, Herbert, ich kenn ein schwieriges Rätsel. Rate mal, was das ist: Ich kann mir das Gesicht damit abwischen, es fährt mindestens 80 Stundenkilometer, man trägt es zumeist am linken Handgelenk?«
Herbert überlegt und überlegt, aber er kommt nicht darauf. »Nun sag's mir endlich, Konrad!«
»Also, das ist eigentlich gar nicht so schwer: das sind ein Waschlappen, ein Motorrad und eine Armbanduhr.«

Schreinermeister Hobel kommt nach einem langen Tag aus der Werkstatt nach Hause. »Mann, habe ich einen Durst von der staubigen Luft!«, ruft er seiner Gattin zu. »Es ist aber nur Wasser im Haus!«, ruft sie zurück. Daraufhin er: »Seit wann wäscht man sich gegen Durst?!«

Malerlehrling Peter: »Du, Wolfgang, hast du dem Stefan gesagt, dass ich ein Depp bin?«
Wolfgang: »Ne, das hat er schon vorher gewusst!«

Manfred ist neu auf dem Bau. Vor allem mit dem Werkzeug hat er ziemlich Schwierigkeiten. Nachdem er sich ständig einen anderen Hammer aus der Werkzeugkiste geholt hat, spricht ihn der Vorarbeiter an: »Sag mal Manfred, warum tauschst du eigentlich andauernd den Hammer aus?« »Weil die alle nicht richtig gehen. Ich habe noch keinen gefunden, der nicht auf meinen linken Daumen trifft!«

Oskar hat gerade bei Goldschmied Silbermann
eine Lehre angefangen. Er muss noch viel lernen.
An seinem zweiten Tag in der Werkstatt
klopft er an die Bürotür des Meisters.
»Meister Silbermann, draußen wartet ein Herr
auf Sie mit einem Quittungsblock.«
Da nimmt sich der Meister Oskar zur Brust:
»Merke es dir gut, Oskar. Kommt jemand mit
einer Quittung zu uns und will Geld haben,
ist es ein ›Mann‹, kommt einer mit einer
Rechnung in seiner Hand und will bezahlen,
ist es ein ›Herr‹! Hast du kapiert?«

Fritz ist Lehrling bei Bäcker Sesam.
Jeden Morgen fährt er brav die Backwaren aus.
Am Monatsende muss er dann bei den Kunden
abkassieren. So auch bei Frau Müller.
Nachdem ihm Frau Müller den Betrag auf
den Cent genau gegeben hat, bleibt Fritz
jedoch schweigend vor ihr stehen.
»Ist noch etwas?«, fragt ihn Frau Müller.
»Ja, mein Meister hat mir gesagt,
dass ich die Rechnung abkassieren soll,
und wenn der Kunde nichts
von Trinkgeld sagt, soll ich auch still sein!«

Maurer Emil hat eine lange Nacht hinter sich. Verständlich, dass er heute auf der Baustelle nicht so fit ist. Prompt stößt er auch mit einem Kollegen zusammen. »Mensch, pass doch auf, du Blindschleiche!«, mault ihn der Kollege an. »Hältst du mich für einen Laternenpfahl?«
»Das bestimmt nicht«, meint Emil. »Sonst wärst du oben heller!«

Konditorlehrling Bettina ist ein kleines Schleckermäulchen. Die Besuche beim Zahnarzt sind deshalb kein Vergnügen für sie. Beim letzten Mal hat er ihr ganz schön auf den Zahn gefühlt und gemeint: »Fräulein, Sie haben da einen ganz schön hohlen Zahn Zahn! Das ist nicht mehr ein Loch Loch! Das ist schon eine ausgewachsene Höhle Höhle!«
»Mist!«, schimpft Bettina. »Aber deshalb müssen Sie doch nicht alles zweimal sagen!«
»Mach ich auch nicht«, sagt der Doktor. »Das ist nur das Echo!«

Dass Metzgermeister manchmal etwas direkte Zeitgenossen sind, ist nicht von der Hand zu weisen. So setzte Metzger Bockwurst – nachdem er zusätzlich zu seiner Metzgerei die Genehmigung für eine Gastwirtschaft bekommen hatte – eine Anzeige in die Zeitung: »Ich freue mich, Ihnen mitteilen zu können, dass ich jetzt die Erlaubnis habe, Gäste zu verköstigen und zu schlachten.«

Klavierbauer Piano führt seinem Lehrling Michael vor, wie wunderschön ein wirklich gut gebautes Klavier klingen kann. Als er mit seinen Tonleitern jedoch gar kein Ende finden kann, entschließt sich Lehrling Michael zum Eingreifen: »Entschuldigen Sie, Meister, aber für den Fall, dass Sie nicht mehr anhalten können: Das rechte Pedal da unten ist, glaube ich, die Bremse!«

Kaffeepause im Frisiersalon. Doris und Barbara sitzen zusammen und tratschen.
»Also wirklich, über die Franzi kann man nur Gutes sagen«, sagt Doris.
»Na, dann reden wir lieber über jemand anderen«, meint Barbara.

Beim Stadtbummel trifft Maler Gruber
zufällig seinen früheren Kollegen Henry –
einen ziemlichen Aufschneider.
»Hallo Henry, was machst du jetzt
eigentlich so?«, fragt Gruber.
»Ich arbeite an meiner dritten Million«, protzt Henry.
»Toll! Und die ersten beiden?«
»Tja, das hat leider nicht funktioniert!«

Dachdecker Berti hat Pech.
Er rutscht auf einem glitschigen Ziegel aus und fällt vom Dach. Schnell drängen sich die Schaulustigen am Ort des Geschehens, damit ihnen nichts entgeht. Eine ältere Dame erkundigt sich nach seinem Befinden. »Ist hier etwas passiert?«
»Keine Ahnung«, meint Berti.
»Ich bin gerade erst hier angekommen!«

Malermeister Erwin fliegt zum ersten Mal
mit dem Flugzeug in den Urlaub.
»Wo möchten Sie am liebsten sitzen?«
fragt ihn die Stewardess.
»Am Fenster«, antwortet Erwin.
»Ich liebe frische Luft!«

Diskussion zwischen einem Klavierbauer und einem Holzblasinstrumenten-Macher. Fragt der Klavierbauer: »Was ist der Unterschied zwischen einem Klavier und einer Flöte?« Der Flötenmacher hat keinen blassen Schimmer. Darauf der Klavierbauer: »Tja, ganz einfach. Auf eine Flöte kann man kein Bierglas stellen!«

Im Urlaub lernen sich zwei Familien am Strand kennen. Sie verbringen eine schöne Zeit miteinander, und bald werden die obligatorischen Einladungen ausgetauscht. »Schauen Sie doch mal bei uns vorbei! Bei uns werden Sie stets freundlich aufgenommen.« »Das klingt gut. Haben Sie etwa einen Gasthof?« »Nein, wir haben ein Fotostudio.«

Anneliese geht ins Fotoatelier. Fragt sie die Fotografin: »Möchten Sie ein Brustbild oder ein Kniebild?« Darauf Anneliese: »Am liebsten hätte ich eines, auf dem auch mein Kopf zu sehen ist.«

Metzger Hannes ist Vater eines strammen Jungen geworden. Stolz präsentiert er seinen Angestellten die ersten Fotos von seinem Sprössling. »Finden Sie nicht auch, dass mir der Kleine sehr ähnlich sieht?« »Na ja, das sollten Sie nicht so tragisch nehmen, Chef. Hauptsache, er ist gesund.«

Kfz-Lehrling Mario kommt mit einem Motorrad angedüst. »Stopp!«, ruft da ein Polizist. »Kann ich mal deinen Führerschein sehen?« »Aber ich dachte«, stottert Mario, »einen Führerschein braucht man erst ab 18 Jahren!«

Kfz-Lehrling Sascha ist ein ganz Schlauer. Vor allem bei seinem ersten eigenen Auto lässt er sich so einiges einfallen. Fragt ihn sein Arbeitskollege Bertram: »Du, Sascha. Wieso hast denn du keinen Scheibenwischer an deinem Auto?« »Den habe ich abmontiert. Da haben die Politessen ständig so dumme Papierchen dahinter geklemmt!«

Ein älterer Herr – ganz von
der alten Schule, aber leider schon etwas
vergesslich – betritt einen Frisiersalon.
»Einmal Haare schneiden, bitte«,
wünscht er – mit dem Hut auf dem Kopf.
»Dürfte ich Sie bitten, Ihren Hut
abzunehmen?«, sagt der Friseur zu ihm.
Da nimmt der feine Herr sofort
seinen Hut ab und meint:
»Entschuldigen Sie vielmals.
Ich wusste nicht, dass Damen anwesend sind.«

Der Lehrling zu seinem Meister:
»Wie kommen Sie darauf, dass ich reich bin?«
»Das hab ich eigentlich gar nicht gesagt«,
grinst der Meister. »Ich habe nur gesagt,
du hast mehr Geld als Verstand.«

Chef Moritz ist immer für einen Spaß zu haben. Als neue Maschinen eintreffen, bringt er ein Warnschild an: »Für alle Damen mit weiten Blusen: Achtung vor den Maschinen! Für alle Damen mit engen Blusen: Achtung vor den Herren!«

Auf einer Großbaustelle in Berlin.
Jeden Morgen muss Hilfsarbeiter Thomas für die Maurer vom Kiosk Kaffee holen. Immer wenn Thomas gerade weg ist, legen die Maurer Sand zwischen seine Schnitten. Als Thomas nun ein Jahr bei der Firma ist, sagt der Polier zu ihm:
»Thomas, du warst jetzt ein Jahr lang ein guter Arbeiter und ich muss dir gestehen, dass wir dir immer Sand zwischen die Schnitten getan haben. Das lassen wir ab heute sein.«
Da sagt Thomas zum Polier:
»Wenn Ihr mir das versprecht, spucke ich euch auch nicht mehr im den Kaffee.«

Gehen zwei Unbefugte über eine Baustelle.
Kommt ein Bauarbeiter und ruft:
»He, könnt Ihr nicht lesen?
Da steht doch: Zutritt verboten!«
Meint der Eine: »Wieso?
Wir sind doch nur zu Zweit!«

Herr Bauer, dessen Kopf nur noch von einem schmalen Haarkranz geziert wird, beschwert sich beim Friseur: »Warum muss ich bei Ihnen eigentlich genauso viel fürs Haareschneiden zahlen wie jemand mit vollem Haar?« »Das ist ganz einfach zu beantworten, Herr Bauer«, entgegnet der Friseur. »Sie bezahlen mich nicht fürs Schneiden, sondern fürs Suchen!«

Marlies muss mit ihrem Wagen zur Kfz-Werkstatt. Während ihr Wagen inspiziert wird, dreht sie eine Runde über das Gelände. Als sie zurückkommt und nach ihrem Auto fragt, entgegnet ihr der Werkstattleiter: »Erst einmal die gute Nachricht: Die Hupe und die Lichter funktionieren ...«

Prüfung vor der Handwerkskammer. Prüfer: »Ich habe das Gefühl, diese Frage macht Ihnen ziemliche Schwierigkeiten?« Prüfungskandidat: »Die Frage eigentlich nicht, eher die Antwort.«

Molly kommt zu Metzger Kessel und bittet ihn, ein zwölf Kilo schweres Stück Speck herunterzuschneiden. Höflich fragt Meister Kessel, nachdem er den Speck geschnitten hat, ob es auch ein halbes Pfund mehr sein darf.
Darauf schüttelt Molly entschieden ihren Kopf und meint: »Das ist nicht nötig, Herr Kessel. Ich habe nämlich gerade eine Diät hinter mir und wollte nur mal sehen, wie viel zwölf Kilo Speck sind. Vielen Dank!«

Eine dicke und nicht besonders ansehnliche Frau geht zum Fotografen. »Ich hätte gerne Fotos von mir, und zwar von meiner besten Seite.« Der Fotograf betrachtet die Frau intensiv und meint schließlich peinlich berührt: »Ich möchte Sie ja nicht beleidigen, aber Aufnahmen von hinten machen wir hier eigentlich nicht.«

Hilde schimpft mit ihrer Tochter: »Judith, wie konntest du dich nur vom Kaminkehrer küssen lassen?«
»Ach, Mama, ich weiß auch nicht. Mir wurde plötzlich ganz schwarz vor Augen!«

Der geizige Schneider lässt im Dachgeschoss seines Reihenhauses sein Arbeitszimmer neu streichen. Weil er den »faulen« Handwerkern nicht traut, schleicht er zur Dachtreppe und lauscht. »Ich höre ja gar nicht, dass Sie arbeiten«, ruft Schneider hinauf.

»Können Sie auch nicht«, schallt es von oben zurück. »Schließlich trage ich die Farbe mit Rolle und Pinsel auf und nicht mit einer Schaufel!«

Eine Kundin holt beim Schneider ihr neues Kostüm ab: »Kann ich dieses Kostüm auch kochen?«

»Ja, selbstverständlich. Aber natürlich nur mit handwarmem Wasser!«

Die alte und geizige Frau Münze kommt zum Kürschner: »Guten Tag, Meister Lehmann, könnten Sie mir bitte meinen Pelzmantel noch einmal reparieren? Ich hänge so an dem Stück.«

Der Kürschnermeister sieht sich das löchrige Fell an und meint: »Tja, ich versuche es noch einmal. Die Knöpfe sind ja noch zu gebrauchen.«

Rohrbruch bei den Braunmüllers. Peter und sein Kollege Paul haben alle Hände voll zu tun. Stöhnt Peter: »O je, o je. Wie sollen wir das nur schaffen?«
»Keinen blassen Schimmer«, meint Paul.
»Na, dann sind wir uns ja wenigstens einig!«

Tischlermeister Ernst zu seinem Lehrling: »Kannst du mir sagen, wie ich erkenne, für welches Brett ich einen Nagel und für welches ich eine Schraube brauche?« Lehrling Emil überlegt kurz und erwidert: »Das ist doch kein Problem. Wenn du einen Nagel in das Brett schlägst und das Holz splittert, dann wäre eine Schraube günstiger gewesen!«

Manni kommt mit seinen Kollegen mal wieder zu spät zur Baustelle. Der Bauleiter empfängt sie polternd: »Wo bleiben Sie denn? Sie hätten schon um sieben hier sein sollen.«
»Wieso?«, meint Manni. »War um sieben was Besonderes los?«

Jürgen hält bei Familie Tischler um die Hand seiner geliebten Annabelle an. Vater Tischler: »Sie wollen also meine Tochter heiraten? Können Sie eigentlich eine ganze Familie ernähren?« »Eine Familie? Ich könnte eine Kleinstadt ernähren, wenn's darauf ankommt!« Vater Tischler erstaunt und freudig überrascht zugleich: »Wie das? Sind Sie etwa Millionär?« »Nein, mein werter Herr, ich bin Bäcker!«

Robert will Klavierbauer werden und hat heute seinen ersten Tag im Betrieb. Um sein Grundwissen zu prüfen, stellt ihm der Meister eine Frage: »So, Robert, wozu, glaubst du, hat das Klavier die schwarzen Tasten?« »Damit man auch traurige Lieder spielen kann.«

Riesenandrang in der Kantine einer großen Firma.
»He, halt! Stell dich gefälligst hinten in der Reihe als Letzter an!«
»Kann ich nicht. Da steht schon jemand!«

Der alte Silberschmied hat eine Vorliebe für junge Mädchen. Als ein besonders niedlicher Teenager in sein Geschäft kommt, um ein Paar reparierte alte Silberohrringe abzuholen, lässt er sich etwas Besonderes einfallen. Auf die Frage nach dem Preis lächelt er das schöne Kind an und meint: »Einen Kuss.« Das Mädchen ist nicht auf den Mund gefallen und entgegnet: »Vielen Dank, gerne. Ich schicke Ihnen dann zum Zahlen meine Oma vorbei.«

Eine Kundin kommt zum Optiker.
Optiker: »Kann ich Ihnen helfen, junge Dame? Sie kneifen ja ständig Ihre Augen zusammen.«
Kundin: »Das kommt davon, dass ich immer blaue und gelbe Punkte vor mir sehe.«

Der Optiker schüttelt nachdenklich den Kopf und meint: »Da werde ich Ihnen wohl eine Brille machen müssen. Schauen Sie doch bitte mal durch diese Linsen hier.«
Die Kundin guckt durch die Gläser und strahlt auf einmal: »Ja, prima. Jetzt seh ich die Punkte endlich scharf!«

Die kleine Eva ist ein besonders schlaues Kind. Im Spielzeuggeschäft verlangt sie ein Puzzle – aber ein schwieriges Puzzle natürlich! Puzzle um Puzzle zeigt ihr die Verkäuferin. Keines passt der schlauen Eva: »Alles viel zu einfach!«
Da wird es der Verkäuferin zu bunt.
»Also, hör mir mal zu«, meint sie, »du gehst jetzt nebenan zum Bäcker Kuchler, verlangst eine Tüte Semmelbrösel und baust dir eine Semmel zusammen!«

Uhrmacher Edel trifft einen Kunden auf der Straße. »Wie gefällt Ihnen die Uhr, die ich Ihnen kürzlich verkauft habe? Geht sie gut?«
»Also, einfach phantastisch! Innerhalb von einer Stunde schafft sie locker achtzig bis neunzig Minuten!«

Goldschmiedemeister Kettler stöhnt. »Manchmal wäre ich glücklich, wenn ich ein Hund wäre!«
»Warum denn das?«
»Wenn ich ein Hund wäre, würden andere für mich die Steuern zahlen!«

Große Party auf der Baustelle.
Das Richtfest wird gefeiert – mit Büfett
und allem drum und dran.
»Also, wissen Sie. Solche Einweihungen
sind schon eine tolle Sache.
Keiner kennt den anderen. Man geht
einfach hin – ohne Einladung
selbstverständlich –, schlägt sich den
Bauch voll und verschwindet dann
wieder«, meint einer am Büfett.
»Sie sind demnach nicht eingeladen«,
fragt ihn ein anderer.
»Ach, woher denn. Und Sie?«
»Ich auch nicht.«
»Und wie sind Sie hereingekommen?«
»Ganz einfach: Ich bin der Bauherr.«

Matheunterricht in der Berufsschule.
Am nächsten Tag fragt der Chef neugierig,
was sein Lehrling gestern durchgenommen hat.
»Wir haben den gemeinsamen Nenner gesucht«,
berichtet der Lehrling.
»Kaum zu glauben. Haben die Lehrer den immer
noch nicht gefunden? Den mussten wir damals
auch schon suchen!«

Als Elektroinstallateur hat man es nicht immer leicht. Kunde Sedlmeier: »Wofür ist dieser Schlauch an meiner Waschmaschine?«
»Durch den fließt das Wasser in die Maschine.«
»Und wozu ist dieser Schlauch?«
»Durch den fließt das Wasser wieder ab«, antwortet ihm der Installateur.
»Ich höre nur Wasser, Wasser, Wasser«, wundert sich der Kunde. »Ich dachte, so eine moderne Maschine arbeitet elektrisch!«

Aufgebracht ruft Herr Burger beim Installateur an. »Ich habe Sie schon vor Wochen wegen der beschädigten Wasserleitung in der Wand angerufen, und Sie waren immer noch nicht da!«
»Na, na, jetzt regen Sie sich mal nicht so auf«, meint der Installateur. »So wild wird es schon nicht sein.«
Darauf der verärgerte Burger: »Sie haben vielleicht eine Ahnung! Heute früh hat meine Frau in der Mausefalle sogar einen Fisch gefunden!«

Fabian war im Urlaub auf Mallorca.
Fragt ihn sein Kollege: »Wie war's in Spanien?
Hast du Probleme mit der Sprache gehabt?«
»Nein, ich nicht. Aber die Spanier.«

Reinhold stellt Schreinermeister
Klemm stolz sein Gesellenstück vor.
Meister Klemm: »Haben Sie das
wirklich ganz allein angefertigt?«
»Aber sicher, Meister Klemm!«
»Kaum zu glauben.«
»Warum?«
»Dass einer allein so viele
Fehler machen kann!«

In der Schreinerei von Meister Nagel herrscht
gerade Flaute. Da hat er eine Idee und
eröffnet einen Laden in seiner kleinen Lagerhalle.
Über dem Geschäft steht: »An- und Verkauf.«
Kommt ein Kunde vorbei und fragt:
»Was kaufen Sie?«
»Altes Gerümpel.«
»Und was verkaufen Sie?«
»Kostbare Antiquitäten.«

Kinderwitze

»Geben Sie mir bitte ein Kilo Milch«,
sagt Hänschen zum Händler.
»Milch wird nicht gewogen, sondern gemessen«,
berichtigt ihn der Mann hinter dem Ladentisch.
»Schön, dann bekomme ich eben einen Meter Milch!«

Fritzchen steht auf der Brücke und weint.
Ein Fußgänger kommt vorbei und fragt ihn:
»Warum weinst du denn?«
»Ach, da waren böse Kerle, die haben mein Schulbrot in den Fluss geworfen.«
»War es mit Absicht?«
»Nein, mit Käse.«

»Warum schreit dein Schwesterchen so?«
»Sie bekommt neue Zähne.«
»Ja, will sie denn keine?«

Fritzchen macht mit den Eltern einen Einkaufsbummel. Er fragt:
»Papa, seit wann werden Krokodile mit Seide gefüttert?«
»Wie kommst du denn darauf?«
»Hier steht doch: echt Krokodil mit Seide gefüttert!«

Elfriede ist zum ersten Mal auf einem Bauernhof. Schon am ersten Tag kommt sie aufgeregt zu ihrer Mutter gerannt. »Mutti, Mutti!«, schreit sie. »Die kleinen Schweinchen haben das große Schwein umgeschmissen und knabbern ihm gerade die Knöpfe von seiner Weste!«

Die Oma will Miriam belohnen, weil sie so brav war. Großzügig sagt sie zu dem Mädchen:
»Weil du heute so lieb warst, bekommst du dieses neue Zwei-Euro-Stück hier!«
Antwortet Miriam: »Ach Oma, das wäre doch nicht nötig gewesen. Ein alter Fünf-Euro-Schein hätte es doch auch getan!«

Es gab mal wieder Zeugnisse. Als Fritzchen nach Hause kommt, fragt die Mutter: »Na, wie ist das Zeugnis ausgefallen?« Antwortet Fritzchen: »Das hab ich meinem Freund mitgegeben, der will seinen Vater damit erschrecken!«

»Fritzchen, dein Zeugnis gefällt mir gar nicht!«
»Mir auch nicht, Mutti!«, sagt der Junge. »Aber eines freut mich: Wir haben denselben Geschmack!«

Fritzchen liegt mit Grippe im Bett. Der Doktor untersucht ihn. Fragt Fritzchen den Arzt: »Herr Doktor, ich kann die Wahrheit ertragen: Wann muss ich wieder zur Schule?«

Der kleine Peter:
»Mami, ich habe Papa in der Stadt gesehen. Er ging mit zwei Polizisten spazieren!«
»Wirklich?«
»Ja, er hatte an jeder Hand einen.«

»Na, Tommy, wie hat dir denn
der Besuch im Zoo gefallen?«
»Prima, Tante Erna, da laufen ja
alle Schimpfwörter lebendig herum!«

»Papa, wo sind eigentlich die Mücken im Winter?«
»Keine Ahnung, aber ich wünschte, sie wären dort
auch im Sommer!«

»Paulchen, geht es dir nicht gut?«
»Nein Mami, die letzte Pflaume,
die ich gegessen habe, muss schlecht
gewesen sein, denn die anderen
sechzig sind mir gut bekommen!«

Fragt der zehnjährige Karl
seinen Lehrer:
»Warum gibt es in manchen
Zeitungen eigentlich Witzzeichnungen,
unter denen ›Ohne Worte‹ steht?«
»Ganz einfach, das sind Witze für
Analphabeten, damit die auch mal
was zum Lachen haben!«

Alexander geht mit seinem Vater in den Zoo. Meint der kleine Alex: »Du, Papa, da ist ein großer und ein kleiner Esel. Welcher davon ist nun der Vater und welcher die Mutter?«
»Ganz einfach, mein Sohn. Der größere Esel ist immer der Vater!«

Die siebzehnjährige Pia hat ein Baby bekommen. Beim Wickeln meint die Hebamme:
»Wie klug es schon dreinschaut.«
»Das ist ja auch kein Wunder«, entgegnet Pia. »Es ist ja neun Monate lang mit mir aufs Gymnasium gegangen!«

Der Sohn zum Vater: »Papi, das Faxgerät ist kaputt! Ich wollte meiner Freundin gerade ein Fax schicken, doch der Brief kommt immer wieder raus ...!«

»Mein Vater ist Numismatiker.«
»Was ist denn das?«
»Jemand der Münzen sammelt.«
»Komisches Fremdwort, früher nannte man das einfach Bettler.«

»Du kannst stolz auf mich sein, Mutti!
Heute war ich der Beste in der Klasse!«
»Fein, wie kam das denn?«
»Ich habe als Einziger gesagt, dass
Papageien drei Beine haben!«
»Aber die haben doch nur zwei!«
»Stimmt, aber alle anderen haben vier gesagt!«

Susi spielt ihrem Vater eine neue CD vor.
»Hast du so was Irres schon mal gehört, Papi?«
»Doch, vor Jahren schon«, sagt der Vater.
»Da stießen zwei Güterzüge zusammen.
In dem einen waren leere Milchkannen
und in dem anderen grunzende Schweine!«

»Weißt du eigentlich, warum die Fische
stumm sind?«, fragt Tina ihren Bruder.
»Blöde Frage! Kannst du etwa mit dem
Kopf unter Wasser reden?«

Während der Fahrt in der S-Bahn: »Opa,
warum hat die Tante da so rot bemalte Zehen?«
»Damit keiner drauftritt!«

»Guten Tag, mein Junge. Ist dein Vater zu Hause? Ich habe eine Rechnung für ihn.«
»Nö, mein Vater ist noch nicht da. Aber ich glaube, Sie kommen vergebens. Mir schuldet er schon seit einem Monat mein Taschengeld!«

Der besorgte Vater hat seinen Jüngsten beim Rauchen erwischt: »Ja weißt du denn nicht, wie schädlich Zigaretten in deinem Alter sind?«
»Sicher Vati«, gesteht der Kleine. »Aber die anderen lachen mich immer aus, wenn ich mir eine Pfeife anstecke!«

»Stellen Sie sich vor, mein kleiner Moritz sitzt bereits, obwohl er erst acht Monate alt ist«, erzählt Frau Metzger bei einer Party.
»Nein, die heutige Jugend!«, ruft da entsetzt ein alter Herr. »Was hat der Kleine denn angestellt?«

»Tante Helga, bist du jetzt beim Ballett?«
»Warum fragst du, Olli?«
»Na ja, Papi hat vorhin gesagt: Da kommt die Alte schon wieder angetanzt!«

Der kleine Christian kommt völlig verdreckt vom Fußballplatz nach Hause. Schimpft ihn sein Vater: »Christian, du bist doch ein Ferkel! Weißt du, was ein Ferkel ist?«
»Ja, Papi«, antwortet der kleine Junge. »Ein Ferkel ist das Kind von einem Schwein!«

»Papi, Papi«, ruft der zehnjährige Florian.
»Warum dreht sich die Erde?«
»Junge, du wirst mir doch nicht an
meine Whiskyflasche gegangen sein?«,
meint der Vater besorgt.

Der kleine Peter bekommt Geschwisterchen:
Zwillinge. Er schaut sich die beiden
ganz genau an und fragt dann seine Mutter:
»Und welchen behalten wir?«

Lena zu ihrem kleinen Bruder:
»Du, Max, wollen wir ›Mutter und Vater‹ spielen?«
Max:
»Aber Papi hat doch gesagt, wir sollen
etwas spielen, was keinen Krach macht!«

Die Mutter zum Sohn: »Iss dein Gemüse, damit du wieder etwas Farbe im Gesicht bekommst.«
»Ich will aber keine grünen Backen!«

Die Achtjährige war etwas ungezogen und wird zur Strafe von ihrem Vater in den Hühnerstall gesperrt. Weinend sagt sie: »In den Hühnerstall kannst du mich ja sperren, aber Eier lege ich keine!«

Zwei Knirpse beim Psychologen: Meint der eine: »Du, der ist sehr gut – er sucht die Schuld immer bei den Eltern!«

Kommt ein kleines Mädchen in die Zoohandlung. Sie lächelt den Zoohändler an und sagt:
»Ich möchte gern ein Kaninchen.«
Sagt der Zoohändler:
»Möchtest du dieses kleine süße braune Kaninchen mit den großen Augen oder dieses flauschige weiße?«
»Ich denke, das ist meiner Python egal.«

Der Vater zu Fritzchen:
»Fritzchen, merke dir, Geld ist nicht das Wichtigste im Leben. Es gibt im Leben viel wichtigere Dinge als Geld!«
»Richtig! Aber ohne Geld kann man sie sich nicht leisten!«

Der Biologielehrer will von den Viertklässlern wissen: »Was ist der Unterschied zwischen einem Ochsen und einem Stier?«
Klaus meldet sich: »Der Stier kann Vater werden, der Ochse nur Onkel!«

Zwei Jungen stehen vor der Kirche, aus der gerade ein Brautpaar tritt.
Sagt der eine Junge: »Soll ich die mal erschrecken?«
Er rennt auf den Bräutigam zu und ruft: »Hallo, Papa!«

»Na, Hans, wie war es denn in der Schule?«
»Ooch, mieses Programm, aber die Ansagerin ist spitze!«

»Du siehst ja ganz schmutzig aus«, sagt die Großmutter zu ihrem Enkel. »In deinem Alter habe ich mir fünfmal am Tag das Gesicht gewaschen.« Der Enkel erwidert: »Na und, Oma? Wie siehst du heute aus? Falten, Falten, Falten!«

Als die Klasse einen Ausflug in den Tierpark macht, entdeckt Vroni am Gehege der Zebras ein Schild: »Vorsicht, frisch gestrichen!« Da sagt Vroni zu ihrer Freundin: »So ein Schwindel! Und ich dachte immer, die Streifen sind echt!«

Die kleine Petra ist zum ersten Mal auf einem Bauernhof und sieht am Abend der Bäuerin zu, wie sie ein Huhn rupft. »Tante«, fragt Petra, »ziehst du die Hühner jeden Abend aus?«

»Mami, kann ich heute fernsehen, bis ich einschlafe?« »Na gut, aber nicht länger!«

Huber klärt seinen Sohn über ökonomische Zusammenhänge auf: »Alles, was selten ist, ist teuer. Ein gutes Pferd ist selten. Darum ist es teuer.« »Aber Papa«, wendet der Sohn ein, »ein gutes Pferd, das billig ist, ist doch noch seltener.«

Die Mutti sagt zu ihrem kleinen Sohn: »Aber Benni, man darf doch den Zeigefinger nicht in die Nase stecken.« »Warum nicht?«, fragt Benni. »Welchen Finger soll ich denn dann nehmen?«

Bei einem Zoobesuch sagt die Mutter besorgt zu ihrer kleinen Tochter: »Liebes, geh sofort von dem Löwen weg!« Meint die Kleine treuherzig: »Wieso, Mutti, ich tue ihm doch gar nichts.«

Sagt der kleine Michel zu seinem Bruder: »Du hast aber dreckige Fingernägel!« »Na und, ich bin schließlich zwei Jahre älter als du!«

Der kleine Peter starrt im Stadtbus einen Mann an, der einen Kropf hat. Dieser lässt sich das eine Zeit lang gefallen, dann sagt er: »Wenn du mich noch lange anstarrst, fresse ich dich!«
Darauf Peter: »Schluck doch erst mal den anderen runter!«

Fridolin jammert am Mittagstisch:
»Ich wünschte, ich wäre Omi Erna!«
Seine Mutter fragt verwundert nach:
»Wie kommst du denn darauf?«
Der Bub blickt verlegen auf die Tischdecke:
»Na ja, dann würde ich keine Ohrfeige bekommen, wenn ich beim Essen schmatze!«

Der kleine Junge kommt weinend in den Kindergarten: »Zu Weihnachten wünsche ich mir einen kleinen Hund, aber meine Eltern wollen mir keinen kaufen!«
Tröstend legt ihm sein Sandkastenfreund den Arm um die Schulter: »Mir ging es letztes Jahr genauso«, sagt er, »mach's doch einfach wie ich: Wünsch dir ein Geschwisterchen und – schwups – bekommst du einen kleinen Hund!«

Mäxchen kommt mit einem Stapel Büchern unterm Arm ins Wohnzimmer. »Papi, hilfst du mir bei den Hausaufgaben?«, fragt er seinen Vater. »Ich muss einen Aufsatz über einen komischen Kerl namens Hamlet schreiben, und ich weiß nicht einmal, wer er war und was er gemacht hat.« Sagt der Vater: »Natürlich könnte ich dir sagen, wer Hamlet war. Besser wäre es jedoch, du würdest es selbst erarbeiten. Also hol dir die Bibel aus dem Regal und sieh nach!«

Ein kleiner Junge hat sich in einem großen Einkaufszentrum verlaufen. Unter Tränen fragt er eine Verkäuferin: »Haben Sie vielleicht eine Frau ohne Sohn gesehen, der so aussieht wie ich?«

Philipp hat seit wenigen Tagen Verstärkung in der Familie: Er hat ein kleines Brüderchen bekommen. Sein Freund fragt ihn eines Tages auf dem Schulweg, wem das Baby denn ähnlich sähe. Meint Florian: »Also, die Augen hat es von Papi, das Grübchen unterm Kinn von Mami, und die Stimme von einem Feuerwehrauto!«

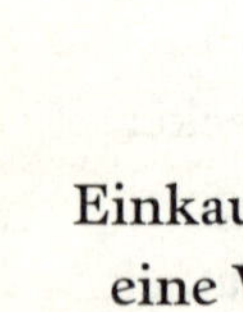

Paulchen darf heute mit Tante Else ins Museum. Vor einem großen Stillleben bleibt der Kleine stehen und starrt unentwegt auf die Signatur: »Du, Tante Else, warum machen alle Maler ihr Zeichen unten auf die Bilder?«
Die Tante grübelt eine Weile und sagt: »Damit die Leute vom Museum wissen, wie sie das Bild aufhängen müssen!«

Die Mutter wickelt ihrem Sohn fürsorglich
einen Schal um den Hals, packt sein Pausenbrot
in den Schulranzen und streicht ihm dann
zum Abschied über den Kopf:
»Sei vorsichtig auf dem Schulweg, mein Junge!
Und mach vor allem keinen Unsinn!«
Der Sohn: »Keine Sorge Mami, erst in der Schule!«

Die Mutter tröstet ihren Sprössling:
»Na, wer wird denn weinen. Was ist denn
passiert?« Schluchzt der Kleine: »Der Papi hat sich
mit dem Hammer auf den Daumen gehauen.«
Wundert sich die Mutter:
»Deshalb brauchst du doch nicht zu heulen.«
»Zuerst hab ich ja auch gelacht ...«

Fritz wird im Kommunionunterricht gefragt,
ob er schon die Bibel gelesen habe.
»Nein, Herr Pfarrer. Ich warte, bis der Film
ins Kino kommt!«

Der Vater nimmt seinen Sohn ins Gebet: »Deine schulischen Leistungen lassen ganz schön nach, mein Sohn. Weißt du eigentlich, was aus Burschen wie dir wird, wenn sie, statt die Schulbank zu drücken, nur auf dem Bolzplatz rumtollen?«
Der Sohn nickt eifrig mit dem Kopf:
»Klar, Papi, berühmte Fußballspieler und mehrfache Millionäre!«

Der Vater predigt seinem Sohn zum x-ten Mal:
»... und merk es dir endlich,
ich will nie mehr eine Lüge von dir hören!
Hast du verstanden?«
»Klar, Papi.«
Da klingelt das Telefon.
»Geh bitte hin«, sagt der Vater zu
seinem Sohn, »und wenn es für mich ist,
dann sag, ich sei nicht da!«

Unmutig schüttelt der Vater über seinen stinkfaulen Sohn den Kopf: »Sag mal, kannst du denn überhaupt irgendwas richtig machen?«
»Klar, Papi! In der Schule bin ich für die anderen ein abschreckendes Beispiel!«

Mit stolzem Gesichtsausdruck kommt Lars von seiner ersten Englischstunde nach Hause und prahlt vor seiner Mutter: »Ich kann sogar schon ›bitte‹ und ›danke‹ auf Englisch sagen!«
»Toll, mein Junge! Auf Deutsch konntest du das bisher noch nicht!«

Lieschen kommt freudestrahlend nach Hause. Stolz zeigt sie ihrer Mutter eine kleine Schachtel: »Mami, der Papi hat mir eine Schildkröte gekauft. Die Verkäuferin hat gesagt, bei guter Pflege wird die fast zweihundert Jahre alt!«
Darauf die Mutter: »Na, da bin ich aber mal gespannt!«

»Schläft Papi schon?«, fragt Hannelore ihren Sohnemann.
»Noch nicht ganz«, antwortet der kleine Junge.
»Also, dann schlummert Papi nur?«, fragt die Mutter verwundert nach.
»Nee, aber Papi sagt, dass ihm die Füße schon eingeschlafen sind!«

Anna macht mit ihren Eltern
einen Spaziergang und
fragt ihren Vater:
»Du, Papi, schlafen Fische eigentlich auch?«
Darauf der Vater: »Natürlich, mein Kleines,
im Flussbett!«

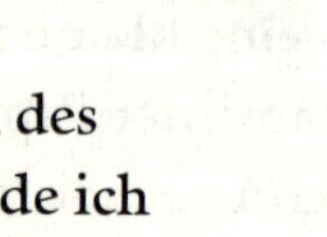

Helga fährt jedes Wochenende
aufs Land, um bei Bauer Fridolin
frische Eier zu holen.
Einmal trifft sie auf den Sohn des
Hauses und fragt ihn: »Wo finde ich
denn deinen Vater?«
Darauf der Junge: »Ach, der ist
im Schweinestall. Sie erkennen
ihn bestimmt an seinem Hut!«

Ulrike steigt mit ihren Sprösslingen in den Bus ein und fragt den Busfahrer:
»Muss ich für die Kinder auch zahlen?«
»Unter sechs nicht!«
Ulrike erleichtert: »Gut, ich habe nur zwei!«

Jürgen hat zu Weihnachten eine Digitaluhr bekommen. Als er in der Schule von seinem Freund nach der Uhrzeit gefragt wird, meint er mit längerem Blick auf die Uhr:
»Zwölf geteilt durch siebzehn. Aber ausrechnen musst du es selbst!«

Suppenkasper Evi sitzt mit einem Schmollmund vor ihrem vollen Teller.
Die Mutter tadelt sie:
»Was meinst du, was mit kleinen Mädchen passiert, die ihre Suppe nicht aufessen?«
Evi trotzig: »Die bleiben schlank, werden Mannequin und kaufen sich einen feinen Pelz!«

Das Nesthäkchen Heidi fragt ihren Vater: »Du, Papi, bitte erlaube mir doch endlich, dass ich den Führerschein machen kann. Ich bin jetzt schließlich alt genug!« »Du schon«, erwidert der Vater, »aber unser Wagen noch nicht!«

Die kleine Marion schreibt über Lappland: »Dort wohnen zwei Sorten Menschen. Die reichen Lappen, die fahren im Rentiergespann. Die armen Lappen gehen zu Fuß. Daher der Name ›Fußlappen‹. Auch wohnen dort die Menschen sehr dicht beieinander. Daher das Sprichwort: ›Es läppert sich zusammen.‹«

Mantafahrerwitze

Eine Frau kommt in ein Eisenwarengeschäft und verlangt ein Stück Draht. »Wofür brauchen Sie denn den Draht?«, fragt der Verkäufer.
»Ich habe den Schlüssel in meinem Manta stecken lassen – und muss nun mit dem Draht das Fenster öffnen.«
Der Verkäufer, neugierig geworden, geht mit. Die Frau biegt den Draht und versucht das Fenster zu öffnen.
Drinnen sitzt ihr Typ und gibt Anweisung: »Links, mehr links – etwas rechts ...«

Kommt ein Mantafahrer in die Bäckerei,
»Gib mir mal zwei Brötchen.«
Darauf die Verkäuferin:
»Wie war doch das Zauberwort?«
Der Mantafahrer: »Ey.«

Sagt ein Mantafahrer im Geschäft:
»Ich hätte gern eine grüne Deutschlandfahne.«
Sagt die Verkäuferin: »Wieso grün?
Deutschlandfahnen sind doch schwarz-rot-gold.«
Der Mantafahrer: »Okay, dann nehme
ich eine goldene Fahne.«

Mantatreffen. Ein Manta kommt mit einem goldenen Pokal auf der Motorhaube an. Da wird der Fahrer dieses Mantas gefragt:
»Ey, wo hast du denn den Pokal her?«
Sagt der: »Ich hab in der Mathematik-Olympiade der Mantafahrer den ersten Platz gemacht!«
»Und was war die Aufgabe?«
»Wir mussten ausrechnen, wie viel 4 mal 9 ist!«
»Und was hast du geantwortet?«
»4 mal 9 ist 40.«
»Das ist doch falsch, ey«, meint darauf wieder sein Kumpel.
»Kann schon sein, aber ich war von allen am Nächsten dran ...«

Was sagt ein Mantafahrer beim Zahnarzt?
»Ey, boah, ey.«

Was sagt ein Mantafahrer an der Tankstelle?
»Ey, Super, ey.«

Warum sollen Mantas jetzt nur noch achtzig Zentimeter breit gebaut werden?
Damit die Fahrer auch rechts den Arm heraushängen können.

Warum werden die Mantas jetzt mit durchsichtigen Kotflügeln gebaut?
Damit man die Cowboystiefel besser sieht.

Warum werden die Mantas jetzt mit dreieckigem Gaspedal gebaut?
Damit die Cowboystiefel besser draufpassen.

Warum soll der Manta jetzt neun Meter hoch gebaut werden?
Damit man ihn acht Meter tiefer legen kann.

Was bleibt übrig, wenn ein Manta ausbrennt?
Ein Goldkettchen und eine heulende Friseurin.

Warum werden Mantas ohne
Schiebedach ausgeliefert?
Welcher Mensch hat schon drei Arme.

Ein Mantafahrer fährt auf der Autobahn.
Er schaut in den Rückspiegel und sieht einen
Kadett GSI herannahen. Er denkt sich:
»Na warte, du kriegst mich nicht.«
Und steigt voll aufs Gas. 160 ... 180 ... 200.
Der GSI ist immer noch hinter ihm.
Bei 220 fällt der GSI ganz langsam zurück.
Der Mantafahrer: »Ey, GSI, watt is los?«
Der GSI-Fahrer: »Kennst du dich mit GSIs aus?«
Der Mantafahrer: »Na, sicher, ey.«
Der GSI-Fahrer: »Wo ist denn hier der zweite Gang?«

Warum hat die Garagenwand eines
Mantafahrers einen roten Rallyestreifen?
Weil er beim Hineinfahren immer vergisst,
den Arm hereinzunehmen.

Was bedeuted das GTE hinten auf dem Manta?
Getuned, ey.

Warum werden Mantas jetzt mit acht Scheinwerfern gebaut?
Damit die Mantafahrer auch in der Nacht ihre Sonnenbrille aufsetzen können.

Ein Manta- und ein Porschefahrer unterhalten sich:
Porschefahrer: »Was ist doof und hat vier Beine?«
Mantafahrer: »Keine Ahnung.«
Porschefahrer: »Du und deine Freundin.«
Am anderen Tag trifft der Mantafahrer einen Sciroccofahrer.
Mantafahrer: »Was ist doof und hat vier Beine?«
Sciroccofahrer: »Keine Ahnung.«
Mantafahrer: »Ich und meine Freundin!«

Warum wird der Manta jetzt drei Meter breit gebaut?
Damit die Boxen von zu Hause hineinpassen.

Was ist der kleinste Teil des Mantas?
Das Hirn des Fahrers.

Es treffen sich drei Krokodile. Sagt das erste: »Mann, ich habe gestern einen Porschefahrer gefressen, der lag mir so schwer im Magen, ich konnte den ganzen Tag nicht mehr schwimmen.« Sagt das zweite: »Das ist ja noch gar nichts. Ich habe vor zwei Wochen einen Golffahrer gefressen, der lag mir so schwer im Magen, ich kann heute noch nicht wieder schwimmen.« Sagt das dritte: »Das ist überhaupt nichts. Ich habe gestern einen Mantafahrer gefressen, der war so hohl, ich kann seitdem nicht mehr tauchen!«

Kommt ein Mantafahrer in die Pommes-Bude.
»Ey, mach mir ma ne Pommes.«
»Willste wat drauf?«
»Ey, komm, ey, pass auf, watte sachs.«

Ein Mantafahrer fährt gegen einen Baum.
Er rettet sich mit Müh und Not aus
dem Wagen, als dieser Feuer fängt, und beginnt
laut zu jammern:
»Mann ey, mein schöner neuer Manta.«
Hält ein Mercedesfahrer und sagt:
»Junge, vergiss den Wagen, sieh mal deine Beine.
Du hast nur noch eins.«
Sagt der Mantafahrer:
»Mein Gott, die schönen Cowboystiefel.«

Treffen sich ein Manta und ein Kuhfladen.
Sagt der Manta: »Ich bin ein Sportwagen.«
Darauf der Kuhfladen: »Wenn du ein
Sportwagen bist, bin ich eine Sachertorte.«

Vor kurzem wurde ein
Mantafahrer verhaftet.
Er hatte keine Dauerwelle.

Sagt ein Sciroccofahrer zum Mantafahrer:
»Ich habe mir einen Duden gekauft.«
Sagt der Mantafahrer: »Schon eingebaut?«

Warum haben die Mantafahrer immer einen Beistelltisch dabei?
Damit können sie an der Ampel mit dem GSI-Fahrer armdrücken.

Ein Mantafahrer fährt rückwärts einen Berg hoch. Da hält ihn ein Polizist an und fragt, was das soll. Der Mantafahrer: »Ganz einfach, ey. Da oben wohnt meine Perle, und die hat gesagt, da wäre kein Platz zum Wenden. Da fahr ich dann schon mal rückwärts rauf, dann kann ich vorwärts wieder runterfahren.«
Nach zwei Stunden sieht der Polizist den Mantafahrer wieder den Berg hinunterfahren, aber rückwärts. Er bekommt vom Mantafahrer die Erklärung:
»Ey, meine Perle hat mich verarscht, da konnte man doch wenden!«

Was sagt ein Mantafahrer, wenn er im Winter an der Tankstelle vorfährt?
»Ey, voll tanken und einmal Ellenbogen freikratzen, ey!«

Die Ostfriesen bauen in der Wüste eine Brücke.
Plötzlich sagt einer: »Sagt mal, wir sind doch blöd.
Wir bauen hier eine Brücke, obwohl hier
doch gar kein Fluss ist. Wir könnten
die Brücke eigentlich wieder abreißen.«
Sagt ein anderer: »Geht leider nicht mehr.
Da oben stehen schon zwei Mantafahrer,
die angeln.«

Manni, ein rasender Mantafahrer
und nebenbei noch Automechaniker,
unterwegs mit seiner neuen Flamme.
Als es plötzlich dunkel wird, erschrickt
das Mädel gewaltig.
»Keine Angst«, erklärt ihr Manni,
»wir unterqueren nur einen
Tanklastzug!«

Der Ascona-Fanclub hat beschlossen, jeden
Sommer in Ascona ein Treffen zu veranstalten.
Der Monza-Fanclub hat beschlossen, jedes Jahr
in Monza ein Treffen zu veranstalten.
Nur die Mantafahrer suchen Manta immer
noch vergeblich auf der Italienkarte.

Kommt eine gute Fee zu einem Mantafahrer: »Du hast drei Wünsche frei.«
Sagt der Mantafahrer:
»Also, als Erstes hätte ich gern eine Schachtel Zigaretten, die niemals leer wird.«
Er bekommt eine Schachtel, macht sie auf, nimmt eine heraus, und es sind immer noch 20 Stück in der Schachtel.
»Toll, ey«, sagt er, »als Nächstes hätte ich gern noch zwei davon.«

Warum werden Mantafahrer nur mit Kaiserschnitt geboren?
Die kommen sonst mit ihren abgewinkelten Armen nicht durch.

Was sagt ein Mantafahrer, der aus dem Fenster stürzt?
»Ey, Hilfe, ey!«

Kommt ein Mantafahrer zu McDonald's.
»Ein Hähnchen!« Sagt die Bedienung: »Chicken.«
Sagt der Mantafahrer: »Nee, hier essen.«

Ein Mantafahrer ist im Durchschnitt
1,80 m groß.
Wie groß sind zwanzig übereinander
gestellte Mantafahrer?
1,80 m – die sind so hohl, die kann
man ineinander schachteln.

Warum werden Mantas jetzt nur
noch mit Automatik gebaut?
Damit die Fahrer auch einen Fuß
heraushängen können.

Warum haben Mantas immer so rostige Türen?
Wegen des Achselschweißes.

Ein Mantafahrer fährt im Wald gegen einen Baum.
Totalschaden. Er steigt aus und schimpft:
»Und ich hab noch gehupt!«

Was singen Mantafahrer zu Weihnachten?
»Boah, du fröhliche« und
»Ey, Tannebaum.«

Ein Mantafahrer trifft einen
Mann im elektrischen Rollstuhl.
»Ey, wie schnell iss'n der?«
Rollstuhlfahrer: »So circa 6 km/h.«
Mantafahrer: »Mann, ey, da kannste
ja gleich zu Fuß gehen.«

Sechzehn Mantafahrer stehen vor dem Kino.
Warum gehen sie nicht rein?
Der Film ist erst ab achtzehn.

Zwei Mantas stehen an einer roten Ampel. Es wird grün – ohrenbetäubender Lärm! Der eine Manta zieht so irrsinnig los, dass der andere nicht mitkommt. Frustriert tuckert er hinterher, bis er den anderen nach etwa zwei Kilometern im Straßengraben liegen sieht. »Ein richtiger Mantafahrer hilft einem Kollegen«, denkt er sich und steigt aus, um dem anderen zu helfen. Gerade als er die Tür öffnen will, knallen ihm Schrotkugeln um die Ohren. Der Schütze springt aus dem Gebüsch: »Ey, du! Weg von meinem Manta, deine Ersatzteile musst du dir selber schießen!«

Mathe- und Physikwitze

$\pi = 3{,}14$

Es gibt drei Sorten von Mathematikern:
die einen können bis drei zählen,
die anderen nicht.

Mathematiker sterben nicht,
sie verlieren nur einige ihrer Funktionen!

Kommt ein Vektor zur Drogenberatung:
»Hilfe, ich bin linear abhängig.«

Drei Statistiker gehen auf die Jagd.
Nach einer Weile sehen sie ein Kaninchen.
Der erste zielt, schießt und schießt links vorbei.
Der zweite zielt, schießt und schießt rechts vorbei.
Ruft der dritte: »Getroffen!«

Algebraische Symbole werden benutzt,
wenn man nicht mehr weiß, worüber man redet.

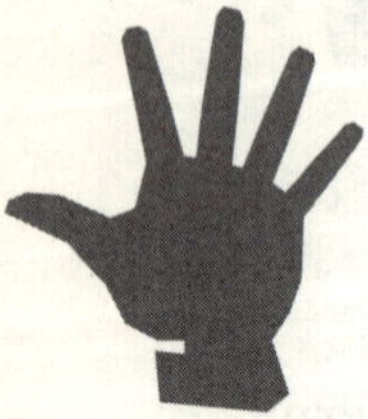

Wie befreit sich ein Mathematiker
aus einem geschlossenen Käfig?
Er definiert: Hier ist außen.

Was ist der Lieblingsfilm eines
jeden Mathematikers?
Das schweigende Lemma.

Welches Tier kann addieren? Ein Oktoplus.

Was haben ein Mathematiker und
ein Physiker gemeinsam? Beide sind dumm,
mit Ausnahme des Mathematikers.

Fünf von vier Leuten haben Probleme
mit Mathematik. Oder:
Vier von zehn Leuten haben keine Ahnung
von Statistik! Das sind fast 75 Prozent!

Ein Physiker ist jemand, der jeden technischen Defekt erklären, aber nicht reparieren kann.

Zwei Mathematiker und zwei Physiker fahren zusammen mit der Bahn zu einem Kongress. Auf der Hinfahrt unterhalten sie sich über die Systematik des Fahrkartenverkaufs, wobei die Mathematiker erwähnen, dass sie nur eine Fahrkarte für zwei Personen brauchen. Als nach einiger Zeit sich der Schaffner nähert, gehen die beiden Mathematiker zusammen aufs Klo. Kurz darauf klopft der Schaffner an die Tür und verlangt die Fahrkarte. Die Mathematiker schieben sie unter der Tür durch, und alles ist in Ordnung. Auf der Rückfahrt haben die Physiker dazugelernt und auch nur eine Fahrkarte gekauft. Die Mathematiker dagegen haben keine! Wiederum nähert sich bald der Schaffner, und die Physiker begeben sich aufs Klo. Sofort geht ihnen ein Mathematiker nach und klopft an die Tür: »Die Fahrkarte, bitte!« Was lernen wir daraus? Die Physiker wenden mathematische Verfahren an, ohne sie wirklich zu verstehen.

Zwei Mathematiker sitzen in einer Bar:
Einer sagt zum anderen, dass der Durchschnittsbürger nur wenig Ahnung von Mathematik habe.
Der andere ist damit nicht einverstanden und meint, dass doch ein gewisses Grundwissen vorhanden sei.
Als der Erste mal kurz austreten muss, ruft der Zweite die blonde Kellnerin und erklärt, dass er sie in ein paar Minuten, wenn sein Freund zurück sei, etwas fragen werde, und sie möge doch bitte auf diese Frage mit »ein Drittel x hoch drei« antworten.
Etwas unsicher bejaht die Kellnerin und wiederholt im Weggehen mehrmals:
»Ein Drittel x hoch drei ...«
Der Freund kommt zurück, und der andere meint: »Ich werde dir mal zeigen, dass die meisten Menschen doch etwas von Mathematik verstehen. Ich frage jetzt die blonde Kellnerin da, was das Integral von x zum Quadrat ist.« Der andere lacht nur und ist einverstanden.
Also wird die Kellnerin gerufen und gefragt, was das Integral von x zum Quadrat sei.
Sie antwortet: »Ein Drittel x hoch drei.«
Und im Weggehen dreht sie sich noch einmal um und meint: »Plus c.«

Ein Matheprofessor erzählt: Philosophie ist ein Spiel mit Zielen, aber ohne Regeln. Mathematik ist ein Spiel mit Regeln, aber ohne Ziele.

Der schlimmste Tick ist der Mathema-Tick.

Der Professor hält eine Anfängervorlesung und beginnt, wie es sich gehört, mit Logik. Zunächst erklärt er, was man unter einer »Aussage« versteht: Eine Aussage ist ein Text, dessen Inhalt entweder wahr oder falsch ist. Als Beispiel nennt er den Satz: »Karl ist krank.« In diesem Augenblick fällt ihm ein, dass er unbedingt einen lebenden Menschen namens Karl braucht, auf den sich der Satz bezieht. Andernfalls könnte man den Satz weder als wahr noch als falsch bezeichnen, er wäre also gar keine Aussage. Um den Schaden schnell wieder gutzumachen, fragt er in den Saal: »Ist jemand unter Ihnen, der Karl heißt?« Sekundenlange Stille!
Dann eine Stimme aus dem Hintergrund: »Der ist krank!«

Ein Mathematiker übernachtet in einem Hotel. Nachts wacht er auf und stellt fest, dass der Flur in Flammen steht. Allerdings hängt direkt neben ihm ein Feuerlöscher. Was wird er wohl tun? Er legt sich wieder ins Bett, denn dieses Problem ist ja trivial!

Ein Experimentalphysiker, ein theoretischer Physiker und ein Mathematiker diskutieren, ob es besser ist, eine Frau oder nur eine Freundin zu haben. Der Experimentalphysiker: »Freundin, da kann man verschiedene durchprobieren.« Der theoretische Physiker: »Frau, wegen der Sicherheit.« Der Mathematiker: »Ich bin für beides. Wenn ich nicht bei meiner Frau bin, denkt sie, ich wäre bei der Freundin, bei meiner Freundin ist es umgekehrt, und so kann ich ungestört in die Bibliothek gehen.«

»Entweder ich betreibe Mathematik,
dann muss ich die Wirklichkeit vergessen …
oder ich betreibe Physik, dann muss ich
die Mathematik vergessen.«

Man sperrt einen Ingenieur, einen Physiker und einen Mathematiker nur mit einem Stück Kreide und einer Dose Nahrung in einen Raum. Nach fünf Tagen schaut man nach allen.
Der Ingenieur hat die Dose tausende Male gegen die Wand geworfen, die Wand ist ziemlich lädiert, aber die Dose ist offen, der Ingenieur hat gegessen und hat überlebt.
Beim Physiker ist die halbe Wand mit Formeln und Rechnungen beschmiert, ein Loch ist in der Wand, die Dose ist offen, und er hat überlebt.
Als man beim Mathematiker nachsieht, findet man ihn tot neben der geschlossenen Dose.
Die Wände sind voll mit Berechnungen und Beweisen ... Als man diese näher betrachtet, findet man am Anfang die Aussage:
»Angenommen, die Dose ist offen ...«

Physikprofessor zum Studenten:
»Fährt eine Straßenbahn eigentlich
mit Gleich- oder mit Wechselstrom?«
Student: »Mit Wechselstrom!«
Professor: »Aber müsste sie dann
nicht immer hin- und herfahren?«
Student: »Aber das tut sie doch!«

Ein Physiker, ein Mathematiker und ein Statistiker fahren mit dem Zug durch die Lüneburger Heide. Auf einer Weide sehen sie zwei Schafe, ein weißes und ein schwarzes.
Der Physiker: »In der Lüneburger Heide ist die Hälfte aller Schafe schwarz.«
Der Mathematiker: »Falsch. In der Lüneburger Heide gibt es mindestens ein schwarzes Schaf.«
Der Statistiker: »Falsch. In der Lüneburger Heide gibt es mindestens ein Schaf, das auf einer Seite schwarz ist.«

Statistik ist die mathematische Form der Lüge.

Ein Schüler, ein Student und ein Mathematiker bekommen die Aufgabe, zwei und zwei zusammenzuzählen. Der Schüler nimmt einen Bleistift und schreibt: »2 + 2 = 4«. Der Student nimmt seinen Taschenrechner und erhält nach fünf Minuten das Ergebnis: »4«. Der Mathematiker rechnet eine ganze Stunde. Dann sagt er: »Erstens: Es existiert eine Lösung. Zweitens: Sie ist eindeutig. Drittens: Die Lösungsmenge ist eine Teilmenge der reellen Zahlen.«

Ein Mathematiker bekommt einen leeren Topf, einen Wasserhahn und einen Herd und soll Wasser zum Kochen bringen. Diese praktische Aufgabe stellt für den Mathematiker ein großes Problem dar, aber schließlich erinnert er sich schwach daran, wie das seine Mutter früher in der Küche gemacht hat, und nach einigen Versuchen löst er das Problem.
Am nächsten Tag bekommt er eine etwas abgeänderte Aufgabe: Er hat einen Topf mit kaltem Wasser und soll kochendes Wasser erzeugen. Was tut unser Mathematiker? Er gießt das Wasser aus und hat die Sache damit auf ein schon gelöstes Problem reduziert.

Kommt ein Mathematikstudent in ein Fotogeschäft: »Guten Tag! Ich möchte diesen Film entwickeln lassen.«
Verkäuferin: »Neun mal dreizehn?«
»117. Wieso?«
Kommt ein Mathematikprofessor in ein Fotogeschäft. »Guten Tag! Ich möchte diesen Film entwickeln lassen.«
Verkäuferin: »Zehn mal fünfzehn?«
»Ja, das ist lösbar. Wieso?«

Wie verhindere ich, dass ich in ein Flugzeug einsteige, in dem Terroristen eine Bombe gelegt haben? Ganz einfach! Ich nehme selber eine mit. Die statistische Wahrscheinlichkeit, dass in einem Flugzeug zwei Bomben sind, ist sehr gering.

Prüfungstag in Physik. Auf der Heizung liegt ein Ziegelstein. Der Prüfling betritt den Raum. Prüfer: »Warum ist der Stein auf der der Heizung abgewandten Seite wärmer?« – Prüfling: »Äh, das hat was mit der Wärmeleitung zu tun.« Prüfer: »Falsch! Ich habe ihn gerade umgedreht.«

Wie viele Quantenmechaniker braucht man, um eine Glühbirne zu wechseln? Man braucht einen Quantenmechaniker, um die Glühbirne wahrscheinlich zu wechseln.

Eine Frau ist mit einem Mathematiker verheiratet. Als sie zu ihm sagt: »Ich liebe dich!«, lässt er sich scheiden. Warum? Sie hätte sagen müssen: »Ich liebe dich und nur dich!«

Stelle ein paar Personen die Frage:
»Was ist zwei mal zwei?«, und du wirst folgende Antworten erhalten:
Der Ingenieur zückt seinen Taschenrechner, rechnet ein bisschen und meint schließlich: »3,999999999.«
Der Mathematiker wird sich einen Tag in seine Stube verziehen und dann freudestrahlend mit einen dicken Bündel Papier ankommen und behaupten: »Das Problem ist lösbar!«
Der Logiker: »Bitte definiere zwei mal zwei präziser.«
Der Hacker bricht in den NASA-Supercomputer ein und lässt den rechnen.
Der Psychiater: »Weiß ich nicht, aber gut, dass wir darüber geredet haben ...«
Der Buchhalter wird zunächst alle Türen und Fenster schließen, sich vorsichtig umsehen und fragen: »Was für eine Antwort wollen Sie hören?«
Der Jurist: »Vier, aber ich weiß nicht, ob wir vor Gericht damit durchkommen.«
Der Politiker: »Ich verstehe Ihre Frage nicht ...«

Frage: Wo stellt sich ein Mathematiker hin, wenn es kalt ist? Antwort: In eine Ecke. Da sind 90 Grad.

Ein Mann zu einem Mathematiker:
»Ich finde Ihre Arbeit ziemlich monoton.«
Mathematiker:
»Mag sein! Dafür ist sie aber stetig
und unbeschränkt.«

Ein Physiker, ein Mathematiker und ein Wirtschaftswissenschaftler werden vor die Aufgabe gestellt, die Höhe eines Kirchturms zu ermitteln. Wie machen sie es?
Der Physiker natürlich mit einem Stein und der Stoppuhr.
Der Mathematiker berechnet die Höhe, indem er die Strahlensätze mit Hilfe seines Daumens anwendet.
Der Wirtschaftswissenschaftler gibt dem Pastor zehn Euro für die Antwort.

Der Mathematikprofessor zum Studenten:
»Der Briefträger läuft 12 km/h und der Dackel
16 km/h, die Entfernung beträgt fünfzig Meter.
Wann überholt der Dackel den Briefträger?
Lösen Sie das Problem zeichnerisch.«
Student: »Ich kann aber keinen Dackel zeichnen ...«

Ein Physiker hängt ein Hufeisen über der Eingangstür zu seinem Labor auf. Seine Kollegen sind überrascht und fragen ihn, ob er glaube, dass es seinen Experimenten Glück bringen werde. Er antwortet: »Nein, ich halte nichts von solchem Aberglauben. Aber man hat mir gesagt, dass es sogar dann hilft, wenn man nicht daran glaubt.«

»Die Ehe des Professors soll sehr unglücklich sein, habe ich gehört!«
»Wundert mich nicht. Er ist Mathematiker, und sie ist unberechenbar.«

Ein Ingenieur denkt, dass Gleichungen eine Annäherung an die Realität sind. Ein Physiker denkt, dass die Realität eine Annäherung an die Gleichungen ist. Einem Mathematiker ist es egal.

Der Lehrer schreibt 3:3 an die Tafel.
»Wer kann mir sagen, was hier herauskommt?«
Antwort eines Schülers:
»Klarer Fall: Unentschieden!«

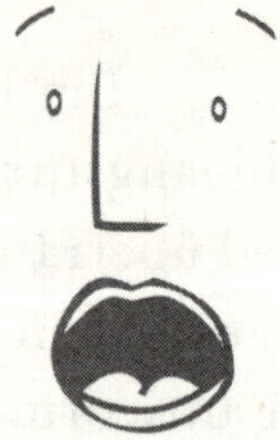

Der Lehrer fragt:
»Marion, wie viel ist vier und vier?«
Marion: »Acht.«
»Richtig, zur Belohnung bekommst du acht Bonbons von mir.«
»Wenn ich das gewusst hätte«, entgegnet Marion, »hätte ich hundert gesagt!«

Fragt die Lehrerin in der fünften Klasse:
»Welche Zahlen von eins bis zehn kann man durch zwei teilen?«
»Alle«, antwortet die Tochter eines Mathematiklehrers.

»Passt gut auf!«, sagt der Lehrer. »Wenn zehn Maurer zum Bau eines Hauses hundert Tage brauchen, dann brauchen hundert Maurer für dieselbe Arbeit nur zehn Tage. Habt ihr das begriffen?«
»Ja!«, ruft die Klasse. »Jetzt nennt mir ein anderes Beispiel!«, sagt darauf der Lehrer. Eine Zeit lang herrscht Schweigen, dann meldet sich Daniel am hintersten Tisch: »Wenn ein Schiff nach New York fünf Tage braucht, dann brauchen fünf Schiffe nur einen Tag!«

Mündliche Prüfung in Physik. Der erste Kandidat kommt rein und wird vom Prüfer gefragt: »Was ist schneller, das Licht oder der Schall?«
Antwort: »Der Schall natürlich!«
Prüfer: »Können Sie das begründen?«
Antwort: »Wenn ich meinen Fernseher einschalte, kommt zuerst der Ton und dann das Bild.«
Prüfer: »Sie sind durchgefallen. Der Nächste bitte.«
Der Nächste kommt herein und erhält die gleiche Frage. Antwort: »Das Licht natürlich!«
Prüfer (erleichtert über die Antwort): »Können Sie das auch begründen?«
Antwort: »Wenn ich mein Radio einschalte, dann leuchtet erst das Lämpchen und dann kommt der Ton.«
Prüfer: »Raus! Sie sind auch durchgefallen! Rufen Sie den Letzten rein!«
Zuvor holt sich der Professor eine Taschenlampe und eine Hupe. Vor dem Kandidaten macht er die Taschenlampe an und gleichzeitig hupt er.
Prüfer: »Was haben Sie zuerst wahrgenommen, das Licht oder den Schall?«
Antwort: »Das Licht natürlich.«
Prüfer: »Können Sie das auch begründen?«
Antwort: »Na klar! Die Augen sind doch weiter vorn als die Ohren.«

Wie viele Physiker braucht man,
um eine Glühbirne einzuschrauben?
Einen, aber vierhundert bewerben sich!

Ein Schüler findet zwanzig Euro und gibt sie seinem Mathelehrer.
Der Schüler fragt: »Gibt es dafür nicht zehn Prozent Finderlohn?«
Darauf der Lehrer: »Sei nicht so gierig, hier hast du fünf Euro, und nun halt den Mund!«

Musikerwitze

An der Tür des Saales hing ein Schild:
»Hunde müssen draußen bleiben.«
Nach dem Konzert konnte man die
handschriftliche Ergänzung lesen:
»Der Tierschutzverein.«

Ein blindes Kaninchen und
eine blinde Schlange stoßen zusammen.
»Entschuldigung, ich hab dich nicht bemerkt,
ich bin nämlich blind.«
»Das macht nichts, ich bin ebenfalls blind.«
Beide beschließen, sich gegenseitig zu befühlen,
um einen Eindruck voneinander zu bekommen.
»Du bist weich und warm, und diese Ohren ...
Du musst ein Kaninchen sein!«
»Stimmt genau. Moment,
du bist kalt und glatt,
du musst ein Dirigent sein!«

Fragt ein Musiker den Pförtner: »Warum fällt heute die Probe aus?« »Der Dirigent ist gestern an einem Herzinfarkt gestorben.« Nach einer Weile kommt der Musiker wieder: »Warum fällt heute die Probe aus?« »Ich habe Ihnen doch schon erklärt, dass der Dirigent gestorben ist. Warum fragen Sie das denn immer wieder?« »Ach, wissen Sie, ich kann es nicht oft genug hören!«

Der Dirigent schimpft immer mehr über den Klang des Orchesters, bis es komplett den Einsatz verweigert. Der Konzertmeister erklärt dem Dirigenten: »Sehen Sie, so klingt ein Taktstock!«

Zwei reiche Damen im Konzert. Sagt die eine über den Tenor im engen Kostüm: »Der hat aber ein tolles Organ.« Darauf die andere: »Stimmt, aber er singt auch nicht schlecht!«

Warum kann ein Dirigent gefahrlos
seine Finger in eine Steckdose stecken?
Weil Dirigenten schlechte Leiter sind ...

Eine betagte Sängerin erzählt:
»Wie unterschiedlich die Menschen doch auf Musik reagieren. Als ich heute zu Hause probte, warf ein Mensch mir einen Stein ins Fenster, und ein anderer rief ganz laut Bravo!«

Was machst du mit einem Bläser, der nicht spielen kann? Gib ihm zwei Stöcke, setz ihn nach hinten, und sag ihm, er sei ab jetzt Schlagzeuger.
Was macht man, wenn er das auch nicht kann?
Nimm ihm einen Stock weg, stell ihn nach vorne, und sag ihm, er sei ab jetzt Dirigent.

Ein Musiker zum anderen: »Der Dirigent hat dich gerade so angesehen – ob er gemerkt hat, dass du einen falschen Ton gespielt hast?«
»Keine Angst, ich habe so zurückgeschaut, als ob ich richtig gespielt hätte.«

Was ist der Unterschied zwischen
Robotern und Dirigenten?
Roboter sind manchmal richtig menschlich.

Warum gibt es in Orchestern immer mehrere
Schlagzeuger?
Damit wenigstens einer bei der Probe da ist.

Welches ist das Lieblingslied der Schlagzeuger?
»One Moment In Time.«

Treffen sich zwei Gitarristen. Sagt der eine:
»Hab mir letztens 'nen Duden gekauft.«
Fragt der andere: »Und? Wie klingt er?«

Woran erkennt man,
dass ein Schlagzeuger an die Tür klopft?
Es wird schneller ...

Wie nennt man Leute, die ständig mit
Schlagzeugern herumhängen? Taub.

Warum sind die Kessel am Schlagzeug so groß?
Damit die Schlagzeuger sie auch treffen.

Der kürzeste Musikerwitz?
Ein Musiker geht an einer
Kneipe vorbei.

Was heißt Tonmeister auf Arabisch?
Ali mach ma' Hall!

Warum sind die Musiker so fleißige Leute?
Weil sie im Akkord arbeiten.

Wie viele Altistinnen braucht man,
um eine Glühbirne einzuschrauben?
Zwei: eine schraubt, die andere fragt:
»Ist dir das nicht zu hoch?«

Wie viele Sinfonien hat Beethoven geschrieben?
Vier. Die Zweite, die Fünfte, die Siebte
und die Neunte.

Der Starkritiker einer angesehenen Zeitung verpasst in einem kleinen Provinzstädtchen seinen Anschlusszug. Wie er so überlegt, was man machen könnte, kommt ihm die Idee, doch in die Oper zu gehen. Es wird eine Oper mit Tenorsolo gespielt, und der Kritiker bekommt tatsächlich noch eine Restkarte für die erste Reihe des ausverkauften Hauses. Der Tenor, ein alter Mann, total abgesungen, singt sein Solo. Anschließend donnernder Applaus, »Bravo«-Rufe: »Da capo! Da capo!« Der Kritiker versteht das nicht. Als der Tenor unter großen Mühen nochmals sein Solo gesungen hat und das Publikum ihm mit brausendem Applaus dankt, wiederum mit Zwischenrufen: »Da capo! ...«, wendet sich der Kritiker an seinen wild klatschenden Nachbarn und fragt: »Na hören Sie mal, der Mann ist doch grottenschlecht! Wieso wollen die Leute ihn denn noch mal hören?« Darauf der Nachbar begeistert: »Ja, das wissen wir schon lange, aber heute machen wir ihn fertig!«

Was macht ein Tenor, wenn der
Regen an ein Fenster prasselt?
Er verbeugt sich.

Treffen sich zwei Tenöre an der Bar. Sagt der eine mit gestütztem Ton: »Ich habe gerade meine Stimme versichern lassen!«
»Ach, und was machst du mit dem vielen Geld?«

Warum gibt es über Altistinnen keine Witze?
Es gibt Dinge, über die macht man keine Witze!

»Kennst du den Sänger Dieter Müller?«
»Klar doch. Ich bin einer seiner größten Gönner!«
»Gestern bei seinem Auftritt wurde er aber ganz furchtbar ausgepfiffen!«
»Das gönne ich ihm!«

Vor einer vierwöchigen Konzerttournee fällt der Dirigent plötzlich aus. Ein Bratschist springt ein und rettet die Tournee. Als er danach wieder an seinen Platz zurückkommt, sagt sein Nachbar: »Hallo, schön, dich wieder zu sehen, wo warst du denn in den letzten vier Wochen?«

Wie erkennt man in einem
Gesangsensemble den Tenor?
Ganz einfach – das ist der einzige Sänger,
der das Notenblatt verkehrt herum hält.

Welche Musik lieben die Schotten?
Den Rock.

Ein Musikfreund erklärt seinem Freund:
»Orgel und Klavier unterscheiden sich
vor allem dadurch, dass an der Orgel
die größeren Pfeifen sitzen!«

Nachdem die Sopranistin vorgesungen hat, sagt der Dirigent: »Sehr schön, das gefällt mir, das interessiert mich. Ich möchte Sie gern irgendwann für ein Konzert engagieren, Sie werden von mir hören!«
Die Sopranistin überglücklich: »Das ist ja wunderbar, ich freue mich so sehr! Aber etwas möchte ich Sie noch fragen, was sagen Sie einer Sängerin, die Ihnen nicht gefällt?«
Der Dirigent: »Das Gleiche!«

Wie viele Sopranistinnen braucht man,
um eine Glühbirne einzuschrauben?
Vier! Eine schraubt; die anderen sagen:
»Das hätte ich aber viel besser gekonnt!«

Ein Musiker zum anderen:
»Du, wir haben jetzt eine CD produziert.«
»So, und was habt ihr schon verkauft?.«
»Ich mein Haus, und der Sänger sein Auto.«

Welcher Musiker ist am klügsten?
Der Pauker.

Was ist los, wenn aus einem Haufen Sand oben ein Cowboyhut und ein Banjohals herausschauen?
Zu wenig Sand!

In einem äußerst vornehmen Hotel
lässt ein Kellner ein Tablett mit Tellern fallen.
Sofort rast der Geschäftsführer zum
Leiter der Hausband und herrscht ihn an:
»Ich habe doch gesagt: keinen Jazz!«

Wer nicht mehr die erste Geige spielen darf, kann immerhin noch Trübsal blasen.

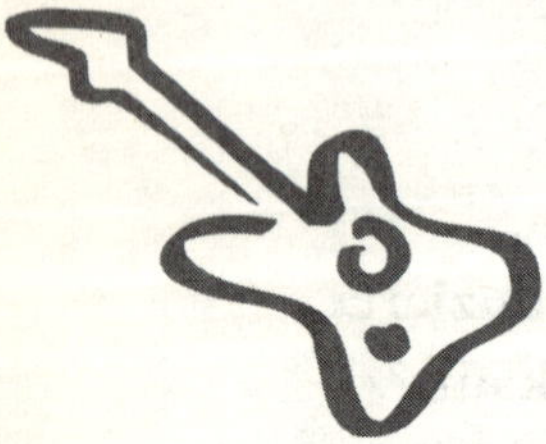

Warum ist der Flügel so schwer?
Damit er nicht wegfliegt.

Wie bringt man einen Gitarristen dazu, leiser zu spielen? Man legt ihm ein Notenblatt vor. Und wie bringt man ihn dazu, mit dem Spielen aufzuhören? Man schreibt Noten drauf.

Dialog in einer Jazzband.
Bassist zum Pianisten: »Pssst, du, ey, wo sind wir?«
Pianist: »Das geht dich doch nichts an!«

Hubers im Konzert. Der Pianist sitzt mit dem Rücken zum Publikum.
Flüstert Frau Huber ihrem Mann zu:
»Ist das Mozart?«
»Ich bin mir nicht ganz sicher«, sagt ihr Mann, »du musst halt warten, bis er sich umdreht!«

Ostfriesenwitze

Warum stellen sich Ostfriesen
nachts bei Gewitter ans Fenster?
Sie denken, sie werden fotografiert.

Warum hängen die Ostfriesen die Toilettentür aus?
Damit keiner durch das Schlüsselloch schauen kann.

Warum haben die Ostfriesen
einen flachen Hinterkopf?
Weil ihnen beim Trinken
immer der Toilettendeckel
auf den Hinterkopf fällt.

Warum essen die Ostfriesen
keine Gewürzgurken?
Weil sie mit dem Kopf nicht ins Glas kommen.

Wie fangen die Ostfriesen Fliegen?
Sie jagen sie auf den Speicher und nehmen dann die Leiter weg.

Warum sitzen die Ostfriesen mit Salz und Pfeffer vor dem Fernseher?
Weil sie das Bild schärfer machen wollen.

Warum haben die Ostfriesen nach dem Wochenende immer tiefe Kratzer im Gesicht?
Weil sie versucht haben, mit Messer und Gabel zu essen.

Warum stehen die Ostfriesen mit einem Messer auf dem Damm?
Weil sie »in See stechen« wollen.

Was benötigen Ostfriesen, um das Licht auszuschalten?
Einen Stein und ein Streichholz. Mit dem Stein werfen sie die Lampe aus, und mit dem Streichholz schauen sie nach, ob es auch wirklich aus ist.

Bei der Ostfriesen-Olympiade kommen die Zuschauer nicht mehr aus dem Staunen heraus. Fragt einer der Zaungäste einen Athleten: »Warum ziehen Sie denn das Seil hinter sich her?« Antwortet der Kraftprotz: »Schieben geht nicht, ich hab's nämlich schon probiert!«

Wie machen die Ostfriesen ihre Milch warm?
Sie halten ein Feuerzeug unter die Kuh.

Die Ostfriesen haben China den Krieg erklärt.
»Wir haben zwei Panzer und 150 Soldaten.«
China antwortet: »Okay, angenommen. Wir
haben 15 000 Panzer und 50 Millionen Soldaten.«
Ostfriesland telegrafiert zurück:
»Wir müssen doch absagen, haben nicht
genug Platz für die Kriegsgefangenen.«

Meldung einer ostfriesischen Zeitung:
»Eine einmotorige Cessna ist auf
einen Friedhof nahe Aurich abgestürzt.
250 Tote sind schon geborgen –
die Suche geht weiter.«

Drei Ostfriesen laufen durchs Feld. Auf einmal bleiben sie vor einem Kuhfladen stehen.
Der erste Ostfriese: »Igitt! Ein Kuhfladen!«
Der zweite: »Quatsch, das ist Schokopudding!«
Der dritte: »Ach, ihr habt doch keine Ahnung! Das ist Karamellpudding!«
Meint der erste: »Dann müssen wir halt probieren!« Er nimmt ein bisschen auf den Finger und probiert. »Ihh! Ich hab doch gleich gesagt, das ist ein Kuhfladen!«
Der zweite probiert auch und sagt: »Stimmt, hast Recht. Das ist Kuhfladen!«
Der dritte probiert auch: »Ist ja eklig! Das ist ein Kuhfladen!«
Darauf alle drei im Chor: »Haben wir ein Glück, dass wir da nicht reingetreten sind!«

Die Touristen werden von einem Ostfriesen bei Hochwasser an den Deich geführt. Auf dem Wasser schwimmt ein Hut. »Ach, ist da jemand ertrunken?«, fragt der Tourist. Die Antwort des Ostfriesen: »Nein, das ist unser Opa, der mäht bei jedem Wetter.«

Ein Ostfriese kommt in den Baumarkt und will eine Leiter kaufen. Die Verkäufer denken sich: Wir können dem doch nicht einfach so eine Leiter verkaufen, wir müssen oben ein Stoppschild anbringen, sonst passiert was. Am nächsten Tag sehen sie den Ostfriesen wieder, den Kopf verbunden, die Arme gebrochen. »Oh Gott, was ist denn Ihnen passiert?« »Ja«, sagt der Ostfriese, »das war so: Ich kletterte die Leiter rauf, da kam oben ein Stoppschild. Ich sah nach links, dann nach rechts, es kam nichts ...«

Eine Ladentür im hohen Norden geht auf.

A: »Moin, Moin!«
B: »Moin, Moin.«
A: »Gib's Gips?«
B: »Gips?«
A: »Gips!«
B: »Gips gib's moin!«
A: »Moin?«
B: »Moin!«
A: »Moin, Moin!«
B: »Moin, Moin.«

Ein ostfriesischer Blitzrechner ist im Fernsehen. Moderator: »Hier haben wir einen Ameisenhaufen. Wie viele Ameisen sehen Sie?« Ohne zu zögern meint der Ostfriese: »2753.« Moderator: »Wie haben Sie das denn so schnell gemacht?« »Ganz einfach: Beine gezählt und durch 6 geteilt ...«

Warum sind Ostfriesen-Gehirne bei Transplantationen so begehrt? Weil sie so wenig gebraucht sind.

Hat die Technik in Ostfriesland Einzug gehalten? Nein – die Bürgersteige werden nachts weiterhin hochgeklappt.

Die Kuh eines ostfriesischen Bauern ist krank. Besorgt fragt er seinen Nachbarn: »Was hast du denn damals deiner Kuh gegeben, als sie so krank war?« »Salmiakgeist.« Gesagt, getan. Nach einer Woche besucht der Bauer seinen Nachbarn. »Meine Kuh ist tot«, sagt er. Darauf dieser: »War meine damals auch.«

Ein Ostfriese will ein paar Bäume fällen, und da ihm das entsprechende Werkzeug fehlt, geht er einkaufen. Der Verkäufer bietet ihm eine Motorsäge an, mit der man locker vierzig Bäume am Tag fällen kann.
Der Ostfriese ist beeindruckt und nimmt das Ding.
Zwei Tage später kommt er zurück zum Verkäufer und schimpft: »Also, das mit der Säge klappt ja gar nicht. Einen halben Baum habe ich mit dem Ding geschafft, mehr ging nicht!«
Verkäufer: »Das kann doch gar nicht sein, zeigen Sie die Säge mal her.«
Er nimmt das Teil und zieht am Starter. »Wrummm ...«
Ostfriese: »Was ist denn das für ein Geräusch?«

»Warum soll man als Tourist nicht mit einem blauen Auto nach Ostfriesland fahren?«
»Weil es da Leute gibt, die um alles Blaue einen Deich bauen!«

Warum gibt es in Ostfriesland keine Trecker?
Weil Trecker nicht auf Hü und Hott reagieren.

Der Liebesbrief eines Ostfriesen
beginnt wie folgt:
»Ich liebe du, ich kann ohne deiner nicht bin ...«

Die beiden Ostfriesen Mattes und Hannes sitzen auf einem Brückengeländer und haben Langeweile. Da hält ein schicker Wagen, und ein Mann fragt: »Ist dies der Weg nach Aurich?«
Die beiden sagen nichts. Da denkt der Mann, vielleicht können die beiden kein Deutsch und stellt seine Frage auf Englisch.
Die beiden antworten nicht. Da fragt der Mann auf Französisch.
Die beiden gucken nur dumm und sagen nichts.
Da fährt der Mann weiter.
Sagt Mattes zu Hannes: »Hast du gemerkt, der konnte drei Sprachen.«
»Und«, sagt Hannes, »was hat es ihm geholfen?«

Warum gehen die ostfriesischen Jungen mit Holzschuhen zum Tanz?
Die Holzschuhe eignen sich als Trinkgefäß, Angriffswaffe und können auf der Flucht schnell ausgezogen werden.

Warum warten die Ostfriesen
jahrelang auf ihre Fotos?
Weil sie ihre Filme in die
Entwicklungsländer schicken.

Wissen Sie, wie die Ostfriesen früher
das Hochdeutsche nannten?
Lütters, denn sie kannten diese Sprache
nur aus der Bibelsprache Martin Luthers.

Zwei Kandidaten, darunter ein schwerhöriger Ostfriese, sind im Finale eines Fernseh-Quiz. »Wer die nächste Frage richtig beantwortet, hat das Quiz gewonnen«, erklärt der Moderator. Die Frage lautet: »Wer hat die Dampfmaschine erfunden?« – Der betagte Ostfriese: »Watt?«

Jan trifft Otto: »Otto, sag mal,
warum ist dein Opa so unfreundlich?
Gestern hat er mich nicht gegrüßt!«
Sagt Jan: »Der ist doch schon lange tot.
Wir stellen ihn nur noch wegen der
Rente ab und zu vor die Tür.«

Woran erkennen die Ostfriesen
die Himmelsrichtung?
Den Norden riechen sie wegen der
Doornkaatfabrik, den Süden erkennen sie an
der Dunstglocke des Ruhrgebiets,
den Unterschied zwischen Ost und
West kennen sie nicht.

Warum stehen die Ostfriesen
immer mit vorgebeugtem Kopf da,
wenn sie sich unterhalten?
Sie warten darauf, dass bei ihnen
der Groschen fällt.

Warum sind die Ostfriesen vor den Amerikanern
und den Russen die fortschrittlichsten Menschen?
Sie waren schon vor zehn Jahren
hinter dem Mond.

Warum schläft in Ostfriesland
die gesamte Familie in einem Bett?
In allen anderen Betten
schlafen die Feriengäste.

Warum stirbt in Ostfriesland
das Klootschießen aus?
Weil den Ostfriesen untersagt worden ist,
hierfür die Köpfe der erschlagenen
Feinde zu nehmen.

Unglück in Emden:
Elf Männer sind beim Anschieben
eines U-Bootes ertrunken.

Warum wird Ostfriesland im Osten von der
Weser und im Westen von der Ems begrenzt?
Damit die Marschmänner die Kultur jenseits
der Flüsse nicht zerstören können.

Warum lacht der Ostfriese so selten?
Weil er befürchtet, dass man ihn
für vergnügungssüchtig hält.

Und warum lacht er wirklich so selten?
Weil er die Ostfriesenwitze
schon länger kennt als wir.

Warum gibt es in Ostfriesland zwei Sorten Kühe?
Die Schwarzen sind die Milch-,
die Braunen die Kakaolieferanten.

Warum haben die Mücken in Ostfriesland so lange Rüssel? Weil die Ostfriesen so ein dickes Fell haben.

Warum werden in Ostfriesland so viele Mottenkugeln gebraucht?
Weil die Ostfriesen so schlecht zielen.

Brief einer ostfriesischen Mutter:
»Lieber Onno! Deine Schwester bekommt ein Baby! Da noch nicht raus ist, ob es ein Junge oder ein Mädchen wird, weiß ich auch nicht, ob du jetzt Onkel oder Tante wirst.«

Warum gehen die Ostfriesen nur mittags auf die Toilette?
Weil dann die Fliegen in der Küche sind.

Zwei Schweine und ein Ostfriese
in einem Raumschiff.
»NASA an Schwein eins: Antenne ausfahren!«
»Schwein eins an NASA: Antenne ausgefahren.«
»NASA an Schwein zwei: Triebwerke starten!«
»Schwein zwei an NASA: Triebwerke gestartet.«
»NASA an Onno: ...«
»Onno an NASA: Ich weiß schon,
Schweine füttern und bloß nichts anfassen!«

Kennen Sie den Lebenslauf der Ostfriesen?
Sie werden im Moor gezeugt, im Moor wachsen
sie auf, als Moorleichen werden sie beerdigt.

Warum hat sich ein Ostfriese nicht mit
seinem Messer gewehrt, als ein Hai ihn angriff?
Er hatte gehört, dass man Fisch
nicht mit dem Messer essen soll.

Warum stehen den Ostfriesen die
Haare senkrecht vom Kopf weg?
Weil dann das Wasser besser ablaufen kann,
wenn sie an den Bäumen hängen und schlafen.

Warum jodeln die Würmer
auf den Friedhöfen in Ostfriesland?
Doppelkorn bringt sie in Stimmung.

Warum können die Ostfriesen
nicht ins Ausland fahren?
Weil sie die grüne Versicherungskarte
gefressen haben.

Warum gibt es in Ostfriesland
so wenig Hirnspezialisten?
Weil die dort arbeitslos wären.

Wie oft lacht ein Oldenburger,
wenn er einen Ostfriesenwitz hört?
Dreimal! Das erste Male wenn er erzählt wird,
das zweite Mal, wenn er erklärt wird
und das dritte Mal, wenn er ihn verstanden hat.

Wussten Sie schon, dass Ostfriesland ganz hübsch
anzusehen wäre, wenn es im Tessin liegen würde?

Warum gibt es erst südlich von
Ostfriesland eine Autobahn?
Weil die Ostfriesen vorher die
Mindestgeschwindigkeit
sowieso nicht erreichen.

Warum gehen die ostfriesischen Polizisten
immer mit zwei Mann auf Streife?
Weil einer nur lesen und der andere
nur schreiben kann.

Warum sind die Insulaner
die klügsten Menschen der Welt?
Weil sie von allen anderen sagen:
»Der ist so dumm wie ein Badegast.«

Die Kuh Emma von Bauer Lütje ist krank.
Er sagt zu seinem Knecht Wilhelm:
»Schau ihr mal ins Maul.«
Der Bauer schaut hinten hinein und
fragt den Knecht: »Siehst du mich?« – »Nein.«
»Dann muss die Emma
Darmverschlingung haben.«

Warum sprechen die Ostfriesen lieber
Plattdeutsch als Hochdeutsch?
Weil sie im Hochdeutschen immer ›mir‹ und
›mich‹ und ›mein‹ und ›dein‹ verwechseln.

Warum gibt es so viele
Spökenkieker (Hellseher) in Ostfriesland?
Weil die Ostfriesen nie um sich,
sondern immer nur in sich gucken.

Warum haben die Ostfriesen
so lange Zehennägel?
Damit sie den Deich besser hochkommen.

Was macht ein Ostfriese bei Ebbe?
Er verkauft das Watt als Bauland
an Investoren aus Süddeutschland.

Warum war ein
ostfriesischer Tierzuchtspezialist
neulich Mitglied der Apollo-5-Besatzung?
Er sollte vier Mondkälber fangen.

Politikerwitze

Der Bundeskanzler und sein Finanzminister spazieren durch die Berliner Innenstadt. Bundeskanzler: »Sehen Sie sich diese Preise an: eine Hose 10 Euro, ein Mantel 15 Euro und ein ganzer Anzug 25 Euro! Da sieht man deutlich den Erfolg unserer Wirtschaftspolitik!«
Der Finanzminister erblasst über so viel Sachkunde. »Mensch, Herr Bundeskanzler – das ist das Schaufenster einer chemischen Reinigung.«

Fritzchen schreibt einen Brief an den lieben Gott: »Bitte, bitte, schick mir 100 Euro!« Der Post fällt nichts Besseres ein, als den Brief an den Bundeskanzler zu schicken. Der schickt Fritz fünf Euro. Fritzchen antwortet:
»Danke, lieber Gott! Aber warum hast du das Geld über den Bundeskanzler geschickt? Der hat doch glatt 95 Prozent Steuern einbehalten!«

»Wissen Sie, warum Minister so
ungern mit dem Zug fahren?«
»Nein.«
»Weil die Schaffner immer rufen:
Bitte zurücktreten!«

Was ist der Unterschied zwischen einer Telefonzelle und der Bundesregierung?
Bei einer Telefonzelle muss man erst zahlen und dann wählen.

Ein Reporter fragt den Bundeskanzler:
»Was sagten Sie doch neulich in Ihrer
großen Rede über die Arbeitslosigkeit
in den neuen Bundesländern?«
»Ich? Nichts!«
»Natürlich, ich wollte nur wissen,
wie Sie es formuliert haben.«

In einer Berliner Kantine:
»Warum lernt unsere Gesundheitsministerin denn plötzlich Italienisch?«
»Na, weil sie mit ihrem Latein am Ende ist!«

Helmut Kohl überfliegt einen Brief.
Darin steht geschrieben:
»I don't know it.«
Kohl geht zu seiner Sekretärin und fragt:
»Was heißt eigentlich: ›I don't know it‹?«
Sekretärin: »Ich weiß es nicht!«
Kohl: »Schade, dann muss ich
jemand anderen fragen.«

Der Präsident soll die
Olympischen Spiele eröffnen.
Er nimmt seinen Zettel mit der
Rede zur Hand und beginnt zu lesen:
»Null, null, null, null, null ...«
Beugt sich sein Berater zu ihm
vor und sagt: »Herr Präsident,
die olympischen Ringe gehören
nicht zur Rede!«

Der Bundeskanzler will einen
arbeitslosen Architekten trösten:
»Wenn ich nicht Kanzler wäre,
dann würde ich auch Häuser bauen.«
Der Architekt:
»Wenn Sie nicht Kanzler wären,
würde ich das auch!«

»Herr Minister, ich freue mich, Sie kennen zu lernen. Ich habe schon viel von Ihnen gehört.«
»Aber beweisen können Sie mir nichts!«

Kommt eine ältere Dame in eine Bank und will dort ein Sparbuch eröffnen. Sie möchte gern 1000 Euro einzahlen.
Dame: »Ist mein Geld bei Ihnen denn auch sicher?«
Kassierer: »Aber selbstverständlich!«
Dame: »Und was ist, wenn die Bank pleite macht?«
Kassierer: »Dann kommt die Landeszentralbank dafür auf!«
Dame: »Und was, wenn die auch pleite macht?«
Kassierer: »Dann steht die Bundesbank dafür gerade!«
Dame: »Und wenn die ebenfalls pleite macht?«
Kassierer: »Dann tritt die Bundesregierung zurück, und das sollte Ihnen nun wirklich 1000 Euro wert sein!«

Helmut Kohl verabschiedete sich nach seiner China-Reise auf dem Pekinger Flughafen mit den Worten: »Ich bin ein Pekinese!«

Das Telefon klingelt.
Müller meldet sich.
Der Anrufer: »Oh, Entschuldigung,
da habe ich wohl falsch gewählt.«
Müller: »Das macht doch nichts. Man weiß ja
auch gar nicht mehr, wen man wählen soll ...«

Die Regierung beabsichtigt, endlich die Steuererklärung radikal zu vereinfachen. Es wird ein Formular mit nur noch zwei Punkten zugestellt:

- Wie hoch war im Vorjahr Ihr Einkommen?
- Überweisen Sie uns diese Summe auf folgendes Konto ...

Warum spielt Helmut Kohl
nie Verstecken?
Weil ihn keiner sucht.

Der Bundeskanzler ist entführt worden. Die Entführer verlangen eine Milliarde Euro – andernfalls lassen sie ihn wieder frei.

Was ist der Unterschied zwischen
einem Politiker und einem Bikini?
Keiner.
Jeder fragt sich, wer ihn hält, und
bestimmte Leute hoffen, dass er fallen wird!

Der Lehrer fragt, was eine Katastrophe ist.
Fritzchen meldet sich:
»Wenn mein Hamster stirbt!«
»Nein«, erklärt der Lehrer. »Das wäre ein
Unglück, aber keine Katastrophe.
Eine Katastrophe wäre beispielsweise,
wenn die komplette Regierung bei einem
Flugzeugabsturz ums Leben käme.«
Meint Fritzchen: »Das wäre dann aber
wiederum kein Unglück!«

Der Dorfbürgermeister wird einstimmig wiedergewählt. Danach nimmt ihn ein Parteifreund zur Seite: »Du hättest dich doch nicht auch noch selbst wählen müssen. Du weißt doch, dass du dich auf uns verlassen kannst.« Grinst der Bürgermeister: »Aber ich kann doch bloß meinen eigenen Namen schreiben.«

Drei Jungen sind in Washington unterwegs, als sie in einem Teich einen Mann ertrinken sehen. Sie stürzen sich sofort ins Wasser und retten den Ertrinkenden. Am Ufer stellt sich heraus, dass der Gerettete George W. Bush ist. Der ist glücklich darüber, dass er nicht ertrunken ist und erklärt den Jungs, dass er ihnen je einen Wunsch erfüllen werde.
Der erste sagt:
»Ich wünsche mir ein Mountain-Bike.«
George antwortet:
»Okay, morgen geht einer meiner Sekretäre mit dir zum Fahrradhändler.«
Der zweite Junge wünscht sich einen Computer.
George antwortet:
»Okay, morgen geht einer meiner Sekretäre mit dir in ein Computer-Fachgeschäft.«
Der dritte sagt:
»Ich wünsche mir ein Staatsbegräbnis.«
»Moment, du bist doch noch zu jung, um ans Sterben zu denken«, entgegnet George.
»Ja«, antwortet der Junge. »Aber wenn mein Vater herausfindet, dass ich dich aus dem Teich gefischt habe, bringt er mich um.«

Im Bundestag soll ein großes Kängurugehege aufgebaut werden. Die Kängurus sollen nämlich den Politikern einmal zeigen, wie man auch mit leerem Beutel große Sprünge machen kann.

Alle schimpfen auf die Bundesregierung. Dabei tut sie doch gar nichts!

Was ist der Unterschied zwischen Bill Clinton und Gerhard Schröder? Schröder hat sie alle geheiratet!

Der Ministerpräsident macht einen Besuch auf einem Bauernhof und lädt dazu auch die Presse ein. Ein Fotograf knipst ihn im Schweinestall. Dann sagt er zu dem Fotografen:
»Dass ihr mir aber nicht so dummes Zeug unter das Bild schreibt, wie ›der Ministerpräsident und die Schweine‹ oder so!«
»Nein, nein, geht schon klar.«
Am nächsten Tag ist das Bild in der Zeitung und darunter zu lesen:
»Unser Ministerpräsident (3. v. l.)«

Ein deutscher Minister will über die Schweizer Grenze. Der Zöllner will seinen Personalausweis sehen. Der Minister hat ihn nicht dabei.
Der Zollbeamte:
»Wir hatten da mal zwei ähnliche Fälle. Einmal war Udo Jürgens hier. Der hatte auch keinen Pass dabei. Also haben wir ihn ein Lied singen lassen, da war die Sache klar. Der konnte dann weiterfahren. Oder Rudi Völler – auch ohne Pass. Der hat ein wenig mit dem Ball jongliert und wir ließen ihn ausreisen.«
Der Minister verzweifelt: »Aber ich kann doch nichts!«
Der Zollbeamte: »Alles klar, Sie können passieren!«

Wie schafft man es unter der Regierung Schröder an ein kleines Vermögen zu kommen? Man muss vorher ein großes gehabt haben!

»Wenn ein Politiker zu dir sagt: ›Wir sitzen alle in einem Boot‹, dann musst du wachsam sein.«
»Warum?«
»Er meint dann, dass er den Kapitän spielen will und du rudern sollst.«

Auf einer Propaganda-Tournee durch Amerika besucht Präsident George W. Bush eine Schule und erklärt dort den Schülern seine Regierungspolitik. Danach bittet er die Kinder, Fragen zu stellen.
Der kleine Bob ergreift das Wort:
»Herr Präsident, ich habe drei Fragen:
1. Wie haben Sie, obwohl Sie bei der Stimmenauszählung verloren haben, die Wahl trotzdem gewonnen?
2. Warum haben Sie den Irak ohne Grund angegriffen?
3. Denken Sie nicht, das die Bombe auf Hiroshima der größte terroristische Anschlag aller Zeiten war?«
In diesem Moment läutet die Pausenklingel, und alle Schüler laufen aus dem Klassenzimmer. Als sie von der Pause zurückkommen, lädt Präsident Bush erneut ein, Fragen zu stellen, und diesmal ergreift Joey das Wort.
»Herr Präsident, ich habe fünf Fragen:
1. Wie haben Sie, obwohl Sie bei der Stimmenauszählung verloren haben, die Wahl trotzdem gewonnen?
2. Warum haben Sie den Irak ohne Grund angegriffen?

3. Denken Sie nicht, das die Bombe auf Hiroshima der größte terroristische Angriff aller Zeiten war?
4. Warum hat die Pausenklingel heute zwanzig Minuten früher geklingelt?
5. Wo ist Bob?«

Vor dem Kanzleramt ist ein Rentner gestürzt.
Der Kanzler hilft ihm auf und sagt:
»Dafür müssen Sie mich das nächste Mal wählen.«
Antwortet der Rentner:
»Ich bin vielleicht auf den Rücken, aber doch nicht auf den Kopf gefallen!«

Die amerikanische Post hat die Verdienste von George W. Bush gewürdigt, sein Konterfei ziert eine Briefmarke.
Im täglichen Betrieb zeigt sich jedoch, dass diese Briefmarke nicht auf den Briefen hält. Die eingesetzte Untersuchungskommission kommt nach wenigen Monaten zu folgendem Ergebnis:
1. Die Briefmarke ist völlig korrekt.
2. Der Kleber ist ebenfalls nicht zu beanstanden.
3. Die Kunden spucken nur auf die falsche Seite ...

In einem Londoner Klub sitzen einige
ältere Herren schweigend um einen Tisch.
Der erste seufzt.
Der zweite tut einen noch tieferen Seufzer.
Der dritte stöhnt laut auf.
Da sagt der vierte: »Könntet ihr endlich mal
aufhören zu politisieren?«

Der britische Verkehrsminister will England
ein Stückchen weiter europäisieren:
Er will den Rechtsverkehr einführen.
Weil er sich aber noch nicht ganz sicher ist,
ob das wirklich eine so gute Idee ist, gibt es
zunächst einmal eine Übergangsregelung:
In den ersten vier Wochen
fahren nur die Busse rechts ...

Der Ehekrach ist in vollem Gange.
Ruft sie wütend:
»Du hättest Politiker werden sollen.«
»Was soll denn das heißen?«
»Weil du nicht weißt, was du willst,
und wenn du etwas willst, dann kannst
du es nicht durchsetzen.«

Polizistenwitze

Welche Leute haben ständig ein Abführmittel?
Polizisten mit Handschellen.

Tom unterhält seinen Kegelstammtisch mit einer interessanten Frage: »Was haben Polizisten und Tausend-Euro-Scheine gemeinsam?«, will er von der geselligen Runde wissen. Ratlose Gesichter, alles schweigt. »Na, so schwer kann das doch nicht sein«, muntert Tom seine Freunde auf. »Ich verrate es euch: Wenn ihr einen braucht, ist keiner da!«

Polizeikontrolle.
Der angetrunkene Fahrer säuselt:
»Ich habe nur Tee getrunken.«
Darauf der Polizist:
»Dann haben Sie mindestens 1,8 Kamille ...«

Ein Junge findet auf der Straße einen Gummiknüppel. Ein paar Meter weiter steht ein Polizist.
Kleiner Junge: »Ist das Ihr Gummiknüppel?«
Polizist schaut nach:
»Nee, meinen hab ich verloren.«

Aus einem Polizeiprotokoll:
»... dann durchfuhr ich mit hohem Tempo die Kurve, geriet über die Fahrbahn hinaus, durchbrach einen Gartenzaun, raste durch mehrere Blumenbeete, überschlug mich dreimal – und verlor die Gewalt über meinen Wagen.«

Ein Betrunkener torkelt aus einer Kneipe auf den Parkplatz und tastet bei den Autos auf den Dächern herum. Das sieht ein Passant und fragt ihn, was er da macht.
»Ich sssuche mein Aut-to!«
»Guter Mann, so werden Sie Ihr Auto nie finden! Erstens erkennt man dadurch weder Farbe noch Automarke, und das Kennzeichen können Sie so auch nicht lesen!«
»D-Das macht nichtss! D-Da mmusss irgendwwoo ein Blaulicht drauf sein!«

Polizeikontrolle:
»Pusten Sie mal ins Röhrchen«, sagt der Polizist.
»Nee«, antwortet der Autofahrer.
»Sie, Sie pusten jetzt!«
»Nee!«
»Sie, wenn Sie jetzt nicht pusten, dann puste ich für Sie! Aber dann haben Sie 3,5 Promille!«

Ein Mann trifft einen Polizisten und fragt ihn: »Herr Wachtmeister, darf man eigentlich zu einem Polizisten ›Rindvieh‹ sagen?«
»Aber nicht doch!«, sagt der Beamte.
»Aber man darf zu einem Rindvieh ›Herr Wachtmeister‹ sagen?«
»Na ja, das wohl schon«, sagt dieser.
»Na, dann auf Wiedersehen, Herr Wachtmeister!«

Verkehrskontrolle. Der Fahrer hat keine Papiere. Fragt der Polizist: »Wie heißen Sie?«
»Rudi Völler.« – »Sie halten mich wohl für blöd! Ihren richtigen Namen bitte!«
»Sigmund Freud.«
»Na also, geht doch! Dass man immer erst drohen muss ...«

Ein Verkehrspolizist sieht einen Betrunkenen,
der völlig schräg über die Straße läuft.
Er spricht ihn an:
»Na, wie gehen wir denn richtig über die Straße?«
Der Betrunkene rechtfertigt sich lallend:
»Hmmm, ich denke diagonal!«
»Und warum machen wir das dann nicht auch?!«

Zwei Polizisten sehen den Radrennfahrern zu:
»Junge, wäre da ein Geld zu machen«,
sagt der eine. »139 Räder ohne Lampe.«

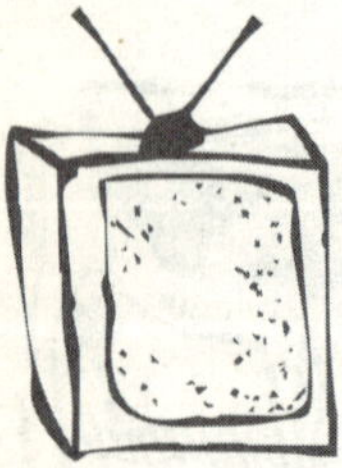

»Der Fernseh-Krimi gestern war spitze.
Einmalig. Völlig realistisch!
Haben Sie ihn auch gesehen?«
»Nein, was war denn daran so toll?«
»Weder die Polizei noch die Verbrecher
haben einen Parkplatz gefunden.«

Zwei ehemalige Verkäufer treffen sich.
»Du bist doch jetzt Polizeibeamter.
Was gefällt dir denn an dem Beruf besser?«
»Der Kunde hat nie Recht.«

Ein Fremder geht in Berlin auf einen Verkehrspolizisten zu, der mitten auf der Straße steht und fragt ihn: »Können Sie mir bitte sagen, wo die Linie 26 fährt?«
»Kann ich. Wenn Sie nicht gleich von den Schienen treten, fährt sie Ihnen ins Kreuz!«

In München erscheint ein Mann auf dem Polizeirevier und bittet, man möge ihm bei der Suche nach seiner Frau behilflich sein. Aus seinen Angaben geht hervor: Sie ist ihm vor fast 25 Jahren, am Tage nach der Hochzeit, davongelaufen.
»Und aus welchem Grund forschen Sie erst heute nach ihr?«, fragt man ihn.
»Nun, ich dachte mir, es wäre vielleicht ganz amüsant, wenn wir miteinander die Silberhochzeit feiern könnten!«

»Schießen Sie auf die Hose«, ruft der Ladeninhaber den Polizisten nach, die einen Ladendieb verfolgen.
»Die Jacke ist noch nicht bezahlt!«

Anruf bei der Polizei:
»Kommen Sie schnell, hicks, man hat mir
das Lenkrad an meinem Auto geklaut, hicks.«
Kurz darauf ein neuer Anruf:
»Hat sich erledigt, hicks, war hinten eingestiegen.«

Auf dem Polizeirevier klingelt das Telefon:
»Ist dort die Polizei?«
»Jawohl!«
»Dann bleiben Sie bitte dort, wo Sie sind, hicks, denn sonst bin ich meinen Führerschein los, hicks ...!«

Als Verkehrspolizist hat man es nicht leicht: Eines Tages ist eine Ampel ausgefallen, also regelt der Polizist den Verkehr und sperrt mit einer Handbewegung den Übergang für Passanten. Opa Paul kümmert das wenig, und er setzt seinen Weg über die Straße fort, ungeachtet der quietschenden Reifen. Darauf der Verkehrspolizist:
»Guter Mann, Sie haben Nerven, einfach so über die Straße zu gehen. Wissen Sie eigentlich nicht, was es bedeutet, wenn ich meine Hand hebe?«
»Doch, doch, Herr Wachtmeister«, meint Opa Paul, »schließlich war ich fast vierzig Jahre lang Lehrer!«

»Baden ist hier verboten!«,
erklärt der Polizist einer jungen Frau.
Darauf die junge Frau erbost:
»Warum haben Sie das nicht gesagt, bevor ich mich ausgezogen habe? Sie stehen doch schon die ganze Zeit hier herum.«
Darauf der Polizist: »Ausziehen ist nicht verboten.«

Polizist:
»Wenn das Licht nicht funktioniert, absteigen!«
Radfahrer: »Hab ich auch schon probiert, aber es geht trotzdem nicht!«

Erika, seit kurzem in Besitz des Führerscheins, versucht krampfhaft mit ihrem Wagen in eine Parklücke zu kommen. Peng – erst stößt sie vorn an die Stoßstange des anderen Autos. Peng – nun knallt sie auch noch gegen den hinteren Wagen. Ein Polizist klopft an die Fensterscheibe von Erikas Wagen: »Gutes Fräulein, darf ich Ihnen ein Tipp geben? Sie sollten lieber Billard spielen!«

Ein hübsches Mädchen radelt bei Rot über die Kreuzung. Der Polizist pfeift mehrmals und läuft hinter ihr her. Das Mädchen hält an. »Sagen Sie mal«, fragt der Polizist atemlos, »haben Sie mein Pfeifen nicht gehört?« »Doch, klar«, erwidert das Mädchen. »Aber ich habe doch schon eine Verabredung!«

Ein Polizist beobachtet, wie ein Mann ein Stück Papier achtlos auf die Straße wirft. »Sie, das ist verboten«, sagt er. »Das kostet fünf Euro Strafe!« Er kassiert das Geld und stellt eine Quittung aus. »Was soll ich denn mit dem blöden Wisch?«, knurrt der Mann und gibt ihn dem Polizisten: »Den können Sie wegwerfen!«

Der Landarzt fährt mit seiner Frau in einem Mordstempo durch die Ortschaft. Immer wieder mahnt sie ihn zur Mäßigung: »Liebling, fahr doch nicht so schnell. Jeden Moment könnte dich der Dorfpolizist erwischen, und dann redet das ganze Dorf über uns!« »Keine Sorge«, beruhigt sie ihr Mann, »dem Polizisten habe ich strengste Bettruhe verordnet!«

Ein aufgeregter Anrufer bei der Polizei:
»Herr Wachtmeister, ich stehe gerade am Flughafen, und in meinem Koffer tickt eine Bombe!«
Beruhigt ihn der Polizist: »Kein Grund zur Panik, guter Mann. Solange es tickt, haben Sie nichts zu befürchten!«

Verkehrskontrolle. Friedrich hat's mal wieder erwischt. Er kurbelt das Fenster herunter und lässt die Schimpftirade des Polizisten gelassen über sich ergehen: »Ihr Wagen«, meint der Polizist barsch, »ist völlig überladen. Sie kommen am besten mit auf die Wache. Dort können Sie auch gleich Ihren Führerschein abgeben!«
Friedrich erstaunt: »Sie machen aus einer Mücke einen Elefanten, Herr Wachtmeister! Der Führerschein wiegt doch höchstens 30 Gramm!«

»Wissen Sie eigentlich, was es heißt: Bei Promille Hände weg vom Steuer?«, belehrt der Polizist den Autofahrer.
»Sie machen wohl einen Scherz«, meint der Autofahrer. »Wenn ich betrunken bin, soll ich auch noch freihändig fahren, oder was?«

Ein Reporter wird von einem Polizisten vehement daran gehindert, den abgesperrten Tatort zu betreten. »Lassen Sie mich näher«, protestiert der Reporter, »ich muss darüber schreiben!«
»Bleiben Sie hinter der Absperrung«, weist der Polizist ihn erneut zurecht, »was passiert ist, können Sie morgen in der Zeitung lesen!«

Verkehrskontrolle. Kurt wird vom Polizisten aufgefordert, seine Fahrzeugpapiere und seinen Führerschein zu zeigen. Entnervt raunzt er den Polizisten an: »Mensch, was habt ihr bloß für einen Saustall auf dem Revier. Meinen Führerschein habe ich doch schon vorgestern Ihrem Kollegen gegeben!«

Ein Polizist fragt einen Penner, der mit einem Karton in der Hand durch den Park spaziert: »Was haben Sie denn da drin?«
Der Penner: »Küche, Wohn-, Schlafzimmer und Bad.«

Restaurantwitze

»Kellner, bitte bringen Sie mir das Essen,
das Sie der Dame am Nachbartisch serviert haben!«
»Bedaure, mein Herr, aber ich glaube nicht,
dass sie es sich wegnehmen lässt ...«

Ein Gast winkt dem Kellner:
»Herr Ober, ich habe jetzt schon
zehnmal den Gulasch bestellt!«
»Ja, bei so großen Mengen dauert es
eben ein bisschen länger, mein Herr!«

Ein junger Dichter im Restaurant.
Genüsslich kaut er an einem Stück zartem Fleisch,
hält den Bissen auf der Gabel verzückt vor sich
hin und sinniert: »Kalb?«
Der Ober:
»Welches Ende der Gabel meinen Sie?«

Der Gast sagt zum Kellner voller Anerkennung: »Das Muster auf der Butter sieht aber hübsch aus!« »Nicht wahr?«, antwortet der Kellner stolz. »Das habe ich mit meinem Taschenkamm gemacht.«

»Möchten Sie die Forelle blau essen?«, fragt der Ober. »Nein«, erwidert der Gast, »servieren Sie erst den Fisch und dann die Getränke!«

»Herr Ober, ein Glas Wasser bitte, der Witz war zu trocken ...«

Otto und Marga sitzen vorm Sonntagsbraten. Heute gibt es Sauerbraten, Spätzle und Soße. Mit einem etwas angeekelten Blick zieht Otto plötzlich einen Faden aus seinem Lieblingsgericht. »Wie kommt denn der Faden in die Soße?« Marga: »Ich habe alles genau nach dem Kochbuch gekocht. Dort steht, dass ich die Soße binden soll ...«

Hubert bestellt in der Kneipe 18 Pils.
Der Wirt schenkt kopfschüttelnd ein
und fragt den sonderbaren Gast:
»Im Vertrauen, mein Herr, aber was
wollen Sie denn mit 18 Pils – erwarten
Sie noch Ihre Fußballmannschaft?«
»Nein, aber draußen an der Tür steht doch
groß und deutlich ›Unter 18 kein Alkohol‹!«

Der Kellner zum Gast:
»Nehmen Sie einen Nachtisch?«
Gast zum Kellner: »Wieso? Fehlt einer?«

Alois sitzt in seiner Stammkneipe vor seinem Bierchen. Ein dringendes Bedürfnis meldet sich. Damit keiner in seiner Abwesenheit an seinem Bier nippt, klebt Konrad einen Zettel ans Glas: »Habe hineingespuckt!«
Als Konrad wenige Minuten später wieder kommt, steht darunter gekritzelt: »Ich auch!«

Der Arzt zum Schwertschlucker: »Ab sofort
strengste Diät! Nur noch Obstmesser!«

Der Gast bestellt in einem feinen Restaurant: »Ich hätte gern das Filet à la carte, genau 200 Gramm, und nicht zu roh!«
»Sehr wohl, mein Herr, und welche Blutgruppe soll das Rind haben?«

»Herr Ober«, beschwert sich ein Gast, »ich hatte eigentlich einen Schaumwein bestellt. Meiner schäumt überhaupt nicht!«
»Was haben Sie erwartet? Haben Sie etwa schon mal eine Ochsenschwanzsuppe wedeln sehen?«

Gast zum Ober: »Trinken Sie eigentlich?«
»Aber nein, mein Herr, wo denken Sie hin!«
»Dann brauchen Sie ja auch kein Trinkgeld.«

Inge lädt zum Essen ein. Nach dem mehrgängigen Menü bietet sie unter anderem auch Uli eine feine Zigarre an. Dieser lehnt höflich ab:
»Danke, sehr aufmerksam von Ihnen, aber ich genehmige mir diesen Luxus nur nach einem guten Essen!«

Beschwert sich ein Gast beim Kellner:
»Herr Ober, ich habe in meinem Brötchen
eine Schrotkugel gefunden!«
»Nanu! Da muss wohl jemand die Flinte
ins Korn geworfen haben!«

Ein älterer Mann bestellt im Restaurant
eine Tomatensuppe.
Kurz, nachdem der Ober die Suppe serviert hat,
moniert der Gast: »Herr Ober, in meiner Suppe
schlagen sich offensichtlich zwei Fliegen!«
»Mein Herr«, meint der Ober, »glauben Sie etwa,
für vier Euro sehen Sie einen Stierkampf?«

»Herr Ober, weshalb ist das Weinglas, das Sie
mir bringen, leer?«
»Na, mein Herr, wenn ich mich recht erinnere,
hatten Sie doch einen trockenen Wein bestellt?«

Eine Motte im Schnellrestaurant:
»Bitte – zack-zack – eine heiße Socke!
Ich habe den ganzen Tag noch nichts
Warmes in den Bauch bekommen!«

In einer Autobahnraststätte. Ein Brummifahrer genießt gemütlich seine Pause, als vier Rocker das Lokal betreten. Hämisch bauen sie sich vor dem Tisch des Fahrers auf, der erste isst dessen Bratkartoffeln, der zweite den Salat, der dritte die Würstchen, und der vierte schüttet ihm seine Cola über den Kopf. Kommentarlos steht der Fernfahrer auf, bezahlt schweigend seine Rechnung und verlässt das Lokal. Kurze Zeit später betritt ein anderer Brummifahrer die Raststätte und wird prompt von den Rockern angepöbelt: »Hey, Mann, hoffentlich bist du nicht auch so ein Feigling wie dein Kollege, der eben hier war. Wir haben ihm den Appetit verdorben, ihm die Cola über den Kopf geschüttet, und er hat sich nicht gewehrt!«
»Stimmt, Jungs«, sagt der Fernfahrer, »mein Kollege ist ein richtiger Feigling – und ein schlechter Fahrer dazu. Eben hat er auf dem Parkplatz beim Rückwärtsfahren vier Motorräder platt gefahren!«

»Herr Ober, ich habe nur fünf Euro bei mir. Was können Sie mir empfehlen?«
»Ein anderes Lokal, mein Herr!«

Der Oberkellner zum Gast:
»Mein Herr, Sie können nicht den ganzen Abend hier am Tisch sitzen, ohne zu bestellen!«
Der Gast darauf: »Na schön, dann bestellen Sie der Köchin einen schönen Gruß!«

»Herr Ober! Bringen Sie mir bitte eine Lupe!«
»Warum das denn, wenn ich fragen darf?«
»Mir fällt ständig Ihr 600-Gramm-Holzfällersteak durch die Zinken meiner Gabel!«

Gast zum Wirt: »Wie viel Wein schenken Sie so durchschnittlich an einem Tag aus?«
Antwortet der Wirt: »Etwa drei bis vier Kisten!«
Gast: »Würden Sie gern fünf Kisten ausschenken?«
Wirt: »Sicher!«
Gast: »Dann schenken Sie die Gläser Ihrer Gäste doch einmal bis an den Eichstrich voll!«

Einladung zum Essen bei Grubers. Auf die Frage der Gastgeberin, ob sie ihm noch Fleisch nachlegen dürfe, meint ein Herr: »Gern, aber bitte nur so ein winziges Stück wie eben!«

Der Kellner beobachtet schon eine Weile einen
Gast, der sich heftig mit dem servierten Fisch
auseinander zu setzen scheint. Von Neugier
getrieben, fragt er schließlich den Gast:
»Führen Sie mit dem Fisch etwa Zwiegespräche?«
»Nein, ich mache ihm Vorwürfe«,
erklärt der Gast. »Ich sage zu ihm:
Wie kann ein frischer Fisch nur so stinken?«

Der Kellner empfiehlt dem jungen Paar
die Spezialitäten des Hauses:
Weinbergschnecken, Froschschenkel, Garnelen ...
»Wenn wir Sie unterbrechen dürften«,
meint der Gast, »wir wollten eigentlich
bei Ihnen speisen, und Ihnen nicht das
ganze Ungeziefer wegessen!«

Im Café beschwert sich der Stammgast:
»Was soll denn der Kaffeesatz hier
in meiner Tasse bedeuten?«
Die Bedienung erwidert barsch:
»Weiß der Kuckuck.
Ich bin hier zum Servieren,
nicht zum Wahrsagen!«

Die Genussfreuden des Preußen:
Weißbier und Bockwurst.
Die des Bayern: Bockbier und Weißwurst.

Herr Ober, ich habe ein Fünf-Minuten-Gericht bestellt und warte bereits zwei Stunden darauf!«
»Mein Herr, wie gut, dass Sie nicht das Tagesgericht bestellt haben!«

Der Kannibale gibt der Stewardess die Speisekarte zurück: »Die Passagierliste, bitte!«

»Die Knödel sind aber sehr winzig«, moniert ein Gast im Restaurant. Der Kellner erklärt: »Mein Herr, das hat schon seine Richtigkeit! Sie speisen hier in einem Bahnhofsrestaurant, und wenn wir größere Portionen ausgeben, versäumen die Leute nur ihren Zug!«

»Herr Ober, in meiner Suppe ist ein Hörgerät!«
»Wie bitte?«

»Herr Ober, das Schnitzel ist so zäh, das kann man ja überhaupt nicht essen.«
»Tut mir Leid, mein Herr. Sie haben es verbogen, also müssen Sie es auch bezahlen!«

»Herr Ober, in dem Kirschkuchen sind ja gar keine Kirschen!«
»Wo denken Sie hin – im Hundekuchen sind ja schließlich auch keine Hunde!«

Kommt ein Skelett in die Kneipe:
»Herr Ober! Ein Bier und einen Lappen zum Aufwischen!«

»Herr Ober, was machen die ganzen Leute an meinem Tisch?«
»Ja, Sie haben doch Auflauf bestellt!«

»Werter Herr, wünschen Sie Weiß- oder Rotwein zum Menü?«
»Das überlasse ich Ihnen, mein Herr, ich bin farbenblind!«

»Kellner, das Schnitzel ist zäh wie eine Schuhsohle!«
»Ach ja? Warum nageln Sie es
dann nicht unter Ihren Schuh?«
»Hab ich ja probiert,
aber die Nägel sind alle abgebrochen!«

»Gnädige Frau, wie fanden Sie denn das Steak?«
»Nun, ich habe eine Kartoffel beiseite
geschoben, und siehe da: darunter lag es!«

Sitzen zwei Männer in der Kneipe
und trinken Wein.
Gast: »Servieren Sie auch Flaschen?«
Kellner: »Wir servieren hier grundsätzlich jedem!«

In einem Restaurant rührt ein Gast
missmutig in seiner Tasse herum.
Als die Kellnerin vorbeikommt, knurrt er:
»Soll das nun Tee oder Kaffee sein?
Schmeckt ja wie Petroleum.«
Darauf die Kellnerin:
»Dann ist es Kaffee. Unser Tee
schmeckt nach Seife.«

»Herr Ober, was ist Schimmel?«
»Schimmel ist die Bezeichnung
für ein weißes Pferd, mein Herr!«
»Und was hat ein weißes Pferd
auf meinem Kompott zu suchen?«

Ein Chinese sitzt in einer deutschen Kneipe und bestellt sich ein Bier. Der Kellner bringt das Bestellte und stellt es auf einen Bierdeckel auf den Tisch. Nach kurzer Zeit bestellt der Chinese wieder ein Bier. Der Kellner füllt das Glas erneut, will es vor den Gast stellen, aber der Bierdeckel ist weg. Also legt er einen neuen unter das Glas. Nach einiger Zeit bestellt der Chinese sein drittes Bier. Wieder ist der Bierdeckel weg.
Daraufhin murmelt der Kellner: »Dem bringe ich nicht schon wieder einen Bierdeckel.«
Und der Chinese fragt: »Wo bleibt der Keks?«

»Herr Ober, warum soll ich denn
jetzt schon zahlen? Ich bin ja noch
gar nicht mit dem Essen fertig.«
»Das ist hier bei Pilzgerichten
so üblich!«, meint der Ober.

»Herr Ober, der Hund hat sich
mein Schnitzel geschnappt!«
»Keine Sorge, ich stehe schon mit dem Fuß drauf!«

Familie Edelmann in einem feinen Restaurant.
Der Oberkellner:
»Gnädige Frau, werter Herr! Die Schnecken kann ich Ihnen heute sehr empfehlen ...«
»Nein danke, wir sind gestern schon von einer bedient worden!«

»Herr Ober, der Weißwein ist ja ganz warm.«
»Tut mir Leid, der Lehrling verwechselt ständig die Kaltwasser- mit der Warmwasserleitung.«

»Eine bodenlose Unverschämtheit!«, schimpft ein Gast im Restaurant. »Wir warten jetzt schon eine geschlagene Stunde auf eine Bedienung, und der Herr am Nebentisch kam erst vor wenigen Minuten und wird prompt bedient! Ich möchte sofort den Geschäftsführer sprechen, Herr Ober!«
»Der Herr dort drüben am Nebentisch, das ist der Geschäftsführer!«, meint der Ober.

»Wann kommt endlich mein Essen, ich habe schon lange bestellt!«
»Bei welchem Kellner? Bei dem Weißhaarigen da drüben?«
»Kann sein, bei mir war er noch blond!«

»Herr Ober, Ihre Krawatte hängt in meiner Suppe!«
»Egal, kommt sowieso in die Reinigung!«

Ein Politiker speist im Restaurant. »Wie schmeckt Ihnen das Essen?«, fragt der Ober eifrig. Meint der Politiker: »Danke, es geht. Leider haben die Kartoffeln die absolute Mehrheit!«

Sagt der Gast zum Ober: »Der Fisch sieht aber gar nicht gut aus.« Meint der Ober: »Kein Wunder – der ist ja auch tot!«

»Herr Ober, was krabbelt denn da im Salat?«
»Mein Herr, haben Sie noch nie etwas von Vitaminen gehört?«

Der Gast zum Barkeeper:
»Was füllen Sie eigentlich zuerst ins Glas, den Whisky oder das Sodawasser?«
»Den Whisky.«
»Na, dann hab ich ja noch 'ne Chance, zu ihm vorzustoßen.«

Der Ober bringt die Suppe, nach einer Weile kommt er wieder am Tisch vorbei und sieht, dass der Gast noch nichts von seinem Essen gekostet hat. Ob etwas mit der Suppe nicht stimmt, will er von dem Gast wissen.
Der Gast: »Kosten Sie die Suppe!«
»Ist sie zu heiß oder zu kalt, mein Herr?«, fragt der Ober.
»Kosten Sie die Suppe!
»Ist sie etwa versalzen?«
Der Gast wütend: »Kosten Sie endlich die Suppe!«
Der Ober: »Pardon, mein Herr, es fehlt ein Löffel!«
»Na, endlich merken Sie es!«

Was versteht ein Mann unter einem Sieben-Gänge-Menü?
Einen Hot Dog und ein Six-Pack.

»Haben Sie ein Schnellgericht auf der Karte? Ich hab's eilig!«
»Da nehmen Sie am besten unser Tagesgericht, das muss auch weg!«

Im Wein liegt die Wahrheit – der Schwindel liegt im Etikett.

»Herr Ober, ich möchte gern etwas bestellen, was ich bisher noch nie hatte.«
Darauf der Ober: »Wie wäre es mit Hirn, mein Herr?«

»Meine Dame, Sie haben gerade Ihren Kaffee verschüttet!«
»Keinesfalls Herr Ober, er war so schwach, dass er von allein umgefallen ist!«

»Herr Ober, dieses Schnitzel ist aber sehr klein!«
»Das tut mir Leid!«
»Es ist auch sehr zäh!«
»Dann seien Sie doch froh, dass es so klein ist!«

Der Gast in einem Café zur Bedienung:
»Ist das ein Kirsch- oder Aprikosenkuchen?«
Darauf die Kellnerin: »Schmecken Sie
das denn nicht?«
Gast: »Nein!«
Kellnerin: »Dann ist es doch auch egal!«

»Herr Ober! In meiner Suppe
schwimmt eine Fliege!«
»Was sollte sie denn sonst tun? Rad fahren?«

»Herr Ober, was macht die Fliege in meiner Suppe?«
»Rückenschwimmen!«

»Herr Ober, in meiner Suppe
schwimmt eine Fliege!«
»Haha, aber nicht mehr lange.
Sehen Sie die Spinne am
Tellerrand?«

»Herr Ober, in der Suppe
schwimmt eine Fliege!«
»Das macht nichts. Die isst nicht viel.«

»Herr Ober, in der Suppe schwimmt eine Wespe!«
»Tja, Fliegen gab es nicht mehr.«

»Herr Ober, auf meinem Salat hüpft eine Fliege!«
»Für acht Euro können Sie auch kein Ballett erwarten.«

»Herr Ober, haben Sie ›Kalte Rippchen‹?«
»Nein, heute trage ich Angora-Unterwäsche.«

»Herr Ober, haben Sie Froschschenkel?«
»Ja.«
»Dann hüpfen Sie mal schnell, und bringen Sie mir ein Bier!«

Ein feiner Herr kommt in ein Bahnhofsrestaurant. Er fragt die Bedienung, ob man hier beim Essen wählen könne. »Sicher«, meint die Bedienung, »Sie haben die Wahl, es entweder zu essen oder es sein zu lassen!«

Der Gast zu seiner Frau: »Schatz, zu schade, dass wir nicht schon früher hierher gekommen sind!«
Der Kellner hat diesen Satz aufgeschnappt, wendet sich dem Paar zu und meint: »Dann waren Sie also zufrieden?«
»So habe ich das eigentlich nicht gemeint«, sagt der Gast. »Aber dann wäre die Gemüseplatte vielleicht frischer gewesen!«

»Ich habe auch schon mal besser gegessen«,
meint ein Gast in einem Restaurant.
»Aber bestimmt nicht hier«, erwidert der Kellner.

Ein unzufriedener Gast winkt
den Kellner zu sich an den Tisch:
»Holen Sie mir sofort den Geschäftsführer!
Mein Steak ist ja wirklich ungenießbar!«
Der Kellner: »Wenn Sie meinen, mein Herr!
Aber ich kann Ihnen jetzt schon versichern –
essen wird der Ihr Steak auch nicht!«

»Herr Ober, mein Teller ist ja noch ganz feucht!«
»Feucht? Nein, das ist nur die Suppe.«

Elli und Horst sitzen in einem Straßencafé. Nachdem sie vom Kellner seit über einer halben Stunde keines Blickes gewürdigt werden, pfeifen sie nach ihm. Dies zeigt Wirkung, und der Kellner kommt prompt an ihren Tisch:
»Meine Herrschaften, was darf ich Ihnen bringen?«, fragt er. »Vielleicht Vogelfutter?«

»Herr Ober, nehmen Sie doch bitte die Fettaugen aus meiner Suppe, ich fühle mich dadurch so beobachtet beim Essen.«

»Herr Ober, der Kaffee ist kalt!«
»Wenn Sie etwas Warmes wollen, müssen Sie ein Bier bestellen.«

Die am häufigsten gebrauchten Wörter in einer Kneipe:
- Flur (Wie viel Uhr?)
- Schlange (Schon lange nicht mehr gesehen)
- Eishockey (Alles O.K.)
- Wirsing (Wiedersehn)
- Kanufahren (Kannst du fahren?)

»Nehmen Sie gefälligst den Daumen
aus der Suppe, Herr Ober.«
»Wozu? Die ist nicht heiß.«
»Waaas? Bringen Sie mir sofort das
Beschwerdebuch!«
»Bedaure. Das ist voll.«
»Dann bringen Sie mir den Wirt.«
»Bedaure. Der ist auch voll.«

Ober: »Sie brauchen das Besteck nicht immer an der Tischdecke abzuwischen, es ist sauber. Außerdem machen Sie damit die Tischdecke schmutzig.«

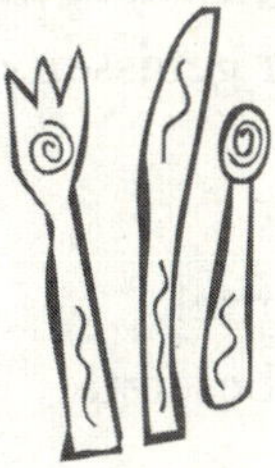

»Herr Ober, können Sie bitte
das Fenster schließen?«
»Zieht es denn?«
»Ja, mein Steak wurde schon
mehrere Male vom Teller geweht!«

»Herr Ober, nehmen Sie gefälligst
den Daumen von meinem Schnitzel!«
»Damit es mir noch einmal runterfällt?«

»Herr Ober, der Kaffee ist ja ganz kalt!«
»Sehr freundlich von Ihnen, dass Sie mir das sagen, mein Herr! Eiskaffee kostet nämlich einen Euro mehr.«

Ein Gast liest die Speisekarte:
»Wieso sind eigentlich drei Spiegeleier teurer als drei Rühreier?«
»Spiegeleier kann man nachzählen.«

»Herr Ober, wie nennen Sie dieses Gericht?«
»Hüttenkäse ...«
»Dann habe ich eben auf ein Stückchen Tür gebissen.«

»Herr Ober, einen Zahnstocher bitte!«
»Tut mir Leid, im Moment sind alle besetzt!«

Ein Mann geht in eine Kneipe und sagt zur Wirtin: »Hast du noch die leckeren selbst gemachten Frikadellen?«
»Natürlich.«
»Dann bekomme ich ein Bier!«

»Herr Ober, hier sind ja gar keine Stühle!«
»Sie hatten doch nur einen Tisch bestellt!«

Anton und Fritz sitzen in einem Restaurant und erhalten das bestellte Bier. »Prost«, sagt Fritz. Darauf sein Gegenüber in barschem Ton: »Entweder wir trinken oder wir plaudern!«

Ein Mann sagt zum Barkeeper: »Der Typ von gerade spinnt ja wohl. Der will noch seinen Ur-Ur-Ur-Urgroßvater gekannt haben!« Darauf der Barkeeper: »Ne, der spinnt nicht, der stottert.«

»Herr Ober, wer hat das Fleisch in die Frikadellen getan?«
»Der Koch natürlich!«
»So – und wer hat es wieder herausgenommen?«

Ein Kellner liegt im OP: »Herr Doktor, ich habe sooooo große Schmerzen!«
»Tut mir Leid, aber das ist nicht mein Tisch!«

»Wissen Sie, wie das Steak schmeckt?«,
fragt der Mann am Stammtisch den Ober.
»Wie Schuhsohle, die man mit Zwiebeln
eingerieben hat.«
Da staunt der Ober:
»Toll – was Sie alles schon gegessen haben!«

»Herr Ober, was können Sie mir empfehlen?«
»Flambierte Tomatensuppe, flambierte Nudeln, flambiertes Eis ...«
»Warum denn alles flambiert?«
»Die Küche brennt!«

Im Restaurant fragt der Ober:
»Entschuldigen Sie, mein Herr, Ihr Glas ist
leer. Darf ich Ihnen noch eins bringen?«
Antwortet der Gast empört:
»Nein, natürlich nicht – was soll ich
denn mit zwei leeren Gläsern?«

»Herr Ober, können Sie mir sagen, was Kaviar ist?«
»Das sind Fischeier, mein Herr!«
»Gut, dann hauen Sie mir zwei in die Pfanne!«

»Herr Ober, was können Sie mir denn heute besonders empfehlen?«
»Rinderfilet in Madeira, mein Herr.«
»Interessant, und was gibt's hier bei Ihnen?«

In einem Restaurant in Dresden. Ein Gast aus Bayern wartet schon sehr lange, um seine Bestellung aufzugeben. Schließlich wird es ihm zu bunt und er ruft laut ins Lokal:
»Gibt es denn hier keine Ober?«
Kommt eine Stimme vom Nachbartisch:
»Doch, doch, morgen spielen sie La Traviata!«

»Herr Ober, warum ist der süße Wein teurer als der herbe?«
»Wir kriegen den Zucker ja auch nicht geschenkt, mein Herr!«

Lehmann zum Ober: »Das ist aber eine sehr traurige Geschichte mit dem Fisch, den Sie gerade serviert haben.«
»Ich verstehe nicht, mein Herr.«
»Na, so klein und schon so verdorben!«

Ein Zebra und ein Löwe betreten in einer Oase ein Restaurant. Der Ober fragt das Zebra:
»Was darf es sein?«
»Ich hätte gern Wiener Schnitzel mit Pommes.«
»Sehr gern.«
Der Ober notiert und wendet sich an den Löwen:
»Und was darf es bei Ihnen sein?«
»Nichts.«
»Nichts? Verzeihung, aber wovon wollen Sie denn satt werden?«
»Ich nehm dann das Zebra!«

Sagt der Ober im Weinlokal zu Meier:
»Wir haben heute einen wundervollen Eiswein, möchten Sie davon einmal probieren?«
»Gern – aber bitte nur eine kleine Kugel, ohne Sahne!«

Falko meckert in der Kneipe:
»Hallo, Bedienung, wie lange muss ich eigentlich noch auf mein Bier warten? Ich verdurste.«
»Hab dich nicht so«, erwidert die Bedienung, »Unkraut vergeht nicht!«
»Nein, aber es wird welk!«

»Herr Ober, ich habe doch eine Frühlingssuppe bestellt. Das hier ist aber eine ganz normale Hühnerbrühe!«
»So, und was ist mit dem Blümchenmuster auf dem Teller?«

Ein elegantes junges Paar speist im Nobelrestaurant. Da tritt der Chefkellner an den Tisch und wendet sich dezent an die Dame: »Haben Sie nicht bemerkt, dass Ihr Herr Gemahl soeben unter den Tisch gerutscht ist?«
»Ganz und gar nicht, Herr Ober, mein Gemahl ist nämlich soeben zur Tür hereingekommen!«

»Verdammt, mein Sohn, jetzt rufe ich schon zehn Mal nach dir – und du hörst nicht. Was soll denn nur mal aus dir werden?«
»Kellner, Papa.«

»Herr Ober«, erkundigt sich Herr Müller, »warum heißt dieses Gericht denn Räuberspieß?«
»Warten Sie ab, bis Sie die Rechnung bekommen, mein Herr!«

Zwei Taschendiebe verlassen ein Restaurant. »Hast du die goldene Uhr des Kellners gesehen?« »Nein, zeig mal her!«

Der Urlauber in einem kleinen Hotel: »Ich möchte bitte zwei Eier, eines steinhart, das andere roh, einen verkohlten Toast und eine lauwarme Brühe, die Kaffee heißt.« »Ich weiß nicht, ob das möglich ist«, gibt der Kellner zu bedenken. »Warum? Gestern ging es doch auch.«

Ein junges Ehepaar, das sich sehr oft streitet, geht in ein Restaurant. Plötzlich lässt der Kellner das Tablett mit dem Geschirr fallen – und die Scherben klirren. »Hör mal«, meint der Ehemann, »sie spielen unser Lied!«

Der Chefkoch lässt die neue Kellnerin zu sich kommen. »Sagen Sie mal, warum haben Sie denn ›Speinat‹ auf die Speisekarte geschrieben?« »Sie haben doch selber gesagt«, wehrt sie sich, »ich soll Spinat mit Ei schreiben ...«

Richterwitze

Student Kaiser vor dem Prüfungsausschuss der juristischen Fakultät: »Also Kaiser, beginnen wir mal ganz einfach. Definieren Sie den Begriff ›Rechtsanwalt‹.«
Kaiser denkt sorgfältig nach: »Ein Rechtsanwalt ist eine Person, die das Vermögen eines anderen vor Feinden schützt, um es selbst zu erlangen.«

Der Anwalt zum Mandanten:
»Schildern Sie mir jetzt bitte Ihren Fall präzise, klar und chronologisch. Vor Gericht bringe ich ihn dann selbst durcheinander.«

Wie grüßen sich Richter?
Mit der ausgestreckten rechten Hand.
Was soll das bedeuten?
»Heute noch keinen Finger krumm gemacht.«

Nach dem Plädoyer seines Anwalts hat der Angeklagte das letzte Wort. Der junge Mann steht zögernd auf, blickt voller Bewunderung auf seinen Rechtsbeistand und ruft dem Gericht entgegen: »Wissen Sie was? Ich widerrufe mein Geständnis. Mein Anwalt hat Recht. Eigentlich bin ich unschuldig.«

»Angeklagter, hören Sie doch endlich auf zu leugnen. Hier stehen vier Zeugen, die gesehen haben, dass Sie der Frau die Handtasche geklaut haben.«
»Aber Herr Richter – ich kann Ihnen hundert Zeugen bringen, die es nicht gesehen haben.«

Aus einem brillanten Plädoyer: »Hohes Gericht. Der Staatsanwalt sah in der Tatsache, dass mein Mandant den Einbruch in der Nacht beging, einen Beweis für seine besondere Verschlagenheit. Wäre der Einbruch bei Tage begangen worden, hätte er ihm unglaubliche Frechheit unterstellt. Ich frage Sie nun: Wann hätte der Einbruch denn bitte schön stattfinden sollen?«

Der Richter zum Angeklagten:
»Wir kommen jetzt zunächst zu Ihren Personalien. Ihr Geburtstag, bitte.«
»Der 12. Dezember, Herr Richter.«
»Und welches Jahr, bitte?«
»In jedem Jahr, Herr Richter.«

Der Richter zur Zeugin.
»Wie heißen Sie?«
»Eva Schneider.«
»Und ihr Alter?«
»Clemens Schneider.«

Richter:
»Angeklagter, wann arbeiten Sie eigentlich?«
»Dann und wann.«
»Und was?«
»Dies und das.«
»Und wo?«
»Hier und dort.«
»Gut, Sie kommen ins Gefängnis.«
»Und wann werde ich wieder entlassen?«
»Früher oder später.«

»Angeklagter, ich möchte wirklich wissen – warum Sie so viel lügen.«
»Nur, weil Sie so viel fragen, Herr Richter.«

»Angeklagter«, wettert der Richter, »Sie haben dem Opfer einen Bierkrug auf den Kopf gehauen! Wissen Sie, was darauf steht?«
»Ja, Euer Ehren! ›Zur Erinnerung an schöne Stunden‹!«

»Ihr Hund hat den Briefträger gebissen«,
klagt der Richter an.
»Ausgeschlossen«, verteidigt sich Otto,
»unser Hund tut keiner Fliege was zuleide!«
»Das glaube ich gern«, meint der Richter,
»Fliegen sind ja auch flinker als Postboten.«

»Zwei Herren wollen Sie sprechen«,
sagt die Sekretärin zum Chef.
»Später, ich kann jetzt nicht,
bieten Sie ihnen einen Stuhl an!«
»Habe ich schon – aber damit sind sie
nicht zufrieden, sie wollen alle Möbel!«

Der Richter zum Ehemann: »Ihre Frau verzeiht Ihnen und will es noch mal mit Ihnen versuchen.«
Der Mann seufzt: »Gut, ich nehme die Strafe an.«

»Also, Sie geben zu, dass Sie der Vater dieses Kindes sind«, fragt der Richter den Mann.

»Ja, selbstverständlich«, antwortet der.

»Gut, dann müssen wir ja nur noch die Bezahlung regeln.«

»Aber ich bitte Sie«, winkt der Mann ab, »dafür möchte ich doch nichts haben!«

»Also, Sie geben es zu, ein Paar wertvolle Schuhe gestohlen zu haben?«

»Ja, aber berücksichtigen Sie bitte die mildernden Umstände!«

»Nun?«

»Sie passen mir nicht.«

»Also, Herr Vogel, der Angeklagte hat behauptet, Sie seien ein Kamel. Stimmt das?«

»Jawohl!«

»Warum klagen Sie dann?«

»Angeklagter, weshalb haben Sie dem armen alten Mann vier Zähne ausgeschlagen?«

»Er hatte nicht mehr, Herr Richter.«

»Angeklagter, sind sie vorbestraft?«
»Nein.«
»Wohl immer ehrlich gewesen?«
»Nie erwischt worden!«

»Angeklagter, nun erzählen Sie mal, wie es zu dem Uhrendiebstahl kam.«
»Also, wie ich da so ging, sah ich eine Uhr, die ging auch. Und da habe ich mir gedacht, wir könnten ja zusammen gehen!«

»Angeklagter, sie sind schon 19-mal vorbestraft. Da können Sie sich doch denken, wie das Urteil ausfallen wird?«
»Ja, Herr Richter, entweder bekomme ich Freispruch, oder ich feiere Jubiläum.«

»Zugegeben, ich lag tatsächlich auf der Autobahn. Aber ist damit etwa bewiesen, dass ich betrunken war?«, verteidigt sich der Angeklagte.
»Nicht unbedingt«, räumt der Richter ein, »aber wie erklären Sie sich Ihren wiederholten Versuch, den Mittelstreifen aufzurollen?«

»Angeklagter, warum haben Sie den Ring
nicht zum Fundbüro gebracht?«
»Aber, Herr Richter, es stand doch drauf:
›Auf ewig Dein.‹«

Wachbeamter: »Warum wollen Sie
mit dieser Keule ins Gericht?«
Angeklagter: »Weil es hieß,
dass ich für meine Verteidigung
selbst zu sorgen hätte.«

»Angeklagter, was verstehen Sie eigentlich
unter Ratenzahlung?«
»Ganz einfach, Herr Richter, die Gläubiger
müssen halt raten, wann ich alle meine
ausstehenden Rechnungen begleichen werde!«

»Angeklagter, haben Sie etwas
nach dem Zeugen geworfen?«
»Ja, aber nur Tomaten.«
»Und wie erklären Sie sich die
Beulen an seinem Kopf?«
»Die Tomaten waren in Dosen, Herr Richter!«

»Angeklagter, warum haben Sie den Kläger auf offener Straße verprügelt?«
»Euer Ehren, mir war es bei meinen finanziellen Verhältnissen nicht möglich, dafür eine Sporthalle zu mieten!«

»Angeklagter, Sie geben also zu, den Mann in einem Geschäft niedergeschlagen zu haben. War es eine Affekthandlung?«
»Nein, Herr Richter, ein Supermarkt.«

»Angeklagter, wie kamen Sie eigentlich auf den Gedanken, das Auto zu stehlen?«
»Na ja – das Auto stand vor dem Friedhof – und ich dachte, der Besitzer braucht es bestimmt nicht mehr.«

Der Anwalt zum Mandanten: »Wir haben den Prozess leider verloren. Und nun müssen wir auch noch die Gerichtskosten bestreiten.«
»In Ordnung«, meint der Mandant. »Bestreiten wir sie, denn bezahlen kann ich sie ja sowieso nicht!«

»Angeklagter, hatten Sie einen Genossen, als Sie den Einbruch ausführten?«
»Nein, Herr Richter, ich war vollkommen nüchtern!«

»Angeklagter, können Sie etwas anführen, was Ihre Strafe mildern könnte?«
»Ja, Herr Richter. Ich hätte gern ein Sofa und ein Fernsehgerät in meiner Zelle.«

»Angeklagter, das Gericht ist bereit, Ihnen einen guten Pflichtverteidiger zu stellen.«
»Ein Entlastungszeuge wäre mir allerdings lieber.«

Bei der Gerichtsverhandlung gegen den Exhibitionisten gelingt es dem flinken Angeklagten, sich blitzartig vor der jungen Richterin zu entkleiden. Die Dame wendet sich an den Verteidiger und ordnet an: »Das Verfahren wird wegen Geringfügigkeit eingestellt!«

»Angeklagter, warum haben
Sie das Auto gestohlen?«
»Ich musste schnell zur Arbeit, Herr Richter.«
»Sie hätten doch den Bus nehmen können.«
»Für den habe ich keinen Führerschein.«

Anwalt: »Haben Sie denn Ihrem säumigen Schuldner die Rechnung vorgelegt?«
Mandant: »Ja, natürlich.«
Anwalt: »Und was hat er gesagt?«
Mandant: »Ich soll mich zum Teufel scheren.«
Anwalt: »Und was taten Sie?«
Mandant: »Ich kam sofort zu Ihnen!«

Bei einem Scheidungsprozess fragt der Anwalt den Ehemann ungläubig: »Sie haben fünf Jahre lang nicht mit Ihrer Frau gesprochen. Warum?«
Ehemann: »Ich wollte sie nicht unterbrechen.«

Mahnt der Gefängniswärter: »Morgen müssen die Zellen blitzblank sein, da kommt der Justizminister!«
Daraufhin ein Gefangener: »Höchste Zeit, dass sie den erwischt haben.«

Juristisches Staatsexamen. Thema Strafrecht. Der Professor fragt: »Was ist Betrug?« Der Student: »Ein Betrug wäre es zum Beispiel, wenn Sie mich durchfallen ließen.« Professor: »Wieso das denn?« Student: »Weil nach dem Strafrecht jemand einen Betrug begeht, wenn er die Unkenntnis eines anderen ausnutzt, um ihm Schaden zuzufügen.«

Der Richter verurteilt den Angeklagten mit den Worten: »Und nun hoffe ich, Sie das letzte Mal gesehen zu haben.« »Wieso, Herr Vorsitzender, gehen Sie etwa in Pension?«

Der Beleidigungsprozess nimmt kein Ende. Schließlich meint der Richter: »Wie wäre es, wenn wir die Sache mit einem Vergleich beenden würden?« »Nein«, protestiert der Kläger. »Ich lasse mich nicht noch einmal vergleichen. Der Angeklagte hat mich schon mit einem Esel verglichen.«

Ein Mann steht wegen Mordes vor Gericht. Der Richter sagt: »Sie werden beschuldigt, mit einem Hammer auf Ihre Frau eingeschlagen zu haben, bis der Tod eintrat!«
Da ruft jemand von den hinteren Bänken: »Du Bastard!«
Der Richter ignoriert den Zwischenruf und fährt fort: »... außerdem werden Sie beschuldigt, mit dem gleichen Hammer auch Ihre Tochter erschlagen zu haben!«
Wieder der Zwischenrufer: »Du verdammter Bastard!«
Richter: »Das Gericht duldet keine weiteren Zwischenrufe! Ich werde Sie mit einem Bußgeld belegen – was ist Ihr Problem?«
Der Zuhörer steht auf und deutet auf den Angeklagten: »Ich bin seit fünfzehn Jahren sein Nachbar, und immer, wenn ich mir einen Hammer borgen wollte, hat der Bastard behauptet, er hätte keinen!«

Der Richter ertappt Gauner Hugo mal wieder beim Lügen: »Dass Sie mir überhaupt noch ins Gesicht sehen können!«
»Ach, Herr Richter, man gewöhnt sich an alles ...«

Der Angeklagte fragte seinen Anwalt,
wie lange die ganze Angelegenheit wohl
dauern werde. Anwalt:
»Für mich drei Stunden, für Sie drei Jahre ...«

Der Richter ermahnt die Dame im Zeugenstand:
»Sie wissen schon, was Sie für
eine Falschaussage bekommen?«
»Ja, Herr Richter, 5000 Euro und ein Cabrio!«

Der Richter fragt die Zeugin:
»... und wie alt sind Sie?«
Beharrliches Schweigen seitens der Zeugin.
Darauf der Richter verärgert:
»Wenn Sie nicht antworten, lasse ich Sie
von den Zuschauern schätzen!«

Der Richter fragt: »Herr Verteidiger,
haben Sie noch etwas zugunsten des
Angeklagten vorzubringen?«
»Ja, Euer Ehren, mein Mandant ist
schwerhörig und kann daher auch nicht
die Stimme seines Gewissens hören!«

Der Richter schüttelt den Kopf: »Also, Angeklagter, erklären Sie mir mal, warum Sie sich die Mühe machen, einen gewaltigen Panzerschrank zu knacken, um das ganze Geld, aber nicht den Schmuck zu klauen?«

Meint Eddi: »Jetzt reden Sie schon genauso wie meine Frau!«

Der Richter unterbricht sichtlich verärgert: »Ich bin genauso alt, verehrter Herr Verteidiger, und sehr wohl noch im vollen Besitz meiner geistigen und körperlichen Kräfte!«

Der Richter vorwurfsvoll zum Angeklagten: »Sie haben in dem Hotel Handtücher entwendet. Wissen Sie, was darauf steht?«

»Natürlich: ›Hotel zum Bären‹!«

Der Richter zornig: »Angeklagter, warum erzählen Sie heute einen ganz anderen Sachverhalt als gestern?«

Der Angeklagte: »Sie haben mir gestern ja nicht geglaubt!«

Der Richter zum Angeklagten: »Erzählen Sie uns einmal, wie Sie den Tresor geknackt haben.« »Ich bin doch nicht blöd, im Zuschauerraum sitzt ja die ganze Konkurrenz.«

Der Richter zum Angeklagten:
»Sie sollten langsam versuchen, ein
anderer Mensch zu werden!«
»Aber das habe ich doch versucht. Es hat
mir sechs Monate wegen Urkundenfälschung
und Amtsanmaßung eingebracht!«

Der Richter: »Angeklagter, warum
haben Sie im Frühjahr ausgerechnet
einen Seifenladen ausgeraubt?«
»Ach, es ging mir so dreckig!«

Richter zum Zeugen: »Wie weit waren Sie von
der Unfallstelle entfernt?«
»19,20 Meter.«
»Wieso können Sie das so exakt angeben?«
»Ich habe sofort nachgemessen, weil ich dachte, irgend so ein Idiot wird mich sicher danach fragen!«

Der Richter: »Angeklagter,
haben Sie für die Tatzeit ein Alibi?«
»Nein, bei dem Einbruch hat mich
leider keiner gesehen!«

Der Richter: »Angeklagter, nennen Sie endlich den Namen Ihres Komplizen!«
»Niemals! Glauben Sie etwa, ich verpfeife meinen eigenen Bruder?«

Die flotte Christl wird von der Sittenpolizei aufgegriffen und muss vor Gericht erscheinen. Als der Richter den Saal betritt, ruft Sie erstaunt: »Was denn, Wolfgang, hier arbeitest du?«

Die Gefängnisinsassen bekommen Arbeit zugeteilt.
»Was haben Sie getan?«, fragt der Beamte.
»Einbruch.«
»Ab in die Küche! Und Sie?«
»Einbruch.«
»Auch ab in die Küche! Und Sie?«
»Bombenleger.«
»Ab in den Garten! Den Rasen sprengen!«

Die Personalien der ersten Zeugin werden aufgenommen.
»Zeugin, wie heißen Sie?«
»Ottilie Hurtig.«
»Und wie alt sind Sie?«
»Achtundachtzig.«
»Verheiratet?«
»Noch nicht, Herr Richter.«

Die ältere Anwältin hält ein mitreißendes Plädoyer für den schönen Gentleman-Einbrecher. Ein Freispruch liegt in der Luft, da lässt sich die Dame zu dem Satz hinreißen:
»Ich bin so sehr von der Unschuld meines Mandanten überzeugt, dass ich ihn auf der Stelle heiraten würde.«
»In diesem Fall möchte ich die Tat lieber gestehen«, erklärt der Angeklagte erschrocken.

Ein Zeuge leistet feierlich den Eid:
»Ich schwöre, dass ich die Wahrheit sage, die ganze Wahrheit und nichts als die Wahrheit.«
Der Richter fragt: »Was wissen Sie?«
Der Zeuge: »Nichts!«

Fragt der junge Richter seinen älteren Kollegen: »Ich habe da einen Schwarzbrenner, der Obstler gemacht hat. Wie viel soll ich ihm wohl geben?« »Auf keinen Fall mehr als vier Euro pro Liter!«

»Glauben Sie mir, Herr Richter, ich bin unschuldig.«
»Ja, ja, das sagen alle.«
»Na, wenn es alle sagen, muss es doch stimmen!«

Bei einer Verhandlung in Grönland fragt der Staatsanwalt den Angeklagten: »Wo waren Sie in der Nacht vom 18. November auf den 16. März?«

Im Postamt klebt ein Mann auf zahllose rosarote Briefe kleine Herzchen mit dem Schriftzug »Ich liebe dich.« Dann besprüht er die Briefe mit Parfüm. Ein Passant wird neugierig und fragt den Mann, was er da mache.
»Ich schicke tausend Valentinstag-Briefe weg und unterschreibe mit ›Rate mal wer?‹«
»Und warum?«
»Ich bin Scheidungsanwalt.«

Drei Männer stehen vor Gericht. Der Richter fragt den ersten: »Was haben Sie gemacht?«
Sagt der erste Mann:
»Ich habe einen Stein ins Wasser geworfen!«
Sagt der Richter: »Das macht nichts, Sie sind frei!«
Er fragt den zweiten Mann:
»Und was haben Sie getan?«
»Ich habe geholfen, den Stein ins Wasser zu werfen!«
»Das macht nichts, Sie sind auch frei!«
Dann fragt er den dritten Mann:
»Und was haben Sie gemacht?«
»Ich bin Erwin Stein!«

Ein Bürger bestellt in einer Buchhandlung ein Strafgesetzbuch. Als das Buch nach drei Tagen da ist, will man ihn telefonisch davon in Kenntnis setzen. Aber seine Frau sagt:
»Zu spät! Er sitzt schon!«

Richter: »Angeklagter, erst nahmen Sie dem Kläger die Brieftasche weg, und dann ohrfeigten Sie ihn auch noch! Warum taten Sie das?«
»Weil die Brieftasche leer war!«

»Haben Sie denn nicht an Ihren Vater gedacht, als Sie in die Bank eingebrochen sind?«, fragt der Richter den Angeklagten.
»Doch«, antwortet dieser, »aber ich wollte endlich mal ein eigenes Ding drehen.«

»Sie sind der Brandstiftung überführt!«, schimpft der Richter. »Zwei Zeugen haben gesehen, wie Sie noch extra einen großen Ballen Papier in die auflodernden Flammen geworfen haben. Oder wollen Sie das leugnen?«
»Nein, nein, Herr Richter. Aber bitte gestatten Sie mir, noch Folgendes zu sagen: Es war doch Löschpapier!«

Beim Examen wird der Jurist gefragt:
»Wie hoch ist die Höchststrafe für Bigamie?«
Seine Antwort: »Zwei Schwiegermütter!«

Der Richter zum Angeklagten:
»Bekennen Sie sich schuldig?«
»Das kann ich zurzeit noch nicht sagen, muss erst mal hören, was die Zeugen alles wissen.«

»Wie viele Insassen zählt das Gefängnis denn hier?«
»Zweihundertundfünf.«
»Sind da die Wärter eingeschlossen?«
»Nein, die laufen frei herum!«

»Warum sind Sie denn dreimal hintereinander ins selbe Geschäft eingebrochen?«
»Das war so, Herr Richter: Das erste Mal habe ich ein Kleid und eine Bluse für meine Frau mitgenommen, die beiden anderen Male musste ich die Sachen umtauschen!«

Richter: »Wann haben Sie denn gemerkt, dass das Grundstück bewacht war?«
Angeklagter: »Als ich die Zähne von dem Dobermann in meinem Hintern spürte!«
Darauf wendet sich der Richter an den Zeugen und fragt: »Stimmt das, Herr Dobermann?«

Angeklagter: »Also, Herr Richter, Ihnen kann man es aber auch nie recht machen! Breche ich ein, werde ich verurteilt, breche ich aus, werde ich auch verurteilt.«

»Schämen Sie sich nicht, Angeklagter, in Ihrem Alter noch einen Fernsehapparat zu stehlen?«
Angeklagter: »Aber als ich jung war, Herr Richter, gab es doch noch keine!«

Der Vorsitzende des Gerichts: »Erkennen Sie in dem Angeklagten den Mann wieder, der Ihnen Ihr Auto gestohlen hat?«
Der Zeuge zögert: »Nach der Rede des Herrn Verteidigers bin ich mir nicht mehr sicher, ob ich überhaupt jemals ein Auto besessen habe.«

»Ja, Herr Richter, ich bin eben ein Pechvogel. Monatelang habe ich gewissenhaft die Unterschrift meines Chefs nachgeahmt und jetzt, da ich sie endlich perfekt kann, ist die Firma pleite.«

Drei Männer vor einem schielenden Richter.
Der Richter zum ersten: »Wie heißen Sie?«
Der zweite: »Rudi Rüstig.«
Der Richter zum zweiten: »Sie habe ich noch gar nicht gefragt!«
Der dritte: »Ich habe doch gar nichts gesagt.«

Schneider geht an Krücken.
»Was ist dir denn passiert?«
»Autounfall.«
»Schrecklich. Kannst du nicht mehr ohne Krücken gehen?«
»Weiß nicht. Mein Arzt sagt ja, mein Anwalt nein!«

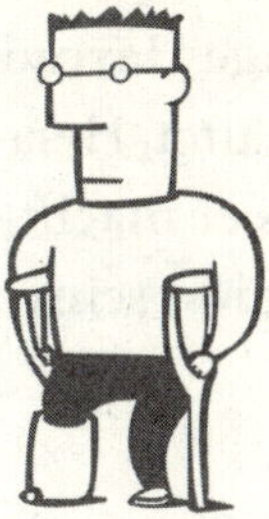

»Angeklagter, sind Sie eigentlich verheiratet?«
»Ja!«
»Mit wem?«
»Mit einer Frau!«
»Mein Gott, das ist ja wohl klar!«
»So klar ist das nicht, meine Schwester ist zum Beispiel mit einem Mann verheiratet!«

Ein Bayer vor Gericht:
Richter: »Warum haben Sie mit Ihrem Auto die Kuh überfahren?«
Bayer: »Jo, auf dr Stross, do war a Preiß ...«
Richter: »Ja, und warum haben Sie den nicht einfach umgefahren?«
Bayer: »Jo, des wollt i ja, i hab'n aber erst drunt auf der Wies'n erwischt!«

»Zeuge Hartwig, was ist Ihr Vater?«
»Erkältet, Herr Richter!«
»Was er macht, will ich wissen!«
»Er niest schrecklich, Herr Richter.«

»Sie machen einen recht intelligenten Eindruck, Herr Zeuge.«
»Vielen Dank, Herr Richter. Da ich unter Eid stehe, kann ich das Kompliment leider nicht erwidern.«

»Angeklagter, Sie stehen hier vor Gericht, weil Sie eine unwirksame Flüssigkeit als Lebenselixier verkauft haben. Sind Sie deswegen eigentlich schon mal bestraft worden?«
»Ja, einmal 1754 und zum zweiten Mal 1899!«

Richter: »Angeklagter, was haben Sie vor vier Jahren, am 12. Mai, um 13.20 Uhr gemacht?«
Angeklagter: »Ich erinnere mich ganz genau. Mit einem Auge blickte ich auf die Uhr und mit dem anderen auf den Kalender.«

Richter: »Ich spreche Sie hiermit von der Anklage frei, Sie hätten die 10 000 Euro gestohlen.«
Angeklagter: »Prima. Darf ich das Geld dann behalten?«

»Auf diese Gelegenheit freue ich mich schon seit zwanzig Jahren«, meint der Scheidungsrichter zu seinem früheren Deutschlehrer: »Stellen Sie sich dort in die Ecke, und schreiben Sie hundert Mal: ›Ich darf meine Frau nicht betrügen!‹«

Anton wird wegen Beamtenbeleidigung vor den Richter zitiert und zu einer Geldstrafe von zweihundert Euro verdonnert. »Möchten Sie noch etwas dazu sagen?«, fragt der Richter. Darauf Anton: »Mir läge da schon was auf der Zunge, aber das wird mir dann doch zu teuer!«

»Sie bekommen entweder vierhundert Euro und fünf Tage Strafdienst in einer gemeinnützigen Einrichtung oder zehn Tage Gefängnis«, stellt der Richter dem Angeklagten zur Auswahl.
»Wenn Sie mich schon so fragen, Herr Richter, dann nehme ich natürlich das Geld!«

Mandant: »Was halten Sie davon, wenn ich dem Richter 5 000 Euro schicke?«
Anwalt: »Um Gottes willen! Sie riskieren einen Bestechungsprozess, und unseren Fall haben wir von vornherein verloren!«
Mandant: »Na, wenn Sie meinen.«
Wenig später gewinnt der Beklagte den Prozess. Nach der Verhandlung sagt er schmunzelnd zu seinem Anwalt:
»Sehen Sie! Ich habe dem Richter nämlich doch einen Scheck über 5 000 Euro geschickt!«
Anwalt: »Ich werd' verrückt!«
Mandant: »Na ja, aber ich habe ich die Visitenkarte des Klägers beigelegt!«

Schüler- und Lehrerwitze

Der Lehrer zu Thomas: »Sag mal, war dein Vater früher in der Schule auch so schlecht wie du?«
»Weiß ich leider nicht. Als ich anfing zu lesen, hat Papi alle seine Zeugnisse verbrannt!«

In der Schule werden neue Haken montiert. Auf einem Schild darüber steht geschrieben: »Nur für Lehrer.« Am nächsten Tag klebt ein Zettel unter dem Schild: »Man kann aber auch Jacken aufhängen!«

»Warum kommst du erst jetzt?«, schnauzt der Lehrer den Schüler an. »Weil Sie gestern gesagt haben, ich soll meine Schularbeiten gefälligst zu Hause machen.«

Sascha kommt mal wieder zu spät zur Schule.
Sein Lehrer fragt ihn:
»Welche Ausrede hast du denn heute?«
»Keine.«
Darauf der wütende Lehrer:
»Und das soll ich dir glauben?«

Physiklehrer: »Also, merkt euch das:
Hitze dehnt aus, Kälte zieht zusammen.
Wer kann mir ein Beispiel geben?«
Katharina meldet sich: »Die Ferien
im Sommer dauern sechs Wochen,
die im Winter nur zwei!«

»Du kommst doch glatt zwei Stunden zu spät«,
ermahnt der Lehrer den Sechstklässler.
Er darauf: »Warum? War irgendwas
Besonderes los?«

»Wussten Sie, dass wir nur ein Drittel
unseres Gehirns benutzen?«
»Und welche Funktion haben die
beiden anderen Drittel?«

Der Französischlehrer sagt zum Schüler:
»Bestimmt kommst du wieder einmal
völlig unvorbereitet zur Schulaufgabe!«
»Ganz im Gegenteil, Herr Lehrer!
Ich bin auf das Schlimmste vorbereitet!«

Der Mathematiklehrer ist verzweifelt:
Sven will oder kann die einfachsten
Rechenaufgaben nicht lösen. Kopfschüttelnd
sagt er: »Einer von uns beiden ist ein Idiot!«
Am nächsten Tag übergibt Sven dem Lehrer vor
Unterrichtsbeginn einen gelben Umschlag.
»Was ist das?«, will der Lehrer wissen.
»Ein Attest vom Schularzt, dass ich normal bin!«

Die Mutter fragt den kleinen Franz:
»Wie viele Aufgaben hast du denn bei
deiner Matheprüfung gehabt?«
»Zehn.«
»Und wie viele davon waren falsch?«
»Nur eine!«, murmelt Franz vor sich hin.
»Das ist ja toll, ich gratuliere dir!
Und die anderen?«
»Zu denen bin ich leider nicht mehr gekommen.«

Ein genervter Lehrer zu seinen Schülern:
»Wenn sprachliches Ungeschick wehtäte,
wäre in dieser Klasse der ärztliche
Notfalldienst im Dauereinsatz.«

Im Biologieunterricht wird Moni abgefragt.
Ihr Lehrer will von ihr wissen:
»Ist diese Pflanze künstlich?«
»Natürlich«, meint sie.
»Natürlich?«
»Nein, künstlich.«
»Ja, was denn nun: künstlich oder natürlich?«
Moni: »Natürlich künstlich!«

Aus einem Schüleraufsatz über den »Zoo«:
»Die Wärter müssen die Tiere lieben wie
ihre Frauen, aber keine Angst davor haben!«

»Wer kennt eine Bauernregel?«,
will der Lehrer von seinen Schülern wissen.
Es meldet sich die kleine Lara:
»Sind die Hühner platt wie ein Teller,
war der Traktor wieder schneller!«

Frau Müller bei der Elternsprechstunde.
»Heimatkunde ist nicht gerade die stärkste Seite Ihrer Tochter«, sagt der Lehrer.
»Das ist nicht weiter schlimm«, meint Frau Müller, »wir fliegen sowieso jedes Jahr in den Ferien nach Mallorca!«

»Mutti, wo ist mein Hemd von gestern?«, fragt Erich.
»In der Wäsche!«
»Ich bin verloren! Auf dem Ärmel standen alle griechischen Götter, und morgen schreiben wir eine Arbeit!«

Kurz vor Beginn der ersten Schulstunde wird der Lehrer im Sekretariat ans Telefon gerufen. »Evi ist krank«, meldet sich eine Stimme, »und kann heute nicht zum Unterricht erscheinen!«
Lehrer: »Wer spricht denn da, bitte?«
»Meine Mutter!«

»Ich hätte gern eine Bescheinigung, dass mein Sohn morgen nicht zur Schule gehen kann.«

»Was heißt Shalom?«, will der Lehrer
von seinen Schülern wissen.
Wie aus der Pistole geschossen,
antwortet Susi: »Friede, Herr Lehrer!«
»Gut! Und was heißt El Shalom?«
»Elfriede«, meint Susi erneut.

Timo kommt aus der Schule nach Hause und wird von seinem Vater mit einem strengen Gesicht begrüßt. »Deine Lehrerin hat mir geschrieben, dass man dir nichts beibringen kann!«
»Siehst du«, antwortet Timo. »Ich habe dir ja gleich gesagt, dass sie nichts kann!«

Im Biologieunterricht will der Lehrer wissen:
»Warum enthält die Milch auch Fett?«
Robert meldet sich: »Na, weil sonst beim
Melken das Euter quietschen würde!«

Johanna kommt von der
Klassenarbeit nach Hause:
»War es sehr schwer?«, fragt ihre Mutter.
»Nein, gar nicht. Das hättest sogar du gekonnt!«

Ein Schüler kommt zu spät zum Unterricht.
Auf dem Weg in seine Klasse
läuft er dem Lehrer über den Weg.
»Eine Viertelstunde zu spät!«,
meint der Lehrer streng.
»Ich auch!«, erwidert der Schüler.

Der Unterricht ist zu Ende. Da meldet sich ein Schüler aus der letzten Reihe: »Herr Lehrer, ich würde gern wissen, was wir heute gelernt haben.«
»Was für eine komische Frage! Wie kommst du überhaupt darauf?«
»Weil sie mich zu Hause jedes Mal danach fragen!«

Im Geschichtsunterricht testet der Lehrer die Kenntnisse seiner neuen Klasse. »Moritz, kannst du mir sagen, wann Rom erbaut wurde?«
»Ja, nachts«, kommt es wie aus der Pistole geschossen. »Wie kommst du denn darauf?«, wundert sich der Lehrer über diese unerwartete Antwort. Moritz kann es erklären:
»Mein Vater sagt immer, Rom wurde nicht an einem Tag erbaut!«

»Wenn man einem Lehrer begegnet, dann nimmt man seine Mütze ab«, ermahnt der Lehrer.

»Ich habe aber meine Mütze nicht bei mir, Herr Lehrer«, antwortet Philipp.

»Du hast doch eine auf dem Kopf!«

»Die gehört aber meinem Bruder!«

Helge muss bis zehn zählen:
»Eins, zwei, drei, vier, fünf, sieben, acht, neun, zehn.«
Lehrer: »Wo ist denn die Sechs?«
»Auf meinem Zeugnis!«

»Na, wie hat dir mein Kuchen geschmeckt?«, fragt die Oma ihren kleinen Enkel Tom. »Den habe ich der Lehrerin geschenkt«, antwortet er. Ob sie denn den Kuchen auch gelobt hätte, will die Oma von Tom wissen. »Weiß ich nicht. Seitdem ist sie krank.«

Die Lehrerin ermahnt ihre Klasse zum x-ten Mal: »Ihr sollt euch nicht so weit aus dem Fenster lehnen. Da fällt mir noch einer raus, und dann will es wieder keiner gewesen sein!«

Lehrer: »Wenn ich dein Vater wäre, dann würde ich dir jetzt den Hintern versohlen!«
Schüler: »Dass ich nicht lache! In der Küche würden Sie stehen und Geschirr spülen!«

Elternsprechstunde. Noch bevor die Lehrerin mit Frau Friedrich über ihren Sprössling sprechen kann, sagt diese: »Bitte, Fräulein, geben Sie meinem Raphael keine Rechenaufgaben mehr, in denen eine Flasche Bier nur zwanzig Cent kostet. Mein Mann konnte vor Aufregung die ganze Nacht nicht schlafen.«

»Christian, du hast dieselben zehn Fehler im Diktat wie dein Tischnachbar. Wie erklärt sich das wohl?«
Christian: »Ganz einfach. Wir haben den gleichen Lehrer!«

Auf die Frage seines Vaters, wie er denn in der Schule stehe, entgegnet der Dreikäsehoch: »Prima! Im Fußball bin ich Stürmer, im Lernen in der Abwehr!«

Der Deutschlehrer möchte
von der kleinen Birgit wissen:
»Welcher Fall ist es, wenn du sagst:
›Das Lernen macht mir Freude‹?«
»Ein seltener Fall!«

Auf die Frage eines bestürzten Vaters, ob es denn nicht noch eine letzte Möglichkeit gäbe, dass der Sohn nicht sitzen bleibt, meint der Lehrer: »Mit dem, was Ihr Sohn nicht weiß, könnten noch drei andere Schüler sitzen bleiben.«

Die Mutter packt ihrer Tochter
das Pausenbrot in den Schulranzen.
»Bevor du in die Schule gehst,
solltest du dir vielleicht noch
die Hände waschen, mein Kleines!«
Die Tochter: »Warum das denn?
Ich melde mich sowieso nicht!«

Lehrer: »Wie kommt es, dass in letzter Zeit
alle deine Aufsätze ohne Schreibfehler sind?«
Schülerin: »Meine Mutter ist im Urlaub!«

»Wer hat dir eben vorgesagt?«, fragt der Englischlehrer wütend.
»Ich petze nie, Herr Lehrer!«, erwidert Florian. »Und meinen Freund Philipp würde ich sowieso nie verpfeifen!«

»Ich kann schneller rechnen als mein Lehrer!«
»Dann sag mal, was ist fünf mal fünf?«
»55.»
»Aber das ist doch total falsch!«
»Schon, aber auch total schnell!«

In Erdkunde prüft die Lehrerin ihre Schulklasse auf Herz und Nieren: »Was ist näher: der Mond oder China?«
Andreas in der ersten Bank meint: »Ich glaube, der Mond ist näher. Denn den sehe ich, China dagegen nicht.«

Anschaulicher Mathematikunterricht.
»Drei ganze und fünf halbe Liter Bier –
was gibt das zusammen?«
»Einen Rausch!«

Abgehetzt stürmt Daniel in die Klasse.
»Warum kommst du schon wieder zu spät?«, will die Lehrerin wissen.
»Ich habe verschlafen.«
»Was, zu Hause schläfst du auch?«

Morgengrauen ist das Grauen,
das uns morgens überfällt,
wenn wir in die Schule müssen.

Lehrer, seid nett zu uns –
wir sollen mal eure Rente bezahlen.

Zwischen der Mathe- und Deutschstunde fragt Michael seinen Schulfreund:
»Verlangt dein Vater von dir auch immer, dass du vor den Mahlzeiten betest?«
»Eigentlich nicht. Meine Mutter kocht ganz gut!«

Die letzten Minuten einer Mathematikstunde sind wesentlich länger als die ersten.

Ich wollte die Einschulung
aus Gewissensgründen verweigern.

Ein Schüler korrigiert im Biologieunterricht seinen Lehrer:
»Störche fliegen im Winter gar nicht in den Süden, denn ich bin am 19. November geboren und meine Schwester am 11. Januar!«

Der Lehrer überrascht seine Mathematikklasse:
»Heute werden wir mit Computern rechnen.«
»Prima«, freuen sich die Schüler.
»Also, wie viel sind 67 Computer
minus 27 Computer?«

Möglicherweise könnten auf dem Mond auch Menschen wohnen, erzählt der Lehrer seinen Schülern. Manuel in der letzten Reihe lacht laut auf.
»Was gibt's da zu lachen, Manuel?«, weist ihn der Lehrer zurecht.
»Herr Lehrer, ich stelle mir gerade das Gedränge vor bei Halbmond.«

»Was versteht man unter den inneren
Werten eines Menschen?«, fragt die Lehrerin.
Bennis Finger streckt sich in die Höhe:
»Goldzähne«, kommt es wie
aus der Pistole geschossen.

Tante Erna zu ihrem Neffen:
»So, jetzt soll dir dein Vater einmal erzählen,
wie gut er in der Schule war.«
»Klasse, Lügengeschichten mag ich am liebsten!«

Alle Kinder gehen zur Schule,
nur nicht Frank – der macht krank.

Die ernüchternde Erkenntnis
eines »Leidgeprüften«:
»Die Lehrerausbildung bereitet uns Lehrer
auf alles vor, nur nicht auf die Wirklichkeit.«

»Axel«, fragt die Lehrerin, »warum nennt
man unsere Sprache auch Muttersprache?«
»Weil Papi nie zu Wort kommt!«

Unglaublich, aber wahr: Lehrer gehen ebenso ungern in die Schule wie Schüler.

Die Lehrerin erklärt ihrer Klasse ausführlich die Begriffe »Vergangenheit«, »Gegenwart« und »Zukunft«. Zum Schluss testet sie Paul: »Wenn ich nun sage, ›Ich bin krank‹, welche Zeit ist das?«
»Eine sehr schöne Zeit, Frau Lehrerin!«

Die Lehrerin:
»Wenn ich sage, ›Ich bin schön gewesen‹, dann spreche in der Vergangenheitsform. Wenn ich nun aber sage, ›Ich bin schön‹, was ist das?«
»Eine glatte Lüge«, platzt Peter heraus.

»Hört mal her. Es gibt direkte und indirekte Steuern«, erklärt der Lehrer seiner Klasse. »Die Einkommensteuer ist eine direkte Steuer. Nennt mir jetzt eine indirekte Steuer.«
»Die Hundesteuer«, tönt es aus der vorletzten Bank.
»Warum?«
»Sie wird nicht direkt vom Hund bezahlt!«

Der kleine Frank zu seiner Lehrerin: »Ich will Ihnen ja keine Angst machen, Fräulein, aber mein Vater hat gesagt, wenn ich diesmal kein besseres Zeugnis nach Hause bringe, dann kann sich jemand auf etwas gefasst machen.«

In der Elternsprechstunde bekommt Frau Einstein einiges über ihren Sohn zu hören. Der Lehrer: »Frau Einstein, Ihr Sohn ist ganz schön vorlaut und frech.«
»Ganz der Vater!«
»Er raucht und flucht.«
»Ganz der Vater!«
»Und er stellt den Mädchen nach.«
»Ganz der Vater. Ein Glück, dass ich den Kerl nicht geheiratet habe!«

Auf dem Pausenhof wird wieder einmal gerauft. Auf der Suche nach dem Übeltäter, der die Keilerei angezettelt hat, knüpft sich der Lehrer – nicht ohne Grund – Jan vor.
»Also, es begann damit«, erklärt Jan, »dass Marco zurückgeschlagen hat ...«

Der Sohn eines berühmten Schauspielers fällt durch die Reifeprüfung. Er schickt seinem Vater ein Fax: »Kritiker begeistert – verlangen Wiederholung!«

»Angenommen«, sagt der Biologielehrer, »ich springe jetzt hier über die Bank, welche Muskeln treten dann in Aktion?«
»Die Lachmuskeln«, antwortet die Klasse.

Auch wenn die Schüler gar nicht wissen, wie es geht – an die Wand schmieren können sie es.

Warum steht die Freiheitsstatue in New York?
Ruft Fritzchen vorlaut:
»Weil sie sich nicht hinsetzen kann!«

Der Lehrer zum Schüler:
»Zeichne mal einen großen Kreis an die Tafel.«
Der Schüler wundert sich zwar,
zeichnet dann den Kreis. Der Lehrer:
»Siehst du, das bist du: eine große Null!«

Im Religionsunterricht versucht der Pfarrer seinen Schülern möglichst einfach und bildlich zu erklären, was ein Wunder ist.
»Wie nennt man eine Handlung, bei der Wasser in Wein verwandelt wird?«, fragt er in die Klasse.
»Weinhandlung«, bekommt er zur Antwort.

»Herr Lehrer, wollten Sie uns heute nicht etwas über das menschliche Gehirn erzählen?«
»Heute nicht, ich habe ganz andere Dinge im Kopf!«

Das Leid eines Lehrers: Die Schüler verstehen nie etwas und stellen immer die falschen Fragen.

Sonja ist stocksauer auf ihren Mathematiklehrer: »Ich bin mit Ihnen auch nicht zufrieden, aber bin ich deshalb schon einmal zu Ihren Eltern gerannt?«

Lehrer sind Leute, die einem bei Problemen helfen, die man ohne sie nie hätte.

Ricarda aus der ersten Reihe fragt:
»Herr Lehrer, ist der Stille Ozean
eigentlich den ganzen Tag still?«
Lehrer: »Frag doch mal etwas Vernünftiges!«
Ricarda: »Woran ist eigentlich
das Tote Meer gestorben?«

»Ich will nicht in die Schule!«
»Aber du musst in die Schule!«
»Die Schüler mögen mich nicht, die Lehrer hassen
mich, der Hausmeister kann mich nicht leiden,
und der Busfahrer kann mich nicht ausstehen.«
»Also, du bist jetzt 45 Jahre alt und
Direktor – du musst in die Schule!«

Der Deutschlehrer zu Larissa:
»Was weißt du über Goethes Werke?«
»Keine Ahnung. Ist das ein großer Betrieb?«

Biologiestunde.
»Warum haben Fische Schuppen, Paul?«
»Wo sollten sie sonst ihre
Fahrräder abstellen?«

Die Schüler in der Meisterklasse
bewarfen sich mit Kleistermasse
Und aus dem ganzen Massenkleister
Erhob sich dann der Klassenmeister.

Die Musiklehrerin bittet:
»Klaus, sing doch bitte mal ein C!«
Klaus singt das C.
»Und nun ein F!«
Klaus singt das F.
»Sehr schön«, lobt die Lehrerin. »Und nun bitte G!«
»Wie Sie meinen!«, sagt Klaus, packt seine Bücher in die Mappe und geht.

Paul geht unvorbereitet zur
Klassenarbeit. Vor Abgabe des Aufsatzes
kritzelt er noch einen Satz auf das leere Blatt:
»Gott weiß alles, ich weiß nichts.«
Auf seiner korrigierten Arbeit steht:
»Gott eins, Paul sechs!«

Was heißt »Wir sind per Du« auf Französisch?
»Nous sommes perdus.«

Peter liebt Fremdwörter. In einem Aufsatz über den Hühnerhof schreibt er: »Die Legalität der Hühner ist gut, nur mit der Brutalität hapert es noch ein bisschen.«

»Ich bin in letzter Zeit so nervös«, vertraut sich Vanessa ihrem Lehrer an.
»Versuch's doch mal mit Baldrian.«
»Gute Idee. In welche Klasse geht der?«

Der freche Torsten hat sich im Unterricht wieder einmal schrecklich aufgeführt. Die junge Lehrerin fordert den Zehnjährigen nun auf, nach dem Unterricht noch eine Stunde länger zu bleiben. Mault der Kleine: »Mir soll's egal sein, was die Leute von uns denken.«

Mathematikunterricht – zweite Stunde:
»Herr Siegel, kann man eigentlich für etwas bestraft werden, was man gar nicht gemacht hat?«
»Natürlich nicht!«
»Gut. Ich habe nämlich meine Hausaufgaben nicht gemacht.«

Der Schulrat besucht den Deutschunterricht. »Studienrat Hellwig, ich bin mit Ihrer Stunde sehr zufrieden. Aber ich darf doch Ihre Schüler noch etwas fragen.«
Zu Marlies: »Was weißt du über den ›Zerbrochenen Krug‹ von Kleist?«
Marlies: »Aber Herr Schulrat, ich habe den Krug nicht zerbrochen!«
Der Schulrat zum Lehrer: »Herr Hellwig, haben Sie gehört, was Ihre Schülerin gesagt hat?«
»Ja, aber Marlies ist eine ehrliche Haut. Wenn sie sagt, sie hat den Krug nicht zerbrochen, dann hat sie es wirklich nicht getan!«
Der Schulrat im Gespräch mit dem Direktor: »Ich habe mit Lehrer Hellwig über den ›Zerbrochenen Krug‹ gesprochen.«
Direktor: »Ich kenne Herrn Hellwig sehr gut, Sie können ihm glauben. Hier haben Sie hundert Euro, dann ist die Sache aus der Welt!«
Der Schulrat spricht mit dem Kultusminister.
Kultusminister: »Wenn Direktor Müller Ihnen hundert Euro gegeben hat, dann hat er den Krug selber zerbrochen.«

»Wie zeichne ich eine quadratische Funktion?«
Schüler: »Irgendwie viereckig?«

Mathematikunterricht.
Max zu seinem Lehrer:
»Können wir die Algebra nicht
auf dem Mond lernen?«
»Wieso denn das?«
»Da soll alles viel leichter sein!«

Schüler: »Schauen wir jetzt einen Horrorfilm?«
Der Deutschlehrer: »Dann brauchst du
dich ja nur vorn hinzustellen!«

Schüler: »Wieso dürfen wir denn nicht rein?
Es regnet doch!«
Der Hausmeister: »Dafür könnt ihr
euch die Dusche sparen!«

Der Vater stellt seinen Sohn zur Rede:
»Soeben habe ich von deinem Lehrer
erfahren, dass du der schlechteste
Schüler in deiner Klasse bist.«
»Musst nicht alles glauben, Papa«, antwortet
der Sprössling. »Immerhin bin ich der
Einzige, der den Globus tragen kann.«

»Was ist Faulheit?«, will der Lehrer
von seinen Schülern wissen.
Es meldet sich der Klassenpfiffikus:
»Faulheit ist, wenn ein Barmixer mit dem Shaker
in der Hand auf das nächste Erdbeben wartet!«

Als Fritz vom ersten Schultag nach Hause kommt, fragt ihn die Mutter, wie es in der Schule war. Fritz: »Das ist Betrug. Wir gehen in ein Zimmer wo auf der Tür steht: ›1. Klasse‹, und was ist im Raum? Nur Holzbänke!«

Je eingebildeter die Ausbildung,
desto ausgebildeter die Einbildung.

Ein Lehrer ist ein Mensch,
der immer anderer Meinung ist.

In der Geschichtsstunde.
Der Lehrer zum Klassenfaulsten: »Was kannst
du mir über Karl den Vierten erzählen?«
»Er starb, und nach ihm kam Karl der Fünfte!«

»Wie heißt der Ehemann von Catherina Valente?«, wird eine Schülerin aus München bei einem Quiz gefragt. Die Antwort kommt wie aus der Pistole geschossen: »Karl Valentin!«

Der Lehrer fragt: »Na, kann mir einer von euch sagen, was Staub ist?« Till meldet sich eifrig und sagt: »Herr Lehrer, das ist Dreck, aus dem der Saft ausgequetscht ist!«

Die Deutschlehrerin: »Also, Kinder, ihr kennt alle die Monatsnamen, und sicherlich wisst ihr auch, dass man die Monate mit bestimmten Eigenschaften verbinden kann. Zum Beispiel: der kalte Januar, der neblige Oktober, der heiße Juli ... Kann mir einer von euch nun einen Monat mit dem dazu passenden Eigenschaftswort nennen?« Meldet sich der kleine Moritz: »Der dumme August!«

Was ergibt sieben und sieben?
Feinen Sand!

»Was sagen Sie als Lehrerin dazu, dass sich immer jüngere Schülerinnen schminken?«
»Das ist schon in Ordnung, die heulen dann wenigstens nicht, wenn man schlechte Noten verteilt.«

Im Biologieunterricht wird Nicole vom Lehrer gefragt: »Wie nennt man ein Lebewesen, das auf dem Wasser und auf dem Land leben kann?« – Nicole vorlaut: »Matrose!«

Aufregung in der Dorfschule: Der Schulrat wird erwartet und der Lehrer nimmt seine Schüler noch einmal ins Gebet. Ganz wichtig sei es vor allem, den Schulrat auf keinen Fall zu duzen, sondern stets mit »Sie« anzusprechen.
Der Schulrat kommt, setzt sich ins Klassenzimmer und verfolgt wohlwollend den Unterricht. Schließlich möchte er den Kindern auch noch einige Frage stellen und pickt sich den neunjährigen Daniel heraus: »Na, mein Kleiner. Nenne mir doch das siebte Gebot.«
»Sie sollen nicht stehlen, Herr Schulrat.«

Markus und Matthias unterhalten sich:
»Was nehmt ihr denn gerade in der Schule durch?«
Matthias: »Das ›Kapital‹ von Karl May.«
»Aber das ist doch nicht von Karl May,
sondern von Karl Marx!«, korrigiert ihn Markus.
»Ach so, deshalb! Wir sind schon
auf Seite 200, und es kommen immer
noch keine Indianer vor!«

Lehrer: »Kennst du den Ärmelkanal?«
Manuel: »Nein, wir sind leider noch
nicht verkabelt!«

»Gute Nachrichten, Papa. Du hast mir
doch fünf Euro versprochen, wenn ich
doch noch einen Vierer in Mathe kriege.«
»Ja, und?«
»Schon wieder Geld gespart.«

»In deinem Alter, mein Sohn,
war Helmut Kohl der Beste seiner Klasse.«
»Und in deinem Alter, Papa,
war er Bundeskanzler.«

»Wo geht's denn hier zum Parkplatz?«, will der neue Religionslehrer von Karin wissen.
»Sag ich Ihnen nicht.«
»Das ist aber gar nicht nett. So kommst du nicht in den Himmel.«
»Und Sie nicht zum Parkplatz. Ätsch.«

Der Lehrer nervt seine Schüler mit zahlreichen Fragen, für deren falsche Beantwortung er mit schlechten Noten um sich wirft. Schließlich ist die Reihe an Horst, der ihm ein bekanntes Sprichwort nennen soll. Horst denkt kurz nach und antwortet schließlich: »Ein Narr fragt mehr, als zehn Weise beantworten können.«

»Ich war heute der Einzige, der eine Frage des Lehrers korrekt beantworten konnte«, prahlt der Sohn zu Hause.
»Na, das hätte ich sicher auch gekonnt«, meint der Vater.
»Was hat er denn gefragt?«
»Wer hat die Scheibe eingeworfen?«

Bastian hat sein Zeugnis bekommen, und die Lehrerin konnte es sich nicht verkneifen, eine Notiz über das schlechte Verhalten des Kleinen im Unterricht hineinzuschreiben. Die Mutter ist sauer: »Schämst du dich nicht? Gerade habe ich einen Brief von deinem Vater bekommen. An dem solltest du dir mal ein Beispiel nehmen. Wegen guter Führung wird ihm ein Jahr erlassen.«

Der Lehrer schreibt an die Eltern: »Ihr Sohn stört den Unterricht und schwatzt die ganze Zeit. Bitte mit Unterschrift zurück.« Die Antwort des Vaters: »Sie sollten erst mal seine Mutter hören. Gezeichnet: Kunze.«

Der Lehrer tadelt einen Schüler: »Wenn du eine Mücke verschluckst, dann hast du mehr Hirn im Bauch als im Kopf!«

Der gestresste Lehrer ruft Elke auf. Eine Schülerin ruft nach vorne: »Elke ist heute nicht da.« »Ruhe«, ruft der Lehrer zurück. »Elke soll selbst antworten.«

Der Lehrer: »Was stellt ihr euch
unter einer Brücke vor?«
Der pfiffige Karl: »Einen Haufen Wasser!«

Der Vater tobt, die Mutter weint, das Töchterchen schweigt verlegen: »Das darf doch wohl nicht wahr sein! Jetzt hast du die Prüfung schon wieder nicht bestanden.«
»Was kann ich denn dafür«, zuckt die Tochter mit den Schultern, »wenn diese Idioten genau dieselben Fragen stellen wie letztes Jahr.«

Fünfzigmal muss Klaus den Satz »Ich soll
meine Lehrerin nicht duzen« schreiben.
Doch als er sein Heft abliefert, hat er den
Satz sogar hundertmal geschrieben.
»Warum hast du das denn doppelt so oft
geschrieben?«, will die Lehrerin wissen.
»Ach – weil du es bist«, antwortet Klaus strahlend.

Die Lehrerin fragt die Klasse: »Wie heißt das einzige Tier, vor dem der Löwe Angst hat?«
Fritzchen weiß es: »Die Löwin!«

»Wer kann mir einen berühmten griechischen Dichter der Antike nennen«, fragt der Lehrer in die Klasse. Wolfgang meldet sich:
»Achilles, würde ich sagen.«
»Aber Achilles war doch kein Dichter«, tadelt der Lehrer.
»Ja, wieso denn? Er ist doch durch seine Ferse berühmt geworden.«

Die Tür zum Klassenzimmer öffnet sich zwei Stunden nach Unterrichtsbeginn. Thomas kommt hereinspaziert. Sein Arm steckt in einem Gipsverband, sein Kopf ist bandagiert. »Wieso kommst du schon wieder zu spät«, will der Lehrer wissen.
»Ich bin vom Dach unseres Hauses auf die Straße gefallen«, rechtfertigt sich Thomas.
»Und das soll eine Entschuldigung sein? Das wird doch wohl keine zwei Stunden gedauert haben.«

Petra kommt nach dem ersten Schultag nach Hause. »Nun«, will die Mutter wissen, »war alles in Ordnung?«
»Glaub ich nicht«, meint die Tochter.
»Ich muss morgen wohl noch mal hin.«

In der Großfamilie geht es heute besonders turbulent zu. Kind Nummer drei zischt immer wieder kleine Gemeinheiten zu Kind Nummer sieben hinüber, bis die Mutter endlich eingreift:
»Was tuschelst du da denn immer zu
Annika rüber?«
»Ach, nichts Besonderes, Mutti.
Ich sage nur ›Schlitzauge‹ und ›Gelbe Gefahr‹.«
»Aber Felix, was soll denn dieser
Unsinn bedeuten?«
»Das ist kein Unsinn, Mutti. Ich hab heute
in der Schule gelernt, dass jedes
siebte Neugeborene ein Chinese ist.«

Vater Schnappauf wartet vor der
Schule auf seine Tochter.
Eine Lehrerin kommt vorbei und fragt:
»Erwarten Sie ein Kind?«
»Nein«, brummt Schnappauf zurück.
»Ich bin immer so dick.«

»Matthias«, fragt der Deutschlehrer, »was meint
man mit der inneren Stimme des Menschen?«
»Das Magenknurren.«

»Na, Linda, wie ist denn diesmal
dein Zeugnis ausgefallen?«
»Ist doch egal, Oma. Hauptsache wir
sind alle gesund.«

Stefanie kommt von der Schule nach Hause:
»Mutti, wie bin ich eigentlich auf die
Welt gekommen?«
»Dich hat der Storch gebracht.«
»Und du?«
»Mich hat auch der Storch gebracht.«
»Und wie war's bei Oma?«
»Die hat auch der Storch gebracht.«
»Oh, mein Gott«, ruft Stefanie. »Das wird
meinem Biologielehrer aber zu denken geben.
Drei Generationen – und keine normale Geburt.«

Mit einem unglaublich schlechten Zeugnis
kommt Sebastian von der Schule nach Hause.
Die Eltern schimpfen furchtbar, doch eine
Atempause nutzt der Teenager zur
entscheidenden Frage. »Woran kann es
bei mir nur liegen? Mal ganz ehrlich –
sind es Umwelteinflüsse oder Erbfaktoren?«

Der kulturvernarrte Lehrer: »Venedig sinkt und sinkt. Die Einwohner machen sich Sorgen um diese wunderschöne Stadt.«
»Tja«, kommt die Antwort aus der letzten Reihe. »Die sollten sich mal ein Beispiel an Mainz nehmen. Mainz singt und lacht.«

Bei Barbara verzweifelt der Mathematiklehrer. »Sag mal, du verstehst ja wohl überhaupt nichts«, fährt er das Mädchen an. »Nun machen Sie mal keinen Aufstand«, meint die Göre. »Sie wissen doch auch nicht, was Sie wollen. Gestern haben Sie noch erklärt, fünf plus fünf ergibt zehn, und heute erzählen Sie uns dasselbe mit sechs und vier.«

Der kleine Max hat auf dem Dachboden einen Laufstall entdeckt. Aufgeregt läuft er zu seiner Mutter: »Mami, wir kriegen bald ein Kind! Die Falle ist schon aufgestellt!«

»Mama, fängt jedes Märchen mit ›Es war einmal‹ an?« – »Nein, viele fangen an mit: ›Wenn ich gewählt werde‹.«

Ein Beispiel für zwingende Logik lieferte unlängst Stefan. Seine Geschichtslehrerin fragt ihn, ob er wisse, was 1749 geschah.

»Da wurde Goethe geboren.«

»Sehr richtig, Stefan. Und was geschah 1759?«

»Da hatte Goethe seinen zehnten Geburtstag.«

Rechenunterricht in der ersten Klasse: »Also nehmen wir an, ich lege hier drei Eier hin, nehme zwei wieder weg und lege dann wieder vier auf den Tisch. Wie viele Eier haben wir dann?«

Sabine ist sichtlich beeindruckt: »Sie können wirklich Eier legen?«

Die Mutter ist entsetzt, hat sie doch von ihrem Sprössling auf der Straße gerade einen besonders unschönen Satz gehört.

»So etwas sagst du nie wieder!«, ermahnt sie ihren Sohn.

»Aber Mami«, rechtfertigt sich der schlaue Knabe. »Das ist doch ein Zitat von Schiller.«

»Dann wirst du ab sofort mit diesem Schiller nicht mehr spielen«, entscheidet Mami rigoros.

Frage an den neuen Schüler: »Und wie heißt du?«

»Peter, ohne K.«

Der Lehrer wundert sich: »Aber Peter schreibt man doch immer ohne K.«

»Sag ich doch schon die ganze Zeit.«

»Ich kann einfach nicht glauben, dass mein Sohn in Mathe wirklich eine Sechs bekommt«, beschwert sich die Mutter beim Lehrer.

»Ich auch nicht«, antwortet dieser. »Aber es ist nun mal die schlechteste Note, die ich vergeben kann.«

Anton ist erschüttert: »Stell dir vor, Mami, unser Lehrer weiß nicht einmal, was ein Schaf ist.«

»Wie kommst du denn auf so eine Idee?«

»Na ja – ich habe heute im Kunstunterricht ein Schaf gemalt, und er hat gefragt, was das ist.«

Der Lateinlehrer ist stinksauer: »Ihr seid so schlecht, dass ich eigentlich sechzig Prozent von euch durchfallen lassen müsste.«

Einer der Schüler sagt: »Dass ich nicht lache – sechzig Prozent: So viele sind wir doch gar nicht.«

»Ich verstehe einfach nicht, warum ich unbedingt Englisch lernen muss«, jammert David bei den Hausaufgaben.
»Aber Kind – die halbe Welt spricht doch Englisch«, versucht ihn die Mutter zu motivieren.
»Ja und? Reicht das etwa noch nicht?«

»Schlangen sind Reptilien«, erklärt der Biologielehrer. »Und unter Reptilien versteht man Tiere, die nicht gehen und stehen können, sondern sich über den Boden winden.«
Bastian beugt sich zu seinem Banknachbarn und flüstert: »Wer hätte das gedacht? Mein kleiner Bruder ist eine Schlange.«

Erste Stunde Physikunterricht. Der Junglehrer will das Thema ›Elektrizität‹ besonders anschaulich behandeln: »Also, wenn ihr eine Katze gegen den Strich streichelt, dann können ganz winzige Funken entstehen, und ihr spürt so ein Kribbeln. Das nennt man Elektrizität.«
Hannes meldet sich: »Und wo kriegt das Elektrizitätswerk die ganzen Katzen her?«

Mutter hat Nick versprochen, ihm einen Wunsch zu erfüllen, wenn er eine gute Note mit nach Hause bringt. Tatsächlich schreibt Nick im nächsten Aufsatz eine glatte Zwei.
»Und Nick, was wünschst du dir denn nun?«
»Ich hätte gern einen neuen Computer.«
»Aber Nick«, tadelt die Mutter. »Kannst du dir nicht etwas Billigeres wünschen?«
»Na gut – dann möchte ich einen Tag lang Papa spielen.«
Die Mutter erklärt sich einverstanden, Nick streift sich Papas Jackett über, bindet sich eine Krawatte um und sagt dann:
»Also, auf geht's, Mausi.
Lass uns in die Stadt fahren und für Nick einen neuen Computer kaufen.«

»Die klapperschlange lauert auf ihre Beute«, schreibt Ingmar in seinem Aufsatz.
Die Lehrerin ist verzweifelt: »Habe ich dir nicht schon hundert Mal erklärt, dass man alles groß schreibt, was man anfassen kann?«
»Na, dann versuchen Sie doch bitte schön mal, eine Klapperschlange anzufassen«, rechtfertigt sich Ingmar.

»Sag mal Claudia, warum hast du eigentlich gestern schon wieder gefehlt?«
»Weiß nicht. Habe vergessen, meine Entschuldigung zu lesen.«

»Dreißig Fehler, Egon. Kannst du mir erklären, wie auf eine einzige Seite deiner Hausaufgaben dreißig Fehler kommen konnten?«
»Das kann ich mir auch nicht erklären. Der Schulranzen war jedenfalls die ganze Nacht über verschlossen in meinem Zimmer.«

Fritz zu seinem Vater: »Ich an deiner Stelle wäre ziemlich sauer auf meinen Deutschlehrer.«
»Wieso denn das?«
»Er hat den Aufsatz, den du gestern geschrieben hast, laut vorgelesen und gesagt, diesen Mist muss ein Analphabet verzapft haben.«

Der Deutschlehrer stellt folgende Frage: »Ich gehe, du gehst, er geht, wir gehen, ihr geht, sie gehen. Uwe, kannst du mir sagen, was das bedeutet?«
»Tja, ich würde sagen, nun sind alle weg.«

Wenn Marcel nicht sitzen bleibt, haben ihm seine Eltern zur Belohnung ein Fahrrad versprochen. Doch offensichtlich war diese Motivationsspritze nicht genug, denn Marcels Zeugnis ist unter aller Kanone.
»Sag mal, das gibt's doch gar nicht«, jammert die Mutter. »Was hast du denn in den letzten Monaten nur getan?«
»Ich habe Fahrradfahren gelernt«, antwortet der Sprössling ganz gelassen.

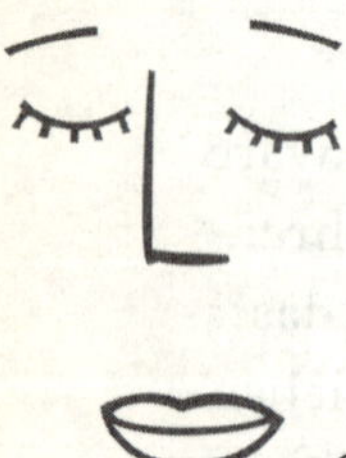

»Mama kannst du deinen eigenen Namen ganz schnell schreiben?«
»Natürlich, mein Kind.«
»Und kannst du das auch mit geschlossenen Augen?«
»Selbstverständlich.«
»Gut. Dann mach jetzt fest die Augen zu, und unterschreibe ganz schnell mein Zeugnis.«

»Stimmt es eigentlich, dass Lehrer bezahlt werden?«, fragt Martin seinen Vater.
»Natürlich werden sie bezahlt«, bestätigt dieser.
»Und warum machen wir dann die ganze Arbeit?«

In einem kleinen bayerischen Dorf unweit der Alpen bespricht der dynamische junge Biologielehrer gerade die Berggämsen: »Wenn die Tiere eine Gefahr wittern, dann warnen sie sich durch einen schrillen Pfiff – etwa so ...« Er steckt zwei Finger in den Mund und pfeift durchdringend. Da dreht sich der Ludwig zum Herbert um und meint zweifelnd: »Also, ich hab schon viele Gämsen gesehen, aber den Huf hat sich noch keine ins Maul gesteckt.«

In der ersten Klasse sollen die Schüler zuerst das Abc auswendig lernen. Am nächsten Tag will die Lehrerin nachprüfen, ob es auch geklappt hat, und bittet zunächst Michaela vor die Klasse. »Also, Michaela, nun sag uns mal das Abc auf.« Michaela steht mit hochrotem Kopf verzweifelt vor der Klasse. »Michaela, hast du womöglich vergessen, das Abc zu lernen?«, will die Lehrerin wissen. »Nein, nein, ich habe ganz viel gelernt«, beteuert Michaela. »Mir fällt nur gerade der Anfang nicht mehr ein.«

Der kleine Richard geht zum ersten Mal allein den Schulweg nach Hause. Er steht am Straßenrand und weint bitterlich. Ein Passant kommt vorbei, sieht die Tränen des Kleinen und fragt mitfühlend:
»Warum weinst du denn so fürchterlich?«
»Weil die ganze Zeit kein Auto kommt.«
»Aber das ist doch prima. Dann kannst du doch einfach über die Straße gehen.«
»Nein, eben nicht«, jammert Richard.
»Mama hat gesagt, ich darf erst über die Straße, wenn das Auto vorbeigefahren ist.«

»Ich weiß, dass ihr eure Haustiere alle gern habt«, sagt die Grundschullehrerin. »Aber man darf sie nicht küssen, wegen der schweren Krankheiten, die übertragen werden können.«
Felix nickt bestätigend: »Stimmt. Mein Opa hat den Hund geküsst, und zwei Wochen später war er tot.«

Ein Prüfling ist gerade durchgefallen und verlässt das Gebäude, als der Prüfer ihm hinterherruft: »Sie haben doch bestanden, der hier ist noch viel schlechter!«

»Warst du in der Schule heute wieder so frech? Hast du wieder etwas angestellt?«, will der Vater wissen.

»Angestellt? Was soll ich denn anstellen, wenn ich beinahe den ganzen Vormittag in der Ecke stehe«, rechtfertigt sich der Sohn.

»Sag mal, Papa, bist du von deinem Vater etwa auch geschlagen worden, wenn dein Zeugnis schlecht war?«, will Alexander wissen.
»Natürlich mein Sohn, Opa hat mich ordentlich vertrimmt.«
»Und Opa? Hat der von seinem Vater auch Schläge bekommen?«
»Natürlich, mein Sohn. Auch Urgroßvater hat Ohrfeigen ausgeteilt.«
Seufzt der Sohn: »Drei Generationen, und keine hat dazugelernt.«

Lehrer: »Aus welchem Land kommst du?«
Igor: »Aus Aserbaidschan.«
Lehrer: »Buchstabiere das mal für uns.«
Igor: »Ich glaube, eigentlich bin ich in Russland geboren.«

Der Lehrer hat in der Schule erklärt, dass der menschliche Körper nach dem Tod zu Staub wird. Zu Hause fragt Elli nach, ob da was dran sei. Die Mutter bestätigt es. Eine halbe Stunde später kommt Elli wieder ins Wohnzimmer und stellt die entscheidende Frage: »Sag mal, Mutti, wer ist auf meinem Kleiderschrank gestorben?«

Im Stadtbus kommt Leni mit einem Lehrer ins Gespräch. »Ich heiße Leni, bin acht Jahre alt und gehe noch zur Schule.«
Der Unbekannte lächelt: »Ich bin fünfzig und gehe auch noch zur Schule.«
Leni runzelt die Stirn: »Da sind Sie aber oft sitzen geblieben.«

»Nenne mir die vier Elemente«, verlangt der Lehrer von Hanne.
Das Mädchen zählt auf:
»Erde, Wasser, Feuer und Bier.«
»Bier? Wieso denn Bier?«, will der Lehrer wissen.
»Immer, wenn mein Vater ein Bier trinkt, sagt meine Mami, ›Jetzt ist er wieder in seinem Element‹.«

In der Straßenbahn überlässt der kleine Jan freundlicherweise einer Frau mit einem kleinen Kind im Arm seinen Sitzplatz. Die erfreute Mutter bedankt sich lächelnd und meint:
»Du bist ja schon ein richtiger Gentleman.«
Wochen später will Jans Lehrer im Unterricht wissen, ob einer seiner Schüler weiß, was ein Gentleman ist.
Jan meldet sich sofort: »Das ist einer, der eine Frau mit einem Kind sitzen lässt.«

Ein Lehrer stellt im Biologieunterricht seinen Schülern in der Klassenarbeit folgende Frage:
»Beschreiben Sie die Vorteile der Kinderernährung durch Muttermilch.«
Die gemeinsam erarbeitete Antwort:
»Muttermilch ist bekömmlich, billig, brennt nicht an, kocht nicht über, die Katze kommt nicht ran, und die Verpackung ist äußerst geschmackvoll.«

Fragt die Chemielehrerin:
»Kann mir jemand von euch eine Flüssigkeit nennen, die nicht gefriert?«
Meint Sabine: »Heißes Wasser!«

Deutschunterricht – das Aufsatzthema lautet: »Wenn ich einmal reich bin.« Antonia gibt ein leeres Blatt ab. Der Lehrer fragt: »Antonia – da steht doch nichts drauf. Was soll denn das?« »Na – wenn ich mal reich werde, schreibe ich garantiert keine Aufsätze mehr.«

»Wer hat den Schwamm ganz oben auf die Tafel gelegt?«, will der Lehrer wissen.
»Ich war's«, meldet sich Judith.
»Dann hol ihn jetzt auch wieder runter.«
Gesagt, getan – der Lehrer beobachtet entsetzt, wie Judith mit ihren schmutzigen Schuhen aufs Pult klettert und nach dem Schwamm greift.
»Menschenskind, Judith. Leg doch wenigstens eine Zeitung unter deine Schuhe.«
»Ist schon okay, Herr Huber. Ich komme auch so ran.«

»Seid endlich leise!«, brüllt der Lehrer in die wild gewordene Klasse, »ich kann ja mein eigenes Wort nicht mehr verstehen!«
»Macht doch nichts!«, tönt eine Stimme aus der letzten Reihe.

Christoph hat sich für die Biologieschulaufgabe besonders intensiv auf das Thema Regenwürmer vorbereitet. In der Prüfung muss er zu seinem Entsetzen die Aufgabenstellung lesen: »Was wissen Sie über Elefanten?«
Christoph beginnt zu schreiben:
»Also. Elefanten haben einen Rüssel.
Dieser sieht aus wie ein großer Regenwurm.
Regenwürmer gehören zu den ...«

Michi öffnet im Geigenunterricht den Geigenkasten. Es liegt eine Maschinenpistole drin.
Der Lehrer: »Was ist denn das?«
Michi: »Oh Gott! Mein Vater steht jetzt mit der Geige in der Sparkasse!«

Otto heult am Morgen los: »Ich gehe nicht in die Schule! Immer wenn die Lehrer nicht mehr weiterwissen, fragen sie mich!«

Aus einem Aufsatz: »Der Weg machte eine Kurve. Als ich die hinter mir hatte, fiel mir plötzlich eine ziemlich kaputte Ruine ins Auge!«

»Du, Papi«, so der Sohn nachmittags zu Hause, »ich war im Biologieunterricht der Einzige, der sich gemeldet hat!«
Darauf der Vater: »Na prima, mein Junge, was wollte der Lehrer denn wissen?«
Franz: »Wer von uns ein paar Läuse mit in die Schule bringen kann!«

Schülerspruch:
Mancher fasst sich an den Kopf – und greift ins Leere.

Interessiert erkundigt sich der Vater: »Na, mein Junge, wie war's heute im Chemieunterricht?«
»Sehr spannend«, erzählt der Junge. »In Chemie haben wir heute gelernt, wie man Sprengstoff herstellt!«
»Und was habt ihr morgen in der Schule?«
»In welcher Schule?«

Cornelius kommt stöhnend nach Hause. Er schleppt einen Berg Bücher und Hefte ins Wohnzimmer und sagt zu seiner Mutter: »Alle Welt beklagt sich über Lehrermangel, nur bei uns fehlt nie einer!«

Abendgebet eines Neunjährigen:
»Lieber Gott, lass Paris die Hauptstadt von England sein, sonst ist mein Aufsatz falsch.«

Was war die größte Leistung der Römer?
Dass sie Latein verstanden haben!

»Was ist das denn für ein Lärm in der letzten Reihe?«, fragt der Lehrer die Klasse. Meldet sich ein Schüler aus der ersten Reihe und meint: »Ach, das ist nur der Ingo! Der schlägt sich gerade den freien Nachmittag aus dem Kopf!«

Die Eltern von Kaspar wollen ihrem Jüngsten das Lernen einmal besonders schmackhaft machen. Also sagt der Vater zu seinem Sohn: »Wenn du brav deine Hausaufgaben gemacht hast, dann nehme ich dich mit zum Fußballspiel.« »Super, Papi«, freut sich der Kleine. »Aber wenn meine Lieblingsmannschaft verliert, habe ich den Mist umsonst gemacht!«

Aus dem Wohnzimmer ruft der Vater:
»Harald, komm mal!«
Harald blickt von seinem Spiel auf
und meint zu seinem Freund:
»Wahrscheinlich kann er meine
Hausaufgaben nicht!«

Vor dem Schlafen schickt Daniel
noch ein Stoßgebet gen Himmel:
»Lieber Gott, mach, dass ich morgen
beim Diktat nicht so viele Rechtschreibfehler
mache! – und übrigens: Ich habe dich
schon einige Male darum gebeten!«

Ein neues Schuljahr hat begonnen. Im Vorbeigehen hört der Rektor riesigen Lärm aus einem Klassenzimmer. Er reißt die Tür auf, packt den Ersten, einen langen Burschen, der am lautesten schreit, und stellt ihn vor die Tür. Dann hält er der Klasse einen Vortrag über richtiges Benehmen.
»Gibt's noch Fragen?«, sagt er zum Schluss.
»Ja, Herr Rektor«, sagt ein Schüler ganz schüchtern.
»Könnten wir unseren Lehrer wieder haben?«

Die Kinder sollen einen Aufsatz schreiben zum Thema: »Was ich mir wünsche.« Die kleine Christine schreibt: »Ich wünsche mir ein Haus, drei Kinder und später einen ganz tollen Mann!« Als der Aufsatz wieder herausgegeben wird, liest Christine die von ihrer Lehrerin mit roter Tinte hinzugefügte Bemerkung: »Unbedingt die Reihenfolge beachten!«

Der Deutschlehrer gibt seiner Klasse das Thema für den nächsten Aufsatz: »Ehrlich währt am längsten.« Boris hat einen Geistesblitz. Sein einziger Satz lautet: »Ehrlich gesagt, wenn ich meinen Aufsatz selber schreibe, brauche ich am längsten!«

Andrea schreibt in ihrem Aufsatz über »Fortbewegungsmittel«: »Die Bauern haben es viel besser als die Großstädter. Sie können ihr Geschäft meistens in der Natur verrichten. Wir in der Stadt müssen dazu die U-Bahn, die Straßenbahn und den Bus benutzen!«

Susanne musste zwei Wochen lang mit Masern das Bett hüten. Heute ist sie zum ersten Mal wieder im Unterricht und wird von der Geschichtslehrerin gefragt:
»Na, Susanne, seit wann hast du gefehlt?«
»Seit der Schlacht von Waterloo«, meint die aufmerksame Schülerin.

»Gestern war der Gerichtsvollzieher bei uns«, erzählt Ulrike ihrer Lehrerin. »Der hat sich aufgeführt wie ein kleines Kind!«
Die Lehrerin fragt erstaunt, wie sie das meint.
»Na ja«, sagt Ute, »alles, was er gesehen hat, wollte er haben!«

Frage- und Antwort-Spiel in der zweiten Stunde:
Lehrer: »Wer von euch kennt eine bekannte Sage?«
Elke: »Die Nibelungensage!«
Lehrer: »Gut. Na, kommt schon, ihr kennt doch bestimmt noch eine Sage!«
Fritz: »Die Argonautensage!«
Lehrer: »Respekt. Und vielleicht noch eine?«
Meldet sich Lilly: »Die Wettervorhersage!«

Das Thema der Hausaufgabe lautet: »Was wir auf dem Schulweg alles sehen und erleben.« In der nächsten Stunde gibt Pablo als Einziger ein leeres Blatt ab. Sein Lehrer fragt ihn erstaunt: »Was ist los, Pablo? So schwer war die Aufgabenstellung doch nicht. Siehst du, alle anderen haben seitenweise ihre Erlebnisse zu Papier gebracht!« Pablo erwidert: »Aber mein Vater ist doch der Hausmeister hier!«

Der Lehrer zu seiner Klasse: »Es gibt keine größere und keine kleinere Hälfte! Ich wiederhole das schon zum x-ten Mal, weil die größere Hälfte von euch wieder einmal nicht aufpasst!«

»Sag mal«, schimpft die Lehrerin, »was hast du bloß für dreckige Hände!« »Das ist doch noch gar nichts«, meint Fridolin, »sie müssten erst mal meine Füße sehen!«

Eine Fünf in Mathematik ist besser als gar keine persönliche Note.

Der Sohn schreibt seinen Eltern aus dem Schullandheim: »Liebe Mutti, lieber Vati, hier gefällt es mir sehr gut. Das Wetter ist spitze, mir geht es gut, macht euch bitte keine Sorgen. Was ist eigentlich eine Epidemie? Tschüss – euer geliebter Sohn!«

Lehrer: »Verrate mir ehrlich, Peter, wer deinen Aufsatz zu Hause geschrieben hat!«
Peter: »Meine Mutter!«
Lehrer: »Ganz allein?«
Peter: »Nein, hin und wieder habe ich ihr geholfen!«

Der Geschichtslehrer hat für die heutige Unterrichtsstunde ein bedeutendes Kapitel aus der Geschichte für die Schulklasse vorbereitet. »Karl der Große war ein beeindruckender Mann, der aber nicht nur gute, sondern auch schlechte Eigenschaften hatte«, erklärt er seinen Schülern. »Wer von euch kennt solch eine schlechte Eigenschaft?«
Schnellt Petras Hand in die Höhe: »Ich weiß es, ich weiß es, Herr Lehrer. Karl der Große baute Schulen!«

Xaver schießt mit einem Ball
die Scheibe im Lehrerzimmer ein.
Der Rektor schaut aus
dem Fenster und brüllt:
»Weißt du, was du jetzt verdient hast?«
Xaver antwortet: »Ja, aber für Sie
mach ich es umsonst.«

Fröhlich begrüßt die Klassenlehrerin ihre Schüler nach den großen Sommerferien.
»Na, habt ihr auch alle schöne Ferien gehabt?«, fragt sie.
Meint ein Schüler spitzbübisch:
»Super. Aber viel zu kurz für einen Aufsatz!«

Klassentreffen nach 25 Jahren. Ein großes Hallo und Umarmen. Später unterhalten sich Fabian und Alexander, zwei alte Schulkameraden, die seit der vierten Klasse unzertrennlich waren, sich aber nach der Schule aus den Augen verloren haben. Fabian: »Was ist eigentlich aus der niedlichen Brünetten geworden, wegen der damals fast die halbe Klasse sitzen geblieben ist?«
»Ooch, die – auf der bin ich sitzen geblieben!«

Der Lehrer möchte wissen:
»Welche vier Worte werden in der Schule am meisten gebraucht?«
Stefan: »Das weiß ich nicht.«
»Richtig.«

Jede Schulminute hat 60 Schrecksekunden.

David kommt fest entschlossen von der Schule heim:
Er stemmt seine Arme in die Hüften, baut sich vor seinem Vater auf und meint trotzig:
»Ich gehe nie wieder in die Schule!«
»Mein Sohn, jeder muss in die Schule«, sagt sein Vater.
»Hör zu: Ich kann nicht rechnen, in Französisch bin ich Klassenschlechtester, in Geschichte bin auch eine Niete – also, was soll das Ganze noch!«

Der Klassenlehrer zu seiner Klasse:
»Wie nennt man einen Menschen, der redet und redet, ohne dass ihm jemand zuhört?«
»Lehrer, Herr Lehrer!«, antworten die Schüler.

»Maxi, was gibt's denn dauernd so zu lachen?«,
fragt der Französischlehrer.
»Wir lachen nicht über Sie«, beschwichtigt
Maxi den Lehrer.
Darauf der Lehrer: »Was in der Welt wäre hier
denn sonst noch ein Grund zum Lachen?«

Der Lehrer fragt eine Schülerin:
»Wie alt bin ich?«
Sagt die Schülerin: »Wahrscheinlich 44!«
»Warum?«, fragt der Lehrer.
»Bei uns in der Straße wohnt ein Halbidiot,
der ist 22!«

Die Mutter kommt von der Elternsprechstunde zurück und nimmt ihren Sprössling ins Gebet: »Bastian, der Lehrer hat ja schöne Dinge über dich zu berichten. Vor allem deine Rechtschreibung lässt sehr zu wünschen übrig! Mein Vorschlag: Von jetzt an nimmst du immer einen Duden, und wenn du Zweifel hast, kannst du darin nachschlagen!«
Darauf der kleine Bastian mit bedauernswerter Miene: »Aber wenn ich doch nie Zweifel habe!«

Auf einer Hauswand stand in großen Buchstaben geschrieben:
»Gibt es intelligente Wesen auf der Erde?«
Nur wenige Tage später stand in einer anderen Handschrift darunter:
»Ja, aber ich bin nur zu Besuch hier!«

In der Elternsprechstunde sagt Lehrer Specht zu Julians Vater:
»Ihr Sohn macht immer so einen verschlafenen Eindruck!«
Darauf der Vater schlagfertig: »Das ist eben das Talent, das in ihm schlummert!«

»Vanessa, weißt du, was ein Kilowatt ist?«, will der Physiklehrer wissen.
»Klar«, kommt die prompte Antwort, »das sind zwei Pfund Elektrizität!«

Im Chemieunterricht:
»Was passiert, wenn man reines Silber an der Luft liegen lässt?«
Schüler: »Es wird vermutlich gestohlen!«

Zwei Freunde unterhalten sich auf dem Spielplatz über den Schultag.
Patrick zu seinem Freund: »Was habt ihr heute im Unterricht durchgenommen?«
Timo: »Die Entfernung der Sonne!«
Patrick verwundert: »Und wie entfernt man nun die Sonne?«

Die Mutter nimmt ihren Sohn Rudi streng ins Gebet:
»Noch vor kurzem hast du mir erzählt, du würdest im Zeugnis fünf Einser haben. Und jetzt stehen da aber nur Fünfer!«
Seufzt Rudi: »Hätte ich denn ahnen können, dass der doofe Lehrer die Einser zusammenzählt?«

Ralf kommt freudestrahlend von der Schule nach Hause. Stolz berichtet er seiner Mutter von der ersten Englischstunde:
»Du, Mutti, ich kann schon ›Guten Tag‹ und ›Auf Wiedersehen‹ auf Englisch sagen!«
»Freut mich, mein Schatz«, meint die Mutter, »auf Deutsch konntest du es bisher ja nicht!«

Auf dem Schulball fordert der kleine Tom seine Deutschlehrerin zum Tanz auf: »Ich tanze doch nicht mit einem Kind«, meint sie unfreundlich. Tom bleibt ihr die Antwort nicht schuldig: »Pardon, Frau Lehrerin, ich wusste natürlich nicht, dass Sie in anderen Umständen sind!«

Andreas sitzt vor seinen Hausaufgaben. Plötzlich hebt er den Kopf und fragt seinen Vater: »Du, Papi, was ist das für ein Satz: ›Es ist kein Bier im Haus‹?« Der Vater entsetzt: »Das ist kein Satz – das ist eine Katastrophe!«

Bernd steht an der Tafel und muss dem Physiklehrer folgende Frage beantworten: »Nenne den Unterschied zwischen Gleichstrom, Wechselstrom und Drehstrom!« Bernd erklärt den Unterschied folgendermaßen: »Gleichstrom muss Vati immer gleich bezahlen. Wechselstrom bezahlt Vati mit einem Wechsel, und bei Drehstrom dreht sich beim Mittagessen alles darum, wer bezahlt.«

Im Religionsunterricht:
»Warum durften Adam und Eva nicht die Äpfel vom Baum der Erkenntnis essen?«
»Weil die Äpfel gespritzt waren, Herr Lehrer?«

Treffen sich zwei alte Schulkameraden nach langer Zeit wieder. Das Interesse, was aus den einstigen Schülern geworden ist, ist auf beiden Seiten groß.
Sagt der eine stolz: »Ich bin Professor an der Humboldt-Universität. Und du?«
Darauf der andere: »Ich bin am Lessing-Gymnasium!«
»Was, dich hat es als Gymnasiallehrer zurück an die Schule gezogen?«
»Nein, ich fahre den Schulbus!«

Lukas und Matthias schwatzen während des Unterrichts. Matthias murmelt Lukas ins Ohr: »Du, meine Füße sind eingeschlafen!«
Lukas rollt mit den Augen und flüstert zurück: »Das geht ja noch. So, wie die riechen, könnte man meinen, sie seien schon längst tot!«

»Dirk, deine Aufsätze sind
das reinste Chaos«, schimpft der Lehrer,
»hast du denn keinen großen Bruder,
der dir helfen kann?«
Dirk schlagfertig: »Jetzt noch nicht,
aber bald krieg ich einen!«

Die kleine Johanna kommt von
der Schule nach Hause. »Gibt's was Neues?«,
fragt die Mutter interessiert.
»In der Schulaufgabe habe ich eine Fünf
und im Aufsatz eine Sechs«,
berichtet Johanna mit hängendem Kopf.
»Ich habe dich gefragt, ob es etwas Neues gibt!«

Der Lehrer ermahnt die kleine Rosi:
»Hör mal, Rosi! Mädchen haben normalerweise eine schöne Handschrift,
aber deine ist ja wirklich unleserlich.
Ab heute strengst du dich besser an
und schreibst deutlich, verstanden?«
Murmelt Rosi vor sich hin:
»Jaja, und ich hab dann den ganzen
Ärger mit den Rechtschreibfehlern!«

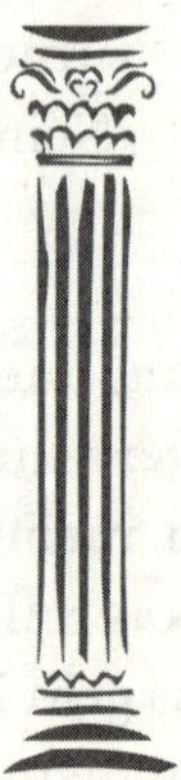

Die Schulklasse von Lehrer Hempel macht einen Ausflug ins Museum.
»Also, Kinder, in dieser Vitrine seht ihr eine Mumie. Kann mir einer von euch erklären, was das ist?«
Ein Kichern geht durch die Reihen. Meldet sich Fritz: »Ein König in der Konserve!«

Zum Schulbeginn wurde am Zebrastreifen
ein Schild für Autofahrer angebracht:
»Achten Sie auf die Schüler!«
Am nächsten Tag stand ein weiterer,
offensichtlich von Kinderhand
geschriebener Satz darunter:
»Das gilt selbstverständlich nicht
für Lehrer!«

»Klaus«, stellt der Lehrer den notorischen
Schulschwänzer zur Rede, »wo warst du
während der letzten Stunde?«
»Ich hab ein kleines Nickerchen gemacht!«
»Wie bitte?«, fragt der Lehrer verblüfft,
»während des Unterrichts?«
»Aber klar! Schließlich hat mich
auch das Lernen ermüdet!«

In der Physikstunde fragt der Lehrer: »Wer von euch kann mir einen durchsichtigen Körper nennen?«

Meldet sich Streber Paul: »Glas.«

»Sehr richtig, Paul. Noch einen?«

Meldet sich der vorlaute Thomas: »Das Schlüsselloch!«

Im Religionsunterricht. Markus hat besonders gut zugehört und fragt seinen Lehrer: »Also, dann gilt das achte Gebot nur für Lehrer?«

»Wieso das denn?«, fragt der Lehrer erstaunt.

Markus superschlau: »Es heißt doch: Du sollst kein falsches Zeugnis geben!«

Peter sitzt gelangweilt vor seinem Schulaufsatz über das Thema »Wenn ich Chef wäre«. Alle anderen Kinder schreiben und schreiben, nur er starrt aus dem Fenster. Plötzlich tippt ihm die Lehrerin auf die Schulter: »Was ist mit dir, Peter?«

»Ich warte auf meine Sekretärin!«

Studentenwitze

Ein Biologiestudent bei der Prüfung.
Der Professor deutet auf einen halb bedeckten Käfig, in dem nur die Beine eines Vogels zu sehen sind. »Welcher Vogel ist das?«
»Keine Ahnung.«
»Ihren Namen bitte!«
Da zieht der Student seine Hosenbeine hoch: »Raten Sie mal!«

Im Hörsaal hat man eine neue Lautsprecheranlage installiert. Der Professor sprach zur Probe ins Mikrofon: »Können Sie mich auch in den hinteren Sitzreihen hören?«
Ein Student aus der vorletzten Reihe blickt kurz aus einer lebhaften Unterhaltung auf und ruft: »Jawohl, Herr Professor, aber es stört uns nicht im Geringsten!«

Zwei Physikstudenten nach der Vorlesung.
»Unglaublich, dass das Licht dreihunderttausend Kilometer pro Sekunde zurücklegt!«, sagt der eine.
»Ja, und dass es bei diesem Tempo nicht erlischt!«, fügt der andere hinzu.
»Und was für enorme Entfernungen es zurücklegt!«
»Und trotzdem immer pünktlich kommt!«

Der Prüfer im Fach Physik zum Studenten: »Wenn ich Ihnen jetzt ein Barometer gäbe, wie würden Sie damit die Höhe dieses Hauses messen?«
Prüfling: »Ich würde damit aufs Dach gehen, es fallen lassen und die Zeit stoppen!«

Soziologiestudent Boris hat eine wichtige Prüfung hinter sich.
Fragt ihn sein Kommilitone:
»Na, wie war's?«

»Am Anfang lief's eigentlich ganz gut.
Seine ersten Fragen konnte ich beantworten.
Danach war's aus bei mir.«
»Was hat er dich denn am Anfang gefragt?«
»Name, Geburtstag, Geburtsort, Name der Eltern.«

»Kennen wir uns nicht?«, begrüßt der Professor den nervösen Examenskandidaten.
»Ja, vom letzten Jahr. Ich bin damals leider durchgefallen.«
»Keine Sorge, dann wird's dieses Mal bestimmt klappen«, sagt der Professor und klopft dem Prüfling aufmunternd auf die Schultern.
»Erinnern Sie sich noch an meine erste Frage damals?«, fragt der Professor.
Schmunzelt der Student: »Kennen wir uns nicht ...?«

Der Professor nimmt seinen Prüfling
ordentlich in die Mangel:
»So, nun sagen Sie mir mal bitte, wie Sie
die Umlaufzeiten um die Sonne finden?«
Der Student: »Einfach phantastisch,
Herr Professor, einfach phantastisch!«

Ein Student kommt in eine Buchhandlung
und fragt nach einem Sachbuch. »Nehmen Sie
das da«, rät ihm der Buchhändler. »Damit
sparen Sie sich mindestens die Hälfte der Arbeit.«
Der Student: »Okay, dann geben Sie
mir bitte zwei davon!«

In der Universitätsbibliothek.
Sagt der Biologiestudent zum
Philosophiestudenten:
»Was liest du denn?«
»Weiß ich nicht.«
»Aber du sprichst doch ganz laut vor dich hin!«
»Das schon, aber ich höre mir nicht zu!«

Ein Student wird im Examen in Geschichte geprüft.
»Wie heißt der Franzose, der General war, dann Erster Konsul und später Kaiser?«
Der Kandidat denkt angestrengt nach, schüttelt den Kopf und sagt: »Weiß ich nicht!«
»Napoleon Bonaparte!«, brüllt der Professor.
Der Kandidat steht auf und geht zur Tür.
»Halt, wo wollen Sie denn hin?«, ruft der Prüfer.
»Ach so, Verzeihung«, murmelt der Kandidat betreten. »Ich dachte, Sie hätten schon den Nächsten aufgerufen.«

Der Prüfungsleiter beobachtet den jungen,
angehenden Frauenarzt kopfschüttelnd und
ruft schließlich aus: »Machen Sie bitte alle
Lichter aus. Im Hellen findet er es nicht.«

Warum stehen Studenten schon um sieben Uhr auf?
Weil um acht Uhr der Supermarkt zumacht.

Ein Geschichtsprofessor ärgerte sich über die Unreife und mangelnde Aufmerksamkeit seiner Studenten und donnerte ins Auditorium: »Als Alexander der Große so alt war wie Sie, hatte er bereits die halbe Welt erobert.« Zwischenruf aus der letzten Reihe: »Der wurde auch von Aristoteles unterrichtet.«

Ein Biologiestudent bei der mündlichen Prüfung. Am Ende sagt sein Professor:
»Zeichnen Sie mal einen Zug.«
Der Student: »Bitte?«
Der Professor wiederholt seine Aufgabe, und der brave Student zeichnet einen Zug. Der Professor: »Ein solcher ist gerade für Sie abgefahren! Sie haben die Prüfung nicht bestanden!«

In der Uni stand folgender Spruch an einer voll geschriebenen Klowand:
Studentenpower macht Putzfrau sauer!

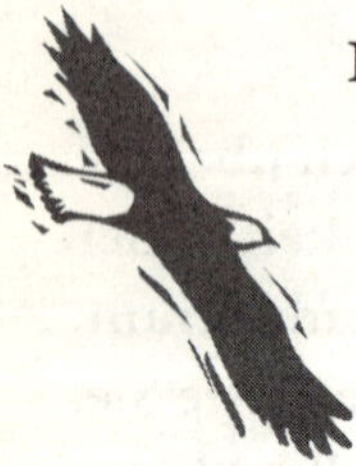

Ein Professor sitzt in der Mensa und isst.
Ein Student setzt sich ungefragt
ihm gegenüber an den Tisch.
Etwas verärgert meint der Professor:
»Seit wann essen denn Adler und
Schwein an einem Tisch?«
Der Student: »Schon gut,
dann flieg ich halt weiter.«

Der Professor zum Medizinstudenten
bei der mündlichen Prüfung:
»Sehen Sie den Baum vor dem Fenster?«
»Ja, und?«
»Wenn der wieder Blätter trägt,
dann kommen Sie noch mal.«

Ein Professor und ein Student stehen zufällig nebeneinander auf der Toilette. Sagt der Student: »Es ist aber schön, dass wir hier mal nicht als Professor und Student, sondern als zwei Männer stehen.«
Antwortet der Professor:
»Ja, aber wie ich sehe, haben Sie diesmal wieder den Kürzeren gezogen.«

Der Professor fragt nach einem anzuwendenden mathematischen Verfahren – keiner meldet sich. Stimme aus der hinteren Reihe: »Ich kaufe ein E ...«

Der Professor kämpft mit dem Mikrofon und der Rückkopplung. Da fragt er: »Was ist denn das für ein Pfeifen?« Ein Student in der ersten Reihe gedankenverloren: »Das ist die Rückkopplung vom Herzschrittmacher!«

»Wie behandeln Sie ein Pferd, das einen Schlüsselbeinbruch hat?«, will Professor Carstens von seinen Studenten wissen. Die allgemeine Meinung: Gips und Tetanus. »Falsch«, sagt der Fachmann, »Sie verkaufen es ans Museum. Es wäre das erste und einzige Exemplar mit einem Schlüsselbein!«

Zwei Studenten: »Wovon lebst du?«
»Ich schreibe.«
»Und was?«
»Nach Hause, dass ich Geld brauche!«

Student im Rhetorikkurs: »Sie haben meine Rede gehört, Herr Professor. Meinen Sie, ich könnte meinen Vortragsstil noch verbessern, wenn ich es wie Demosthenes mit Kieselsteinen im Mund probiere?«
Der Professor: »Probieren Sie es lieber mit rasch abbindendem Zement!«

Gegen Ende seines ersten Semesters unterhält sich Thomas in der Mensa einmal mit ein paar Studienkollegen über die hohen Prüfungsanforderungen. Ein am Nebentisch sitzender Professor, der eine Weile zugehört hat, versucht ihre Befürchtungen zu zerstreuen.
»Machen Sie sich nicht zu viele Sorgen über Ihre Prüfungsnoten«, meint er. »Wenn Sie glauben, alles zu wissen, kriegen Sie das Abiturzeugnis. Wenn Sie erkannt haben, dass Sie gar nichts wissen, bekommen Sie ein Diplom. Und wenn Sie merken, dass auch alle anderen nichts wissen, wird Ihnen der Doktortitel verliehen.«

Tierwitze

Die Katzen eines Architekten, eines Chemikers und eines Filmregisseurs sitzen vor ihren Brekkies. Die Architektenkatze baut daraus ein Gebäude mit Haupthaus, Seitenflügeln und Garage. Dann frisst sie alles auf. Die Chemikerkatze zerstößt die Brekkies mit einem Mörser, vermischt sie miteinander, löst sie in diversen Flüssigkeiten auf, erhitzt, filtriert und destilliert sie und frisst sie dann auf. Die Filmregisseurskatze pulverisiert die Brekkies mit einer Rasierklinge, zieht sie sich durch einen zusammengerollten Hunderter in die Nase und brüllt die beiden anderen Katzen genervt an: »Haut ab! Ich kann so nicht arbeiten!«

Sagt eine Maus zur anderen: »He, da hinten
kommt ein schwarzer Kater von links!«
Die andere: »Ist mir doch egal,
ich bin nicht abergläubisch!«

Die Nachbarin klopft aufgebracht an die Wohnungstür. »Ihre Katze hat heute Morgen unseren Wellensittich gefressen!«
»Oh gut, dass Sie das sagen, dann bekommt sie heute kein Futter mehr.«

Eine Katze und eine Maus gehen in die Konditorei.
Sagt die Maus: »Ich hätte gern ein Stück Erdbeerkuchen mit Sahne.«
Fragt der Konditor die Katze: »Und du?«
»Ach, ich hätte nur gern etwas Sahne auf der Maus.«

Eine Katze geht in ihre Stammkneipe.
Die Bedienung: »Ein Päckchen Zigaretten, ein Knoblauchbaguette und ein Alkoholfreies, wie gewöhnlich?«
Die Katze: »Nein, heute gönne ich mir ein Weizenbier. Ich bin zu Fuß da.«

Zwei Katzen treffen sich. »Na, wer bist denn du?«
»Ich bin adelig und heiße ›Mieze vom Schlosspark‹. Und du?« Darauf die andere: »Dann bin ich wohl auch adelig, ich heiße ›Runter vom Sofa‹!«

Ein Kater stirbt und kommt in den Himmel. Dort wird er von Petrus empfangen. Er sagt zu ihm: »Du warst immer brav, und wir hatten keine Probleme mit dir. Dafür darfst du dir etwas aussuchen.« Der Kater wünscht sich eine rosa Wolke zum Schlafen. Am nächsten Tag kommt eine ganze Schar Mäuse in den Himmel. »Auch ihr wart brav und dürft euch etwas aussuchen.« Die Mäuse wünschen sich Rollschuhe.
Einige Tage später trifft Petrus den Kater. Er fragt, wie es ihm denn gefällt. »Ganz toll«, antwortet der Kater, »den ganzen Tag im Bett und immer Essen auf Rädern.«

Auf der Polizeistation klingelt das Telefon.
»Kommen Sie sofort. Es geht um Leben und Tod.
Hier in der Wohnung ist eine Katze!«, schallt
es aus dem Hörer.
Der Beamte erkundigt sich:
»Wer ist denn am Apparat?«
»Der Papagei.«

Darüber könnte man streiten: Wenn sich eine Biene in eine Brennnessel setzt, wer sticht dann wen?

Wo wohnen Katzen?
Im Miezhaus!

»James«, sagt Frau von Tucher zu ihrem Diener, »unsere Katze langweilt sich. Gehen Sie mit ihr in einen Mickymaus-Film!«

Zwei Kätzchen gehen in eine Kneipe. Als der Wirt fragt, was sie denn gern hätten, antwortet das eine Kätzchen: »Ich hätte gern eine Milch.«
Darauf das zweite Kätzchen: »Für mich bitte einen Wodka!«
Der Barkeeper verschwindet, und das eine Kätzchen schaut das andere entrüstet an und sagt: »Sag mal! Wir Kätzchen trinken doch Milch – und keinen Wodka!«
Da entgegnet das zweite Kätzchen: »Ach, weißt du, ich hab gehört, dass man, wenn man viel Wodka trinkt, am nächsten Morgen mit einem Kater aufwacht!«

Der männliche Begleiter zum blonden Glühwürmchen: »Du warst wohl schon in der Schule keine große Leuchte, hm?«

Zwei Katzen sitzen vor einem Vogelkäfig und beobachten den Vogel. Sagt die eine: »Das ist kein Kanarienvogel, der ist ja grün.« Sagt die andere: »Vielleicht ist er noch nicht reif.«

Ein Gast kommt in eine Pension. Da springt ihn eine kleine Katze an. Der Gast fragt den alten Portier: »Kratzt Ihre Katze?«
»Nein, meine Katze kratzt nicht.«
Der Gast streichelt die Katze, die sofort fauchend die Krallen ausfährt. »Aber Sie sagten doch: Ihre Katze kratzt nicht.«
»Das ist auch nicht meine Katze.«

Der Elefant und die Maus stehen vor dem Standesbeamten der Tiere.
»Und Sie wollen wirklich heiraten?«, fragt dieser zweifelnd.
»Wir müssen«, antwortet die Maus.

»Jetzt ist mir schlecht«, stöhnt die Motte, »da hab ich einmal von einem Tweed-Mantel gekostet, und ich vertrage doch die englische Küche nicht!«

Ein Mann geht mit seiner Katze ins Kino.
Die amüsiert sich köstlich über den Film und
lacht die ganze Zeit. Da dreht sich eine Dame
verwundert zu dem Herrn um:
»Sie haben aber eine seltsame Katze.«
»Ich wundere mich auch schon die ganze Zeit«,
sagt der Herr. »Das Buch hat ihr nämlich
gar nicht gefallen.«

Ein Herr schlendert durch die Katzenausstellung.
An einem Stand bleibt er stehen und
fragt den Besitzer: »Was sind das für Katzen?«
»Siamesen.«
»Respekt – sauber getrennt!«

Auf dem Bauernhof. Alle Anzeichen deuten darauf hin, dass die Kuh in der Nacht kalben wird. Waltraud, der Besuch aus der Stadt, steht gebannt im Stall und möchte bei dem Ereignis dabei sein. Stunden vergehen, nichts passiert. Dem Bauern wird es zu bunt, und er sagt zu der Städterin: »Am besten, du gehst aus dem Stall. So wird das nämlich nichts. Wenn die Kuh dich sieht, glaubt sie, sie hätte schon gekalbt!«

Andreas erzählt seinem Freund:
»Unsere Katze hat sich auf der
Vogelausstellung den ersten Preis geholt!«
»Wie denn das?«
»Die Käfigtür war offen!«

Ein Mann sitzt mit seinem Kater vor dem
Fernseher und schaut einen Western an.
Nach einer Weile sagt er: »Schau mal, Garfield,
der blöde Cowboy spricht mit seinem Pferd!«

»Es gibt für mich nichts Schöneres als Fliegen«,
schwärmt Peter seiner Freundin nach der
ersten Flugstunde vor.
»Ich weiß nicht«, erwidert sie, »ich finde diese
Tiere ziemlich unappetitlich!«

»Unser Hund lügt«, erzählt Oliver seinem Kumpel.
»Ach, was, Hunde können doch nicht lügen!«
»Pass mal auf, ich kann es beweisen:
»Waldi, wie macht das Kätzchen?«
»Wau, wau, wau.«
»Siehst du!«

»Sie sind doch Uhrmacher! Können Sie meinen Hund reparieren?«
»Ihren Hund? Was fehlt ihm denn?«
»Er bleibt alle fünf Minuten stehen!«

Ein Schild an der Boxentür im Pferdestall warnt: »Bitte nicht füttern! Der Besitzer.« Am nächsten Tag hängt ein zweites Schild darunter: »Bitte das obere Schild ignorieren! Das Pferd.«

»Ich würde so gern Ski fahren«, klagt der Tausendfüßler, »aber immer wenn ich die Ski endlich anhabe, ist der Winter vorbei.«

Ein Tigermännchen trifft auf eine reizende Tigerdame. Seine Verführungskünste bleiben aber unbeachtet.
»Jetzt stell dich doch nicht so an«, wird das Tigermännchen langsam ungeduldig.
»Wir stehen auf der Liste der vom Aussterben bedrohten Tiere, und du zierst dich so!«

Ein Nilpferd und ein Kaninchen wollen ins Kino.
An der Kasse hängt ein Schild:
»Programm 50 Cent!«
Das Nilpferd macht auf dem Absatz kehrt.
»Was ist denn nur los«, fragt das Kaninchen.
»Nichts für ungut, aber das ist mir dann doch
zu teuer – 50 Cent pro Gramm! Wo ich doch
einige Tonnen auf die Waage bringe!«

Ein junger Elch trinkt am Ufer des Sees.
Er betrachtet verzückt sein Spiegelbild im klaren Wasser und meint stolz: »Ich bin der König des Waldes und des Sees!«
Da nähert sich ein brummender Braunbär:
»Was hast du eben gesagt?«
»Ach, man redet viel, wenn man getrunken hat.«

Ein Pferd betritt die Bar und bestellt
einen doppelten Schnaps.
»Macht genau zehn Euro«, meint der verdutzte
Wirt und murmelt vor sich hin: »Das ist
das erste Pferd, das ich bediene, unglaublich!«
»Bei den Preisen«, erwidert das Pferd,
»wird es wohl auch das letzte sein!«

Sagt ein Pferdezüchter zum anderen:
»Wolltest du mir nicht dieses prachtvolle Pferd
zu einem günstigen Preis verkaufen?«
»Hat sich erledigt, es geht ihm wieder besser!«

Kuh Elsa fängt im Stall plötzlich an,
mit ihrem Euter zu wackeln.
»Was machst du da?«, wundert sich
ihre Stallnachbarin.
»Schlagsahne – ich habe morgen
nämlich Geburtstag!«

Zwei Doggen beobachten zwei Arbeiter,
die eine Straßenlaterne aufstellen.
Sagt die eine zur anderen:
»Na, das muss begossen werden!«

Eine Fliege entkommt nur um Haaresbreite
dem gefährlichen Netz der Spinne.
Darauf schimpft diese: »Na, warte, morgen
krieg ich dich bestimmt!«
Die Fliege lacht: »Das hättest du wohl gern –
aber ich bin eine Eintagsfliege!«

Zwei Amseln sitzen auf einem Baum, mit Blick auf den Nacktbadestrand.
Meint die eine: »Fragst du dich nicht auch manchmal, warum die alle zur gleichen Zeit in der Mauser sind?«

Das streitsüchtige Huhn Lore zum Huhn Elli: »Ätsch, meine Eier sind Handelsklasse A und deine nur B!«
Huhn Elli: »Im Gegensatz zu dir verrenke ich mir nicht wegen der paar Cent den Hintern!«

Ein Kater macht einen Ausflug über die Wiese.
Da blickt ihn eine Kuh mit großen Augen an:
»So klein und schon einen Schnurrbart!«
Darauf der Kater:
»So groß und immer noch keinen Büstenhalter!«

Eine Dame möchte in einer Tierhandlung ein exquisites Halsband für ihren teuren Vierbeiner kaufen. Fragt die Verkäuferin: »Was wollen Sie anlegen?«
Die Dame entrüstet: »Meinen Hund natürlich!«

Ein verliebtes Elefantenpaar geht Rüssel in Rüssel spazieren.
Murmelt sie: »Hoffentlich führst du mich nicht nur an der Nase herum.«

Zum x-ten Mal erklärt die Kaninchenmutter ihrem Sprössling: »Ein Zauberer hat dich aus seinem Zylinder gezogen – und nun hör endlich auf mit deiner Fragerei!«

Stolz streicht Dieter über das Fell seines Hundes und sagt:
»Dieser Hund hat mir das Leben gerettet.«
»Was, dieser Flohteppich?«
»Sprich nicht so von meinem Hund. Zwei Ärzte wollten an mein Krankenbett, und keinen hat er rangelassen!«

Vater und Tochter sind im Zoo.
»Papi, kaufst du mir einen Elefanten?«
»Wo nehmen wir denn jeden Tag das viele Futter her?«
»Kein Problem. Da steht doch ›Füttern verboten‹!«

Das Starenweibchen ist untröstlich. Mit Engelszungen redet ihr das Starenmännchen zu: »Glaub mir doch endlich, ich bin unverheiratet. Der Ring stammt von einer Vogelwarte!«

Zwei Stammtischbrüder sitzen über ihre
Biergläser gebeugt in der Stammkneipe.
Seufzt einer: »Ein Hund müsste man sein!«
Wundert sich der andere: »Warum?«
»Dann müsste ein anderer für mich
Steuern zahlen!«

Die letzten Worte des Briefträgers:
»Braves Hündchen ...«

Ein Missionar in der Wüste wird von einem Rudel Löwen eingekreist. Der Missionar fällt verzweifelt auf die Knie und beginnt zu beten. Er hört ein leises Gemurmel und blickt auf: Die Löwen knien ebenfalls um ihn herum. Ein Wunder ist geschehen, denkt sich der Missionar, als er plötzlich die Löwen murmeln hört: »... und segne, was du uns bescheret hast!«

Mitten im Wald, dort, wo sich Fuchs und Hase »Gute Nacht« sagen, streikt plötzlich Stefans Auto. Wie aus dem Nichts kommt ein Schimmel angetrabt, bleibt stehen, tritt mit einem gezielten Hufschlag gegen das Auto und verschwindet wieder. Das Auto ist wieder fahrtüchtig, und an einer Tankstelle erzählt Stefan dem Tankwart von dem seltsamen Ereignis. »Na, da haben Sie aber Glück gehabt«, meint der Tankwart. »Da läuft auch ein Rappe herum, aber der hat keinen blassen Schimmer von Autos!«

Der Imker kommt mit einem geschwollenen Auge zum Arzt: »Na, Sie wurden wohl von einer Biene gestochen?«, fragt der Arzt. Meint der Imker: »Nicht gestochen, Herr Doktor! Zugeschlagen hat das Mistvieh!«

Unter größten Anstrengungen schleppt der Hahn ein Straußenei heran und sagt zu seinen Hühnern: »Ich will euch ja keine Vorwürfe machen, aber so wird anderswo gearbeitet.«

Eine Eisbärenfamilie sitzt auf einer Eisscholle.
»Du, Mami«, will das Eisbärenjunge wissen, »wer war eigentlich mein Vater?«
»Na, Kleiner«, erklärt ihm seine Mutter, »der stattliche Typ da drüben auf der Eisscholle.«
»Du, Mami, wer war mein Großvater?«
»Na, Kleiner, der Vater deines Vaters – auch ein Eisbär!«
Nachdem sich das Eisbärenjunge nahezu durch den ganzen Familienstammbaum gefragt hat, wird die Mutter etwas ungehalten:
»Sag' mal, warum willst du das überhaupt wissen?«
»Ach, Mutti«, meint der Kleine zitternd, »ich weiß nicht, warum, aber mich friert es immer so fürchterlich!«

Eine Mäusemutter zu ihrem Mäusekind:
»Auf dem Arbeitsmarkt sieht es leider schlecht aus – da kommst du bestenfalls als Computermaus auf einen grünen Zweig.«
Sagt das Mäuschen trotzig:
»Niemals! Da wird man doch nur von allen immer hin und her geschoben!«

Zwei Holzwürmer treffen sich in einem Weichkäse: »Nanu, was machst denn du hier?«, fragt der eine. Seufzt der andere: »Dir scheint es auch nicht besser zu gehen als mir: Meine Zähne sind eben nicht mehr die Besten!«

»Geh nicht so nahe an die Eisbären«, ermahnt die Mutter ihren kleinen Sohn im Zoo, »du bist sowieso schon erkältet!«

Bei einer Versteigerung hat es ein Interessent auf den Papagei abgesehen. Die Angebote für den Vogel kettern in enorme Höhen. Der Mann zahlt einen gewaltigen Batzen Geld für den Papagei. Anschließend fragt er den Auktionator: »Spricht der Papagei überhaupt?«
»Da kann ich Sie beruhigen – ja, selbstverständlich!«, sagt der Auktionator. »Wer, glauben Sie, hat die ganze Zeit gegen Sie geboten?«

Welches Haustier ist am billigsten?
Die Motte. Sie frisst nur Löcher.

Zwei Hundehalter im Gespräch. Fragt der eine:
»Hat Ihr Hund einen Stammbaum?«
Darauf der andere: »Aber sicher! Eine große Eiche,
aber die wechselt von Tag zu Tag!«

Treffen sich zwei attraktive Mäusedamen. Die eine strahlt über beide Bäckchen und ist völlig überdreht. Ihre Freundin fragt sie: »Was ist denn mit dir los, hast du einen neuen Freund?« Verträumt nickt die eine und fragt ihre Freundin, ob sie ein Bild von ihrem Neuen sehen will.
»Klar, zeig mal«, meint gespannt die andere. Nachdem sie das Bild kurz angeschaut hat, meint sie verwundert: »Mensch, das ist doch eine Fledermaus!«
Woraufhin die andere in bittere Tränen ausbricht:
»Und der Mistkerl hat gesagt, er sei Pilot!«

Wie ging das Krakenpärchen zur Arche Noah?
Arm in Arm, Arm in Arm, Arm in Arm ...

Nichts gegen Noah! Aber haben das Stechmückenpärchen und die Wespen wirklich sein müssen?

Zwei ältere Pferde stehen an der Autobahn und sehen die angegurteten Autofahrer vorbeirasen.
»Jetzt weiß ich auch, warum die uns nicht mehr brauchen!«
»Na, sag schon.«
»Die ziehen ihre Karren jetzt selber.«

Aus einem Schüleraufsatz:
»Der Walfisch zeichnet sich durch sein unpraktisches Format aus!«

Papagei Pico, Walters Mitbringsel von einer Weltreise, wird an der Grenze mit einem hohen Zoll belegt. »Tja, wäre Ihr Papagei ausgestopft, dann wäre das etwas anderes. Dann könnten Sie ihn zollfrei einführen«, erklärt der Zollbeamte. Herr Walter schaut nachdenklich drein und kratzt sich am Kopf.
»Mach bloß keinen Quatsch!«, krächzt der Papagei. »Rück das Geld raus!«

Wissen Sie, wie lange Nilpferde leben?
Genauso wie kurze Nilpferde.

»Eigentlich sind wir doch arme Schweine!«, sagt eine Motte zu den anderen. »Den Sommer über im Pelzmantel, und den ganzen Winter im Bikini!«

Zwei Spatzen auf der Wiese. Über ihren Köpfen donnert mit ohrenbetäubendem Lärm ein Flugzeug hinweg.
»Der große Vogel da oben hat ein irres Tempo drauf, nicht wahr?«
»Was denkst du denn, wie du fliegen würdest, wenn dir Schwanz und Flügel brennen!«

Die Regenwurmfrau wird von einer besorgten Nachbarin auf ihren seit Tagen verschwundenen Mann angesprochen.
Ihre Antwort: »Der ist beim Angeln!«

Zwei Kaninchen sitzen im Zirkus und schauen zu, wie der Zauberkünstler ein Kaninchen nach dem anderen aus dem Zylinder zaubert.
»Du«, meint die Kaninchenfrau zu ihrem Kaninchenmann, »unsere Methode gefällt mir aber besser.«

Ein besorgter Schneckenvater zu
seinem Nachwuchs:
»Dass du mir ja nicht wieder über die Straße
rennst! In vier Stunden kommt der Bus!«

Ein Kaninchenpaar wird von mehreren
Füchsen durch Wald und Flur gehetzt.
Im letzten Augenblick flüchten sie in ein Erdloch.
»Und was nun?«, jammert sie.
Er: »Das ist doch ganz einfach, Schätzchen,
wir warten, bis wir ihnen zahlenmäßig
überlegen sind!«

»Zu welcher Gattung gehört der Wal?«
»Zu den Säugetieren.«
Und wozu gehört der Hering?«
Die kleine Martha weiß es: »Zu den Salzkartoffeln!«

Im Zoogeschäft: »Haben Sie zufällig
einen sprechenden Papagei?«
»Nein, aber ich hätte da einen Specht.«
»Ach, kann der denn auch sprechen?«
»Nein – aber morsen.«

Was sagt eine Schnecke, die auf einer Schildkröte reitet? – »Huuuuiiii!«

Ein Wanderer wird von einem Wildschwein gejagt. Er hetzt durch Wald und Flur, bricht schließlich erschöpft zusammen und wartet mit geschlossenen Augen auf das Schlimmste. Aber es geschieht nichts. Der Gejagte traut sich nach einigen Minuten, die Augen wieder zu öffnen und sich umzusehen. Der riesige Eber sitzt unmittelbar hinter ihm und grinst: »Na, bist du wieder fit?«

Die Heringsmutter rät ihren Kleinen: »Schwimmt gerade, Kinder, wenn ihr später keine Rollmöpse werden wollt!«

Ein schwarzer Pudel jagt zwei Katzen durch die Straßen. Als er total erschöpft ist, löst ihn ein weißer Pudel ab. Die eine Katze dreht sich nach ihrem Verfolger um und meint zu der anderen: »Jetzt leg aber einen Zahn zu, der Typ hat schon seinen Pulli ausgezogen!«

Eine Sensation im Tierpark. Stolz verkündet der Zoodirektor auf einer Pressekonferenz: »Endlich ist es uns gelungen, einen Skunk mit einem Adler zu kreuzen!«

»Und was ist dabei herausgekommen?«, fragen die Reporter neugierig.
»Das kann ich eigentlich nicht so genau sagen – aber es stinkt zum Himmel!«

»Lass ihn los«, ruft die Mutter ihrer kleinen Tochter aus dem Fenster zu. »Du sollst den Hund nicht am Schwanz ziehen.«
»Tu ich doch gar nicht. Der Hund zieht, ich halte ihn nur fest!«

Der Biologielehrer zu seinen Schülern:
»Kennt ihr ein Tier, das bei uns nicht vorkommt?«
»Klar, der Dackel!«, kommt es von Michael wie aus der Pistole geschossen.
»So ein Unsinn. Viele Leute haben doch einen Dackel. Wie kommst du nur auf so eine Idee?«
Michael: »Also, wenn unser Dackel unter dem Sofa liegt, kann man machen, was man will, der kommt nicht vor!«

Wie heißt der Tausendfüßler auf italienisch?
Molto bene!

Ein Pferd vor der Kutsche. Auf dem Weg sieht es einen Hund, der sich in der Sonne räkelt. »Verschwinde, du Mistköter!«, wiehert das Pferd. »Hör mal«, entgegnet der Hund empört, »wie sprichst du eigentlich mit einem Steuerzahler?!«

»Hätte ich nie gedacht«, erzählt die kleine Andrea ihren Eltern von ihrer ersten Reitstunde, »dass ein mit Heu gefülltes Tier so hart ist!«

Zwei Hühner bummeln durch die Altstadt und bewundern die bunten Ostereier in den Schaufenstern. Da schüttelt das eine Huhn den Kopf und meint: »Die hier in der Stadt sind uns doch um einiges voraus!«

Zwischen einem Brief und einem Polizeihund macht ein Bayer keinen Unterschied: »A Brief is adressiert und a Polizeihund is a dressiert!«

»Warum haben Elefanten rote Augen?«
»Damit sie sich besser im Kirschbaum verstecken können.«
»Aber man hat doch noch nie einen Elefanten in einem Kirschbaum gesehen.«
»Da kann man mal sehen, wie gut die sich verstecken können.«

Zwei Bauern am Stammtisch:
»Ich hab letzte Woche alle meine Tiere markieren müssen. Mit einem Ring im linken Ohr. Eine Mordsarbeit, sag ich dir!«
»Kann ich mir denken. Die ganzen Kühe, Schweine, Schafe ...«
»Ja, aber am anstrengendsten waren die Bienen.«

Beim Wanderzirkus:
»Hol das Zebra rein – es regnet!«

Was ist gelb und hüpft durch den Wald?
Ein Postfrosch!
Und was ist grün und hüpft durch den Wald?
Ein Postfrosch in Zivil!

Maus und Elefant gehen über eine Brücke.
Elefant: »Das donnert ganz schön, was?«
Maus: »Kein Wunder, ich habe heute meine schweren Stiefel an!«

»Unglaublich, wie viele Menschen sich auf der Straße angesprochen fühlen, wenn ich meinen Hund rufe«, wundert sich ein Hundebesitzer, der seinen treuen Vierbeiner »Gauner« getauft hatte.

Was stimmt nicht an diesem Satz:
Der Ochse und die Kuh grasen auf der Wiese?
Die Dame nennt man immer zuerst.

Zwei Kühe stehen auf der Wiese.
Sagt die eine: »Muh!« Darauf die andere:
»Das wollte ich auch gerade sagen!«

Ein Schwein kommt an einer Steckdose vorbei, schaut rein und sagt: »Arme Sau, haben sie dich eingemauert?«

Der Fuchs geht im Wald spazieren und trifft das Kaninchen, das bitterlich weint.
»Was ist passiert?«, fragt der Fuchs.
»Der Bär ist vorhin vorbeigekommen und hat mich gefragt, ob ich fussele«, schluchzt das Kaninchen. »Ich habe nein gesagt, da hat er mich gepackt und sich mit mir das triefende Maul abgewischt!«
Am nächsten Tag trifft der Fuchs das Kaninchen wieder, diesmal lacht es aus vollem Halse. »Was ist jetzt wieder los? Ist die Welt wieder in Ordnung?«, fragt der Fuchs.
»Heute hat der Bär den Igel gefragt«, antwortet das Kaninchen feixend.

Zwei Hennen gehen in den Supermarkt
und kommen am Eierstand vorbei.
»Da steht: Zehn Eier zwei Euro«, sagt die
eine Henne zur anderen.
»Was, für so wenig Geld ruinieren
wir uns die Figur?!«

»Das ist ja heller Wahnsinn«, ächzt der Glühwürmchen-Vater, »hat sich der Bengel doch glatt in eine 60-Watt-Birne verknallt.«

Vor dem Giraffengehege fragt
Onkel Hans seinen Neffen:
»Na, Moritz, hättest du auch gern
einen so langen Hals?«
Der Kleine grinst und sagt:
»Beim Diktat schon, beim Waschen nicht!«

Zwei Pinguine im Zoo:
»Sag mal, ist das nicht der Wärter, der uns sonst immer am Mittwoch füttert?«
»Keine Ahnung, die sehen doch alle gleich aus.«

Ein Ochse zum anderen: »Ich halte die Schufterei bei diesem Bauern nicht mehr aus.«
»Du solltest mal an den Tierschutzverein schreiben«, rät der andere Ochse.
»Bist du wahnsinnig? Wenn's dumm läuft, darf ich vermutlich danach auch noch den ganzen Bürokram machen!«

Wie unterscheidet man einen Pianisten von einem Maikäfer?
Pianisten haben nur einen Flügel.

In der Zoohandlung:
»Was kosten eigentlich die Goldfische?«
»Das Stück fünf Euro!«
»Und die Silberfische?«

Ein Adler stürzt vom Himmel und verschlingt eine Feldmaus. Da meldet sich die Feldmaus aus dem Schlund: »Wie hoch fliegen wir?«
Der Adler: »Ungefähr 1800 Meter.«
»So hoch? Mach bloß keinen Mist ...«

Ein Spaziergänger kommt an einen See und schaut einem Angler über die Schulter.
Der Spaziergänger: »Beißen die Fische heute?«
Der Angler:
»Nein, Sie können sie ruhig streicheln!«

Oskar kauft sich bei einem Züchter ein Prachtstück von einer Dogge.
Vorsichtshalber fragt er noch den Züchter:
»Dieser Hund mag doch auch Postboten, oder?«
»Oh ja«, versichert ihm der Züchter, »aber Hundekuchen wäre billiger!«

Zwei Pinguine watscheln durch die Wüste:
»Hoppla, dass muss ja verdammt glatt sein hier!«
»Warum?«
»Na schau mal, wie die hier gestreut haben.«

Zwei Schafe auf der Wiese. Sagt das eine: »Mäh!«
Darauf das andere: »Mäh doch selbst!«

Ein Häschen hoppelt durch den Wald
und begegnet einem zottigen Hund.
»Was bist du denn für ein Tier?«
»Ich bin ein Wolfshund. Meine Mutter
war ein Wolf, mein Vater ein Hund.«
Das Häschen hoppelt weiter
und begegnet einem Muli.
»Was bist du denn für ein Tier?«
»Ich bin ein Maultier. Mutter Esel,
Vater Pferd.«
Das Häschen hoppelt kopfschüttelnd weiter
und es begegnet einem ganz unbekannten
Tier. »Was bist du denn für ein Tier?«
»Ich bin ein Ameisenbär.«
Häschen: »Ne, du, das kannst
du mir nicht erzählen!«

300 Mäuse wollen einen Elefanten töten. Sie klettern auf seinen Rücken und trommeln mit ihren Fäusten wie wild auf ihn ein. Der Elefant schüttelt sich, 100 Mäuse fallen runter, die anderen machen weiter. Der Elefant schüttelt sich noch mal, es fallen 199 Mäuse zu Boden. Die letzte Maus ist sich noch nicht ganz schlüssig, was sie jetzt tun soll. Hilfesuchend blickt sie auf die anderen Mäuse herunter. Die brüllen: »Würg ihn, würg ihn!«

»Hallo, ist dort der Tierschutzverein? Kommen Sie bitte sofort. Bei mir sitzt ein unverschämter Briefträger auf dem Baum und bedroht meine Dogge!«

Warum trinkt eine Maus keinen Schnaps?
Sie hat Angst vor dem Kater.

Welcher Hase läuft auf zwei Beinen?
Der Angsthase.

Welche Mausefalle hat fünf Buchstaben?
Die Katze.

In der Zoohandlung fragt Frau Meise die Verkäuferin nach einem Halsband für ihren geliebten Vierbeiner. »Welche Größe?«, will die Verkäuferin wissen. Frau Meise hat keine Ahnung, welchen Halsumfang ihr Hund hat. Darauf die Verkäuferin: »Na, dann bringen Sie ihn doch einfach mit!«
Frau Meise winkt ab: »Es soll doch eine Überraschung sein!«

Uli wendet sich Hilfe suchend an die Verkäuferin
in der Zoohandlung: »Der Papagei, den ich
erst kürzlich bei Ihnen gekauft habe, hat eine
blöde Angewohnheit – er imitiert immer das
Quietschen unserer Wohnzimmertür.
Was soll ich nur tun?«
Die Verkäuferin rät ihm:
»Haben Sie es schon mal mit Ölen versucht?«
Uli verwundert:
»Das würde der Papagei zulassen?«

Im Zoo: »Warum steht der Storch da nur
auf einem Bein?«, fragt Emma ihren Vater.
»Der überlegt sich sicher seinen
nächsten Schritt«, meint ihr Vater.

»Wenn das euer Vater wüsste«, sagt die Witwe Henne zu den Küken. »Er würde sich im Grill umdrehen ...«

Interessiert beobachtet Evi,
wie ihr großer Bruder am Aquarium werkelt.
»Was schüttest du da rein?«
»Wasserflöhe!«
Evi völlig entrüstet: »Du, das finde ich aber gar nicht nett von dir! Wo sich die armen Fische doch gar nicht kratzen können!«

Zwei Hundebesitzer treffen sich beim Metzger. Sagt der eine: »Ich sehe, Sie bringen Ihrem Hund auch einen Knochen mit. Das mache ich nämlich auch. Mein Schäferhund hat sich das sauer verdient! Ist Ihrer auch so wachsam?«
Darauf der andere: »Aber sicher! Erst kürzlich hat er sogar gebellt, als ich von einem Einbrecher geträumt habe!«

Ein Holzwurm auf dem Arbeitsamt:
»Ich möchte umschulen auf Kunststoff!«

»Affen können schreien wie Menschen«,
meint der Biologielehrer,
»habt ihr das schon mal gehört?«
Klein Susi sagt daraufhin:
»Nein, schreien Sie mal, Herr Lehrer!«

Ein Häschen sagt zum Fuchs: »Kannst du Judo?«
Fuchs: »Nein.«
Häschen: »Oder Karate?«
Fuchs: »Auch nicht.«
Das Häschen ballt die Fäuste und sagt:
»Okay, dann her mit dem Geld!«

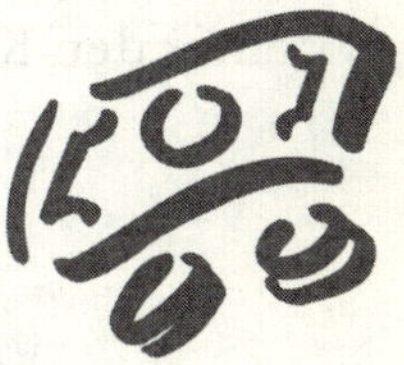

Zwei stolze Pinguineltern warten drauf,
dass ihr Pinguinbaby das erste Wort spricht.
Der Pinguinvater: »Bestimmt sagt es Papa!«
Die Pinguinmutter: »Bestimmt sagt es Mama!«
Darauf das Kleine: »Sch...kälte!«

Es gibt das alte Sprichwort: Hunde, die bellen,
beißen nicht. Was Briefträger so unglaublich
an diesem Sprichwort finden?
Dass es kaum ein Hund kennt!

Das Huhn unterhält sich mit einem Schwein: »Wir sollten eigentlich fusionieren. Du lieferst den Schinken, ich das Ei. Schinken mit Ei ist der Renner in jedem Restaurant.«
»Davon habe ich ja dann wohl nichts mehr!«, gibt das Schwein zu bedenken.
Das Huhn zeigt sich wenig beeindruckt: »Bei einer Fusion zieht immer einer den Kürzeren!«

Was fliegt durch die Luft und rasselt?
Ein Spatz mit Schneeketten.

Welches Tier ist das lustigste Tier?
Das Pferd, es veräppelt die ganze Straße.

Was ist schwarz und rasselt über die Straße?
Eine Ameise mit Schneeketten.

Verzweifelt kniet der Dompteur mit dem erloschenen Feuerring vor dem Löwen: »Oh, nein! – Springen sollst du ... nicht pusten!«

Ein Dackel fragt den anderen:
»Hast du zufällig ein Bäumchen gesehen?«
»Ja, gleich um die Ecke.«
Ein Schwanzwedeln: »Komm, mein Freund,
das muss begossen werden!«

»Hast du den Fischen schon
frisches Wasser gegeben?«
»Nein, sie haben das alte noch nicht ausgetrunken!«

Was sagt eine Maus,
kurz bevor ein Auto sie erwischt?
»Hilf...«
Was sagt ein Reh,

kurz bevor ein Auto es trifft?
»Hilf...«
Was sagt ein Elefant,
kurz bevor ein Auto ihn trifft?
»Komm nur!«

Schild am Bahnhof: »Auf der
Rolltreppe müssen Hunde getragen werden!«
Stöhnt ein Passant: »Wo bekomme ich
denn jetzt bloß einen Hund her?«

Warum heißt das Pferd Pferd?
Weil es auf der Erde lebt.
Wenn es fliegen könnte, hieße es Pfluft!

Warum darf man zwischen 16 und 17 Uhr
nicht in den Urwald gehen?
Weil die Elefanten dann Fallschirmspringen üben!

Warum sind die Krokodile so flach?
Weil sie zwischen 16 und 17 Uhr im Urwald waren!

Was ergibt eine Kreuzung aus einer Giraffe
und einem Maulwurf? Einen Bohrturm!

Die Kühe von Bauer Mahlzahn unterbrechen für einen Moment das Fressen und wenden sich mit einem Seitenblick der abseits weidenden Kuh Frieda zu. Eine meint:
»Mädels, wir müssen etwas unternehmen. Wenn die abergläubische Frieda noch weiter nur vierblättrigen Klee frisst, fällt die uns noch vom Fleisch!«

Beim Förster klopft es an der Tür. Er öffnet und traut seinen Augen kaum. Vor der Tür sitzt eine Schnecke und fragt: »Kann ich bitte ein Glas Wasser haben?«
Der Förster packt die Schnecke und wirft sie weg.
Zwei Wochen später klopft es wieder an der Tür des Försters, er macht auf und sieht die Schnecke.
Stinksauer schreit ihn die Schnecke an: »Was sollte das denn gerade?«

Ist eine Giraffe mit
Halsschmerzen noch zu übertreffen?
Ja. Von einem Tausendfüßler mit Hühneraugen.

Herr Zausig fragt einen Einheimischen:
»Wie kommt man am besten durch die Wüste?«
Der Einheimische: »Als Kamel!«

Zwei Hühner stehen vor dem Schaufenster
eines Haushaltswarengeschäfts. Beim Anblick
der reichen Auswahl von Eierbechern sagt
das eine zum anderen:
»Sieh mal, Trudi, haben die hier nicht
schicke Kinderwagen?!«

Ein Mann möchte seiner Frau eine Katze kaufen. Der Verkäufer rät ihm jedoch zum Kauf eines Papageien. Der sei doch etwas Besonderes. Schnell umgestimmt, entscheidet sich der Mann für einen knallroten Ara-Papagei.
»Was kostet der?«
»4 000 Euro«, sagt der Verkäufer.
»Aber hallo, was kann der denn alles?«
»Ja, der spricht fließend Englisch!«
Der Mann erblickt einen dunkelblauen Papagei, der weniger schön aussieht.
»Was soll der kosten?«
»5 000 Euro!«
»Mein Gott, was kann der denn alles?«

»Der spricht Englisch und Französisch.«
Völlig entnervt fällt der Blick des Mannes auf einen total zerzausten alten grauen Papagei.
»Ach und dieser hier, was kostet der?«
»Tja«, sagt der Verkäufer nachdenklich, »der kostet 10 000 Euro!«
»Was kann der denn?«
»Nun, das wissen wir noch nicht, aber die beiden anderen sagen Chef zu ihm.«

Eine Schnecke kriecht auf ihrem winterlichen Ausflug den Stamm eines Orangenbaums entlang. Nach einigen Zentimetern trifft sie auf einen Spatz, der kopfschüttelnd fragt: »Was willst du denn da oben?«
Die Schnecke: »Orangen pflücken!«
Da lacht der Spatz und meint: »Aber doch nicht im Winter!«
»Aber bis ich oben bin, sind die Orangen reif!«

Vater Edel beim Antiquitätenhändler. Ein besonders schönes Stück hat es ihm angetan, und er fragt den Trödler nach dem Alter des Schranks.
»Fünfhundert Jahre«, meint dieser.
»Warum lachen Sie?«
Vater Edel: »Das war ich nicht. Das war der Holzwurm!«

Versteigerung in der Fischhalle. »Und jetzt kommen fünfzehn Kisten Schollen unter den Hammer!«, ruft der Leiter der Versteigerung. Otto staunt: »Und ich dachte immer, die wären von Natur aus so platt!«

»Auf einem Bein steht sich's schlecht«,
meinte ein Tausendfüßler und schüttete
sich noch 999 Obstler hinter die Binde.

Zwei Herrchen unterhalten sich bei ihrem Spaziergang im Park über ihre Hunde. Sagt der eine: »Ich muss immer wieder beobachten, dass viele Hunde klüger sind, als ihre Besitzer!«
Darauf der andere zustimmend:
»Ja, ja, so einen habe ich auch!«

Storch und Frosch diskutieren ihren Speiseplan. Meint der Frosch zum Storch: »Also, ich fresse Fliegen, und du?« »Frösche natürlich«, meint der Storch. Der Frosch lacht nervös, deutet mit seinem Kopf auf die Wiese: »Frösche? Gibt's denn hier überhaupt welche?«

Warum kann ein Nashorn nicht Motorrad fahren?
Weil es keinen Daumen zum Klingeln hat.

Was passiert, wenn man eine Motte
mit einem Elefanten kreuzt?
Das gibt große Löcher im Pulli!

Auf einem Dampfer begegnen sich zwei Ratten.
Sagt die eine zu der anderen: »Kommste mit?
Wir spielen Schiffe versenken!«

Zwei Freunde sind auf Entenjagd.
Der eine legt an, zielt, schießt und
eine tote Ente fällt direkt vor seine Füße.
Triumphierend schaut er zu seinem
Freund hinüber: »Na?«
»Guter Schuss!«, lobt der andere. »Aber
völlig überflüssig. Den Sturz hätte sie
sowieso nicht überlebt!«

Ein Sonntagsangler fängt einen winzigen
Fisch. Er nimmt ihn von der Angel, wirft
ihn ins Wasser zurück und brummt:
»Lass dich ohne deine Eltern hier
nicht wieder blicken!«

Ein kleiner Igel hat sich im botanischen Garten verirrt. Schon eine geschlagene Stunde sucht er nach dem Heimweg. Plötzlich stößt er an einen Kaktus: »Bist du es, Mami?«

Eine Fliege krabbelt über eine Glatze. Da trifft sie eine andere und meint: »Kinder, Kinder, wie die Zeit vergeht. Als wir noch jung waren, kam man hier nur auf einem schmalen Fußweg weiter!«

Ein Schäfer wird gefragt, wie viele Schafe er eigentlich hat. »Keine Ahnung«, sagt er. »Wenn ich anfange zu zählen, schlafe ich immer ein!«

Der Besitzer einer Hühnerfarm hält um die Hand seiner Angebeteten an. Da fragt der künftige Schwiegervater: »Können Sie meine Tochter überhaupt ernähren?« »Ernähren?«, entgegnet der Hühnerzüchter. »Was heißt hier ernähren? Mästen kann ich sie. Mästen!«

»Hast du schon mal Schnecken gegessen?«,
fragt Maria ihre Freundin.
»Oh ja, doch!«
»Ich würde mir nie welche bestellen!«
»Bestellt hatte ich ja auch einen grünen Salat!«

Herr Fischer besichtigt die neue Wohnung.
»Hören Sie«, sagt er plötzlich zum Hausverwalter,
»da knirscht doch etwas! Sind das etwa Mäuse?«
»Keine Angst! Es ist nur der Nachbar –
der isst Knäckebrot!«

Die junge Dame nervt den Gärtner mit allerlei Fragen. »Und was tun Sie gegen Raupen?«, fragt sie schließlich.
»Die sammle ich alle ein«, erwidert er grimmig. »Dann gehe ich aufs Nachbarfeld und drehe sie sechsmal im Kreis, damit ihnen schwindlig wird und sie nicht mehr auf mein Feld zurückfinden!«

Wie viele Beine hat eine Kuh?
Zwölf. Zwei links, zwei rechts, zwei vorne,
zwei hinten und in jeder Ecke eins.

In der Bundesbahn sagt eine junge Dame empört zu einem Mitreisenden: »Nehmen Sie gefälligst Ihren Köter da weg, ich spüre schon einen Floh an meinem Bein hochkrabbeln.«
Darauf zieht der Mann die Leine straffer und sagt: »Komm her, Waldi, die Dame hat Flöhe!«

Zwei Haie treffen sich im Ozean.
Der eine vor Hunger schmachtend und schwach, der andere hoch zufrieden grinsend und schmatzend.
»He Kumpel«, fragt der erste, »wo hast du denn das Futter her? Ich sterbe vor Hunger!«
»Hm«, schwärmt der andere, »da drüben ist ein Luxusdampfer untergegangen. Ich hab einen Professor erwischt. Der hatte soooo ein großes Gehirn. Wenn du dich beeilst, findest du bestimmt auch einen leckeren Happen.«
Kurz darauf treffen sich die beiden wieder. Auch der erste Hai kaut nun zufrieden die letzten Reste seiner Mahlzeit.
»Na, auch einen Professor gefunden?«
»Nein, aber einen Jäger.«
»Wieso Jäger, die haben doch kein Gehirn?«
»Das nicht, aber eine sooo große Leber.«

Wenn Schnecken verspeist werden,
sind sie ganz aus dem Häuschen!

Familie Hering schwimmt im Meer. Da begegnet ihnen ein U-Boot. Klein Hering versteckt sich ängstlich hinter seiner Mutter. Doch die beruhigt ihn: »Das sind nur Menschen in Dosen.«

Ein Holzwurm kommt in eine Konditorei
und beschwert sich: »Also, Ihr Baumkuchen
ist ja ein ausgemachter Schwindel!«

Woran erkennt man,
dass ein Elefant im Kühlschrank war?
An den Fußspuren in der Butter.
Woran erkennt man,
dass ein Elefant im Kühlschrank ist?
Man bekommt die Tür nicht zu.
Haben Sie überhaupt schon
mal einen Elefanten im Kühlschrank gesehen?
Nein?
Daran sehen Sie, wie gut die sich
verstecken können.

Fritzchen besucht mit seinem Vater das Aquarium im Zoo. Als sie vor den Piranhas stehen, sagt die Piranha-Mutter zu ihren Kindern: »Seht mal, das sind Fisch fressende Menschen!«

Eine Riesenschlange und ein Kaninchen
gehen zusammen in ein Lokal.
»Zarte junge Karotten«, bestellt das
Kaninchen für sich.
Der Kellner notiert. »Und was darf
ich für Ihre Begleiterin bringen?«
»Ich bitte Sie«, antwortet das Kaninchen.
»Wenn Sie nicht schon gegessen hätte,
säßen wir nicht hier.«

Und wie sagte noch die Holzwurm-Mami zu den Kleinen: »Husch, husch, ins Brettchen ...«

Ein Tunfisch trifft einen Walfisch.
Fragt der Walfisch den Tunfisch:
»Was sollen wir tun, Fisch?«
Darauf der Tunfisch:
»Du hast die Wahl, Fisch!«

Drei durstige Schildkröten sind zu
einer Quelle unterwegs.
Sie laufen ein Jahr, zwei Jahre, drei Jahre, und
endlich kommen sie an. Gierig wollen sich
die ersten beiden Schildkröten auf das Wasser
stürzen, da bemerkt die dritte, dass sie ihre
Trinkbecher vergessen haben.
»Ach, das ist doch egal!«, sagt die erste Schildkröte.
»Ich habe so einen Durst!«, klagt die
zweite Schildkröte.
»Nein, nein«, sagt die dritte Schildkröte,
»ohne Trinkbecher, das geht doch nicht!
Wo bleiben denn da die Manieren! Passt auf:
Ihr wartet hier, und ich gehe zurück und hole
unsere Trinkbecher!«
Die anderen lassen sich wohl oder übel darauf ein,
setzen sich auf einen Stein und warten. Sie warten
ein Jahr, zwei Jahre, drei Jahre ...
Da hält es die eine Schildkröte nicht mehr aus
und sagt zur anderen: »Also, mir ist es jetzt egal,
ich muss etwas trinken!«
Sie geht zur Quelle, und gerade als sie einen
Schluck nehmen will, kriecht die dritte
Schildkröte aus einem Busch hervor und sagt:
»Also, wenn ihr schummelt,
gehe ich erst gar nicht los!«

Der Tierstimmenimitator ruft am Ende der Vorstellung:
»Tausend Euro zahle ich demjenigen, der mir ein Tier nennt, das ich nicht nachahmen kann.«
Da kommt eine Stimme aus dem Publikum: »Na, dann machen Sie doch mal eine Ölsardine nach!«

Ein Huhn kommt in den Elektroladen:
»Ich hätte gern eine Legebatterie!«

Mitten in der Wüste sitzt ein Mann und spielt zauberhaft Geige. Ein Löwe umkreist ihn und legt sich nieder. Dann kommen noch zwei und legen sich ebenfalls hin. Nach einiger Zeit kommt ein vierter und frisst den Geiger auf. Oben in der Palme meint ein Affe zum anderen:
»Ich habe es doch gesagt, wenn der Taube kommt, ist es mit der Musik vorbei.«

»Soso, der Goldfisch isst also nur Ameiseneier.
Muss ich die hart oder weich kochen?«
»Am besten, Sie schlagen sie in die Pfanne!«

Welche drei Worte machen einen Hai glücklich?

Mann über Bord.

Die Spaziergängerin fragt den Förster:
»Haben Sie meinen Hund gesehen?«
»So ein kleiner gelber?«
»Ja!«
»Mit weißen Pfoten?«
»Ja!«
»Und mit einem Ringelschwänzchen?«
»Ja, genau!«
»Hab ich nicht gesehen.«

Auf dem Weg zur Arbeit springt einem Programmierer ein Frosch entgegen. »Ich bin eine verzauberte Prinzessin, küss mich.«
Der Frosch wird in die Jackentasche gesteckt. In der Mittagspause quakt es wieder. »Bitte, bitte, küss mich, ich bin eine verzauberte Prinzessin.«
Keine Reaktion. Als er abends in der Kneipe den Frosch vorführt, wird der Programmierer gefragt, warum er den bettelnden Frosch nicht erhört.
Antwort: »Für eine Freundin habe ich keine Zeit, aber einen sprechenden Frosch finde ich cool ...«

Eine Frau kommt in die Tierhandlung.
Der Verkäufer:
»Dieser kleine Dackel hier, gnädige Frau, kostet nur 120 Euro. Der Zwergspitz ist auch nicht teuer: 150 Euro. Sehr nett und ziemlich günstig ist der Pekinese: 200 Euro ...«
»Und wie viel kostet bei Ihnen gar kein Hund?«

Wer hat mehr Beine: Ein Pferd oder kein Pferd?
Ein Pferd hat vier Beine.
Kein Pferd hat fünf Beine.

Aus einem Schüleraufsatz: »Läuse bringen uns zwar keinen unmittelbaren Nutzen. Sie zwingen uns jedoch zu größtmöglicher Sauberkeit.«

Zwei Igel auf der Landstraße: »Du, wir müssen weg hier, dort vorn kommt ein Auto!«
»Bleib doch, dem lassen wir die Luft raus!«

»Dieser Papagei ist bereits über hundert Jahre alt.«
»Dafür sieht er aber noch reichlich grün aus.«

Urlaubswitze

Bootsverleih. Der Verleiher ruft mit seinem Megaphon über den See: »Bitte kehren Sie demnächst zurück, wir schließen um 19 Uhr.« Nach und nach kommen die Boote zurück, nur eines bleibt draußen. »Nr. 68, bitte kommen Sie zurück, wir schließen!« Nichts regt sich. Da greift er zu seinem Fernglas: »Nr. 89, haben Sie Probleme?«

Das junge Ehepaar hat sich als Ziel seiner Urlaubsreise den Königssee in Bayern gewählt. Es gefällt ihnen sehr gut, und der Ehemann fotografiert, was er nur finden kann. Im vertrauten Malerwinkel treffen sie einen Künstler vor seiner Staffelei. Sie bleiben beide stehen und schauen ihm eine Weile zu. Endlich klopft der Mann seiner jungen Frau auf die Schulter und deutet auf seinen Fotoapparat. »Siehst du«, meint er, »so muss man sich plagen, wenn man seinen Fotoapparat vergessen hat!«

»Was war dein schönstes Erlebnis im Skiurlaub?«
»Als der Gips endlich wieder runterkam ...«

Im Briefkasten der Meiers liegt eine Urlaubspostkarte. »Gute Nachrichten von den Schneiders aus Las Palmas! Es regnet in Strömen. Das bedeutet mindestens dreihundert Las-Palmas-Dias, die wir nicht ansehen müssen!«

Ein Urlauber will nach Kairo. Das Fräulein im Reisebüro fragt ihn: »Möchten Sie über Rom oder Athen fliegen?«

»Weder noch. Nur über Ostern.«

Wolfgang hat Urlaub.
Er hat sich etwas Besonderes ausgesucht und ist auf den Balkan gefahren. Spätabends kommt er in eine kleine Stadt. Er hält vor einem unscheinbaren Hotel.
»Sagen Sie«, fragt er den Besitzer, »kann ich hier ein Zimmer mit fließendem Wasser haben?«
»Warum?«, fragt ihn dieser fassungslos. »Wollen Sie etwa angeln?«

Zwei werdende Väter sitzen im Wartezimmer
der Entbindungsklinik von Paris.
»Damit haben wir nicht gerechnet«, ärgert
sich der eine, »dass das ausgerechnet am letzten
Tag unseres Urlaubs passieren muss!«
»Was soll ich da erst sagen?«, entgegnet der andere.
»Bei uns ist es der erste Tag der Hochzeitsreise.«

Ein Tourist hat sich im dichten Londoner Nebel
verirrt. Schließlich fragt er einen Passanten:
»Können Sie mir den Weg
zur Themse beschreiben?«
»Ja, die ist gleich hinter mir.«
»Sind Sie sicher?«
»Ganz sicher! Ich komme gerade raus ...«

Vor dem Hotel in Krakau stand auf einer
Tafel zu lesen: »Hier wird Englisch, Französisch,
Deutsch und Italienisch gesprochen!«
Der Gast versuchte in allen Sprachen, sich
zu verständigen. Keine Antwort. Schließlich
fragte er auf Jiddisch: »Wer spricht denn hier
eigentlich die Sprachen?« Antwortet der Portier:
»Nur die Gäst', scheener Herr!«

»Machen Sie eigentlich Schmalfilme im Urlaub?«
»Nein, das geht nicht. Meine Frau ist viel zu dick!«

Mario ist furchtbar schüchtern.
Als er in einem vornehmen Hotel einen
Aufzug besteigt, fragt ihn der Liftboy:
»Welches Stockwerk?«
Mario flüstert: »Vierter Stock,
falls es für Sie kein Umweg ist.«

»Bevor wir in den Urlaub fahren,
ist meine Frau immer wie ein Krimi.«
»Wieso wie ein Krimi?«
»Na ja, packend bis zum Schluss!«

Ein wunderschöner Spätsommermorgen.
Im Wald durchdringt auf einer kleinen Lichtung
die aufgehende Sonne den sanften Nebel. Die
Vögel zwitschern fröhlich, und die ganze Natur
beginnt zu erwachen. Auch ein Hirsch kommt
aus dem Dickicht und röhrt mächtig.
Da kommt ein Wanderer des Wegs und sagt:
»So ein Kitsch!«

»In diesem Jahr werde ich im Urlaub nichts tun.
Die erste Woche werde ich mich nur im
Schaukelstuhl entspannen.«
»Ja, aber dann?«
»Dann werde ich eventuell ein wenig schaukeln.«

Ein Urlauber fährt zum ersten Mal
in seinem Leben ins Ausland.
An der Grenze fragt ihn der Zollbeamte:
»Cognac, Whisky?«
Der Reisende: »Gern, aber um diese Zeit schon?«

»Der Strand hier ist jedes Jahr mehr überlaufen!«
»Ja, schrecklich. Diesmal mussten wir uns schon
mit einer Reihensandburg zufrieden geben!«

»Na, wie war denn der Skiurlaub?«
»Ach, miserabel!«
»Wieso denn das? Ich denke, das Essen
war klasse, das Hotel phantastisch,
das Wetter prima!«
»Ja, schon! Aber der Fernseher flackerte
vom ersten Tag an fürchterlich.«

Ein Gast steht vor der Rezeption des Hotels.
»Ich habe ein Einzelzimmer bestellt.
Mein Name ist Hecht.«
»Mit fließendem Wasser?«
»Nicht nötig, ich heiße nur so.«

»Nun, wo waren Sie denn in Ihrem Urlaub?«
»Neun Stunden in einer Schlucht und
drei Wochen im Krankenhaus.«

»Was meinst du, wie viele Kilometer
es noch bis zur Grotte sind?«
»Zweieinhalb.«
»Das hast du vor einer Stunde doch auch gesagt!«
»Glaubst du, ich ändere meine Meinung so schnell?«

Walter kommt vom Urlaub aus Ibiza zurück.
Fragt ihn sein Kumpel bei einem gemütlichen
Bierchen: »Na, erzähl schon. Wie war's?«
Walter stöhnt: »Schrecklich! In dem Hotel
hatte ich die Zimmernummer 100!«
»Na und?«
»Von dem Türschild war die Eins abgefallen!«

Meier kommt von der Bergtour zurück und erzählt seiner Frau: »Und stell dir vor, in zweitausend Meter packte mich plötzlich der Höhenrausch!« »Was du nicht sagst, Otto! Sag bloß, da oben gibt's auch eine Kneipe ...«

»Ich habe gehört, ihr fahrt dieses Jahr doch nicht nach Mexico?« »Das ist ganz falsch! Nicht nach Mexico sind wir im letzten Jahr gefahren. Dieses Jahr fahren wir nicht nach Hawaii!«

»Von meiner letzten Kunstreise habe ich mir einen Sekretär aus dem Biedermeier für mein Schlafzimmer mitgebracht.« »Was – glauben Sie, dass so ein alter Kerl noch viel bringt?«

»Regnet es hier bei Ihnen eigentlich immer?«, fragt ein norddeutscher Sommerurlauber einen bärtigen Tiroler. »Nein, im Winter schneit es.«

Verzweifelt schleppt sich ein Verirrter durch den Wüstensand. »Wasser! Wasser!«, stöhnt er. Nach zwei Tagen sieht er plötzlich einen Mann mit Bauchladen, der Krawatten verkauft. »Schöne Krawatten gefällig?«
Der Verirrte winkt ab und röchelt: »Was soll ich mit Krawatten? Ich habe Durst ...! Wasser!«
Tage später sieht der Verdurstende am Horizont eine Oase. Er erreicht sie mit Mühe und Not und sieht unter den Palmen ein Restaurant.
»Wasser«, stöhnt er mit letzter Kraft.
»Können Sie haben«, meint der Portier, »aber ohne Krawatte kommen Sie hier nicht rein!«

Kunze trägt sich in das Gästebuch des Hotels ein und bemerkt, dass hinter dem Namen eines Gastes die Abkürzung »MdB« steht.
»Was bedeutet das denn?«, fragt er den Hoteldirektor.
»Mitglied des Bundestages, mein Herr.«
Kunze greift zum Kugelschreiber und malt hinter seinen Namen die Buchstaben »MdO.«
»Und was bedeutet das?«, möchte der Hoteldirektor wissen.
»Mitglied der Ortskrankenkasse.«

Von einem »Paradies an der Adria« kann wirklich nicht die Rede sein ...
Missmutig stapft Müller durch den nun schon drei Tage gleichmäßig niederprasselnden Regen am Strand entlang. »Warum machen Sie ein so böses Gesicht?«, fragt ihn eine rassige Italienerin.
»Soll ich bei diesem Hundewetter auch noch fröhlich sein?«, grollt Müller.
»Aber sicher doch, Signore! Sie haben Glück, dass es regnet. Denn wenn hier die Sonne scheint, hält es vor Hitze kein Mensch am Strand aus.«

»Nicht schon wieder einen FKK-Urlaub!
Ich will endlich auch mal einen neuen
Bikini haben, du Geizhals!«, protestierte
die Ehefrau.

Familie Walter ist in den Ferien in einem
noblen Hotel gelandet. Alles ist teuer.
Dafür sind die Portionen schrecklich klein,
und Tina muss ständig hungern.
Zum Frühstück gibt es ein Kleckschen Honig.
»Schau Papi«, sagt Tina.
»Eine Biene haben sie auch.«

Ein Globetrotter erzählt:
»Ich bin wohlbehalten wieder zurück von meiner Indienreise. Am schönsten war die Tigerjagd!«
»Hatten Sie denn Glück?«
»Ja, mir ist Gott sei Dank keiner begegnet!«

Der Flugkapitän fühlt eine Pistole im Nacken. Eine herrische Stimme sagt:
»Das ist ein Überfall! Ändern Sie den Kurs, und fliegen Sie nach New York!«
»Nehmen Sie die Pistole ruhig weg. Sie haben ja die Durchsage gehört. Wir haben längst Kurs auf New York!«
»Das hieß es bisher jedes Mal. Aber wir sind schließlich doch immer auf Kuba gelandet.«

Franz sieht zum ersten Mal die Ebbe.
»Frechheit«, meint er.
»Kaum sind wir hier, haut das Meer ab!«

»Entschuldigen Sie bitte: Wie komme ich denn am besten in den Louvre?«
»Am besten in Öl!«

»Wie war es denn im Skiurlaub?«,
wird Ludwig gefragt.
»Das Skigelände war großartig, aber die Verpflegung ...«, sagt Ludwig bekümmert. »Ich wohnte bei einem Bauern oben am Hang. Am ersten Tag gingen drei Hühner ein. Da gab's tagelang nur Brathuhn. Dann verendete ein Kalb. Die halbe Woche fütterte man mich mit Kalbfleisch. Schließlich wurde die Großmutter krank – da bekam ich's mit der Angst und haute ab!«

Florian geht auf seine erste Seereise.
»Mein Schiff«, erklärt der Kapitän stolz, »macht fünfzehn Knoten in der Stunde.«
»Enorm! Enorm!«, staunt Florian. »Aber wer macht die vielen Knoten wieder auf?«

Erster Urlaubstag.
Zaghaft fragt Manuela einen Einheimischen am Strand:
»Gibt es hier Quallen oder Krebse?«
»Fräulein, da kann ich Sie beruhigen«, erwidert der Einheimische.
»Die werden alle von den Haien weggefressen!«

Der Hoteldirektor zum abreisenden Gast:
»Sie empfehlen mich doch sicher in Ihrem Bekanntenkreis weiter?«
»Ja, sehr gern, nur weiß ich im Moment niemanden, gegen den ich etwas habe.«

»Wie komme ich zu der nächsten menschlichen Behausung?«, fragt ein Autoreisender einen Araber in der Wüste.
»Da fahren Sie jetzt immer geradeaus, und übermorgen biegen Sie links ab.«

»Ach, Schatz«, bittet Frau Bauer ihren Ehemann, »erzähle doch noch mal, wie ich unseren Zimmernachbarn in Rimini das Leben gerettet habe!«

»Ja, das war so: Meine Frau hat die Arie der Aida im Hotelzimmer gesungen. Da klopften die von nebenan an die Wand und riefen: ›Wenn Sie nicht sofort mit Ihrem Gekreische aufhören, bringen wir uns um!‹ Sehen Sie, und da hat sie aufgehört und eine Familie gerettet!«

Im Reisebüro. Stefan will für sich und seine Frau Petra eine Kreuzfahrt in die Karibik buchen. Der Reisekaufmann notiert folgende Sonderwünsche: »Getrennte Betten, getrennte Luxuskabinen – am besten getrennte Schiffe!«

Der Hotelmanager zum Gast:
»Offensichtlich fühlen Sie
sich bei uns wie zu Hause.«
»Respekt, wie haben Sie das bemerkt?«
»An Ihrem schlechten Benehmen!«

Kopfschüttelnd betrachtet ein
texanischer Tourist den Pariser Eiffelturm:
»Jetzt bin ich schon zum fünften Mal hier,
und die Franzosen sind immer noch
nicht auf Öl gestoßen!«

Sie sind zum ersten Mal am Meer,
stehen am Strand und staunen.
»Sieh nur, das viele, viele Wasser!«, sagt Barbara.
»Und dabei sieht man nur das,
was obendrauf ist!«, flüstert Toni.

»Wo waren Sie im Urlaub?«
»Auf Lanzarote.«
»Wo liegt das?«
»Keine Ahnung, wir sind hingeflogen.«

Herr Graf macht Urlaub in Bayern und betritt
im Hotel den Aufzug.
Ein Bayer sagt freundlich: »Grüß Gott!«
Darauf Graf: »So hoch fahre ich nicht!«

Ein deutscher Tourist auf Ibiza.
Ein freundlicher Spanier grüßt ihn:
»Buenos dias!«
»Nein danke«, winkt der Tourist ab,
»ich fotografiere selbst.«

Alle sitzen im Zug und fahren in die Ferien.
Plötzlich wird Mama blass:
»Um Himmels willen! Ich habe vergessen,
den Elektroherd abzustellen! Da könnte das
ganze Haus abbrennen!«
»Kann es nicht«, sagt Papa gelassen. »Ich habe
nämlich vergessen, das Badewasser abzudrehen.«

Ein frisch verheiratetes Paar steigt im berühmten Watergate Hotel in Washington ab. Die Braut besorgt: »Was ist, wenn diese Räume immer noch abgehört werden?«
Der Bräutigam: »Keine Sorge, ich werde den Raum absuchen.« Er schaut hinter die Vorhänge, hinter die Bilder und unter den Teppich. »Aha«, triumphiert er, als er die runde Scheibe mit vier Schrauben befestigt entdeckt. Er holt sein Taschenmesser hervor, löst die Schrauben und wirft sie zusammen mit der Scheibe aus dem Fenster.
Am nächsten Morgen fragt der Hoteldirektor das Paar: »Waren Sie mit Ihrem Zimmer zufrieden? Wie war der Service? Hat es Ihnen bei uns im Watergate Hotel gefallen?«
Der Bräutigam: »Warum fragen Sie mich das eigentlich alles?«
Der Hotelier: »Weil der Gast unter Ihrem Zimmer sich beschwerte, dass der Kronleuchter auf ihn herunterfiel.«

»Haben Sie auf dem Weg nach Italien denn auch den Brenner überfahren?«
»Ja, wir haben einen überfahren – aber ob der Brenner hieß ...?«

Friedrichs fahren mit Kind und Kegel in die wohlverdienten Sommerferien. Im Auto sagt Vater Friedrich zu seiner Frau und den drei Kindern: »Also gut, ich fahre jetzt erst mal eine halbe Stunde um den Block. Währenddessen kann sich jeder überlegen, was er vergessen hat ...!«

Die Neuvermählten sind in Stratford-upon-Avon, der Stadt Shakespeares, eingetroffen. Im Hotel sind alle Zimmer nach den Werken des großen Dramatikers benannt. Der Empfangschef schaut auf seinen Plan und meint: »Wir haben noch die Zimmer ›Ein Sommernachtstraum‹ und ›Der Widerspenstigen Zähmung‹ frei.«
Mit einem Seitenblick auf ihren Gatten sagt die Ehefrau: »Wenn's noch frei ist, können Sie uns das Zimmer ›Viel Lärm um nichts‹ geben.«

»Wenn ich über die Wiese laufe, schaffe ich dann noch den Sieben-Uhr-Zug?«, fragt Emil den Bauern.
»Bestimmt«, sagt der. »Und wenn dich mein Bulle sieht, dann schaffst du sogar noch den Sechs-Uhr-Zug.«

Ein Alpendorf.
Toni stürmt ins Rathaus und ruft aufgeregt:
»Herr Bürgermeister, Herr Bürgermeister,
vom Tal her kommt ein Bus voller Touristen!«
Der Bürgermeister: »Schnell, Toni,
treib die Ziegen auf den Berg,
die Leute wollen Gämsen sehen!«

»Sie waren doch in Rom. Haben Sie
auch die Sixtinische Kapelle gesehen?«
»Ja, aber für meinen Geschmack hat
sie ein wenig leise gespielt!«

»Haben Sie in Norwegen
auch die Fjorde gesehen?«
»Und ob – obwohl die ja so
was von scheu sind ...«

Schlossbesichtigung. Hans lässt sich erschöpft auf einen Stuhl fallen. »Das ist der Lieblingsstuhl Friedrichs des Großen!«, mahnt der Schlossführer. »Schon in Ordnung«, sagt Hans. »Wenn er kommt, stehe ich sofort auf.«

»Waren Sie denn in Rom auch im Kapitol?«
»Nein, im Kino waren wir nicht.
War ja immer so schönes Wetter.«

Am Badestrand an der Adria:
Frau Meier taucht bei Familie Schulze auf und macht Krach. »Ihr Sohn hat unserem kleinen Sohn das Schwimmtier weggenommen!«
»Das stimmt nicht«, verteidigt sich Frau Schulze.
»Das kann Axel nicht getan haben!«
»Wie wollen Sie das beweisen?«
»Weil er soeben ausprobiert, ob Ihr Walkman auch unter Wasser funktioniert.«

Yvonne übernachtet in einem herrlich alten Schloss.
Etwas unheimlich ist es ihr aber schon.
Vor allem nachts, wenn sie durch die langen Gänge muss. Zum Glück kommt ihr ein uralter Herr entgegen. »Gibt es in diesem Schloss Gespenster?«, fragt sie ihn.
»Nicht dass ich wüsste, mein Kind«, sagt der Alte.
»Ich schwebe schon seit 500 Jahren durch diese Räume und habe noch keins gesehen.«

»Wenn wir schon kein Geld für Urlaub haben, warum müssen wir dann unbedingt nach Griechenland ...?«
»Seid ruhig und schiebt weiter!«

»Wir waren in den Ferien auf dem Bauernhof. Dort hatten sie den faulsten Hahn der Welt. Wenn die anderen Hähne im Dorf krähten, nickte der nur zustimmend mit dem Kopf.«

»Wo warst du im Urlaub?«
»In Berlin an der Nordsee.«
»Aber Berlin liegt doch gar nicht an der Nordsee!«
»Ach so! Deshalb hatten wir es immer so weit zum Strand!«

»Sagt mal, hättet ihr euren Bahnhof nicht näher zum Dorf hin bauen können!«, jammert Simone, als sie von ihren Vetter abgeholt wird und erfährt, dass sie noch weit laufen muss. »Nicht wirklich«, sagt der. »Denn er muss nun mal bei den Gleisen sein.«

Familie Müller will in den Ferien an die Adria. Steffi nervt die ganze Familie, weil sie ihren Bikini nicht finden kann. »Vielleicht hat ihn eine Motte gefressen«, meint ihr Bruder Andi.

Petra und Stefan liegen am Ufer des Baggersees. Der ganze Nachmittag ist ein einziger Kampf gegen die Mücken. Es dämmert. Da tauchen Glühwürmchen auf. Stefan rafft seine Decke zusammen und sagt: »Ich hau ab. Jetzt haben die Biester auch noch Taschenlampen!«

Hanni möchte eine Ansichtskarte nach Hause schicken. »Haben Sie bitte eine Karte mit einer Wurst drauf?«, fragt sie im Andenkenladen. »Warum mit einer Wurst? »Ich will die Karte unserem Hund schicken.«

»Wo verbringen Sie diesmal Ihren Urlaub?«
»In Grönland, da gehe ich auf Robbenjagd!«
»Und die Gattin begleitet Sie?«
»Nein, die fährt nach Paris zur Robenjagd!«

Ferien, Hochalpenstraße, herrliche Busfahrt. Plötzlich kracht es, und der Bus hängt an einem Baum. Die Polizei kommt und vernimmt den Busfahrer.
»Wie konnte es zu diesem Unfall kommen?«
»Keine Ahnung«, beteuert der Busfahrer, »als es passiert ist, war ich gerade hinten beim Kassieren.«

Im Gebirge. Die Touristen haben einen bärtigen Alpenbewohner erwischt. »Sagen Sie, waren Ihre Vorfahren auch Bergsteiger?«
»Ja, scho.«
»Und sind alle abgestürzt?«
»Ja, scho.«
»Ihr Großvater auch?«
»Ja, scho.«
»Und Ihr Vater? Auch abgestürzt?«
»Naa, der net.«
»Nein?«
»Naa, den ham die Touristen tot g'redt.«

Kurgast: »Anscheinend bin ich eurem Schwein sympathisch, es will immer in mein Zimmer!«
»Kein Wunder, im Winter wohnt es ja auch dort!«

Ein kleiner Junge isst am Strand ein Eis. Ein Tropfen fällt einem Badegast, der im Sand schläft, auf den Bauch. Der schreckt auf: »Mensch, die Möwe muss direkt vom Nordpol gekommen sein!«

Georg kommt in eine Kneipe und bestellt sich ein Mittagessen. Als der Erbseneintopf kommt, erscheint auch der Hund des Wirtes und lässt Georg und das Essen nicht mehr aus den Augen.
»Hallo«, ruft Georg den Wirt. »Haben Sie Ihrem Hund heute noch nichts zu fressen gegeben?«
»Das schon«, sagt der Wirt. »Aber der Hund kennt eben seinen Teller.«

Der Gast im Alpendorf fragt seinen Gastwirt, woher denn die großen Steine auf der Dorfwiese kommen. Der antwortet: »Jo mei, die Stoa hot der Gletscher mitbrocht.«
»Aha«, meint der Gast, »und wo isser jetzt, der Gletscher?«
»Jo mei, woaß i a net, wahrscheinlich holt der neue Stoa ...«

Vermischtes

Auf dem Bahnhofsplatz spricht ein Durchreisender einen Einheimischen an: »Entschuldigen Sie bitte, mein Herr! Aber ich bin fremd hier!«
»Nichts passiert«, meint der Angesprochene, lächelt und geht seiner Wege.

Ein Schotte fährt mit der Fähre nach Frankreich. Als die Fähre anlegt, steigt gerade ein Taucher aus dem Hafenbecken. Der Schotte sieht das und sagt: »Mann, wenn ich gewusst hätte, dass man hierher auch laufen kann ...«

Ein Schwabe kommt ins Rathaus und will seinen Namen ändern lassen. Der Beamte fragt ihn, warum. Der Schwabe darauf: »Ich habe einen Pappkarton mit Visitenkarten gefunden!«

Wie verabschiedet sich mittags ein Kind
von seinen Freunden, wenn es zu Hause
nur vegetarisches Essen gibt:
»Jetzt muss ich aber schnell nach Hause,
sonst wird mein Essen welk!«

Sven schaut amüsiert aus dem Fenster. Neugierig fragt ihn seine Frau: »Was stehst du denn eine geschlagene halbe Stunde am Fenster, gibt's etwas Besonderes zu sehen?«
Sven: »Da sucht ein Mann dort unten auf der Straße schon ewig nach einem Hundert-Euro-Schein.«
Seine Frau erstaunt: »Woher willst du das so genau wissen?«
»Na, weil ich ihn gefunden habe!«

Hermann erzählt seinem Arbeitskollegen stolz:

»Unser Nachbar hat gestern gesagt,
dass unsere Tochter auf die Akademie
gehen sollte, um Gesang zu studieren.
Siehst du, so begabt ist das Mädel!«
Darauf sein Kollege:
»Wenn ich euer Nachbar wäre, würde ich das
sicher auch sagen!«

Zwei Freunde gehen ins Kino. Am nächsten Tag, in der Schule, erzählt der eine dem anderen, dass er letzte Nacht von dem Film geträumt habe.
Sagt sein Freund: »Mensch, da hättest du dir ja das Eintrittsgeld sparen können!«

Mit einem gelangweilten Gesichtsausdruck sieht der Millionär die Morgenpost durch. Seine Frau fragt ihn, ob denn etwas Besonderes dabei sei. »Nein, mein Schatz! Nur Werbung, Drucksachen und die Benachrichtigung der Lottozentrale, dass wir sechs Richtige haben!«

Schneewittchen, Herkules und Quasimodo gehen zum Orakel von Delphi: Sie wollen die Wahrheit über sich hören. Schneewittchen geht hinein und kommt überglücklich und strahlend wieder heraus: »Juhu, ich bin immer noch die Schönste im ganzen Land!« Dann geht Herkules hinein und kommt total happy wieder heraus: »Cool, ich bin immer noch der Stärkste im ganzen Land!« Auch Quasimodo geht hinein, kommt aber nach einer Viertelstunde heulend wieder heraus: »Schnief, wer ist denn Michael Jackson?«

Pilot: »Kontrollraum, bitte kommen, wir haben nur noch wenige Liter Treibstoff. Brauche Anweisungen!«
Tower: »Bitte geben Sie uns Ihre Position an, wir haben Sie nicht auf unserem Radarschirm ...!«
Pilot: »Wir stehen auf Landebahn eins und möchten wissen, wann der Tankwagen kommt!«

Der Vertreter klingelt an der Haustür. Als ihm geöffnet wird, sagt er: »Gnädige Frau, darf ich Ihnen unseren Verkaufsschlager vorführen, von dem Ihre Nachbarin meint, Sie könnten ihn sich nicht leisten?«

Nachdem Helga schon mehrmals an der Auslage der Boutique fasziniert stehen geblieben war, fasst sie sich heute ein Herz und betritt den edlen Laden.
»Ich würde gern das türkisfarbene Kleid im Schaufenster anprobieren.«
Darauf die freundliche Verkäuferin: »Selbstverständlich, gnädige Frau, aber wir haben auch Umkleidekabinen!«

In der völlig überfüllten Straßenbahn
spricht ein Mann einen anderen an:
»Sagen Sie mal, wie alt sind Sie eigentlich?«
»Fünfunddreißig, warum?«
»Meinen Sie nicht, dass Sie dann alt genug sind,
um auf eigenen Füßen zu stehen?!«

Umweltschützer erkennt man daran, dass sie ihre Busfahrkarte nicht wegwerfen, sondern mehrfach benutzen.

Zwei Betrunkene stehen auf dem Dach eines Hochhauses. Sagt der eine: »Ich spring jetzt hier runter und schau noch in der Kneipe im ersten Stock vorbei.« Von seinem Rundflug und einem Bierchen wieder zurück, meint er zu dem anderen: »Na, probier's doch auch einmal!« Nach langem Zögern schwingt sich auch der andere über die Mauer, breitet die Arme zum Flug aus – und fällt wie ein Stein zu Boden. Der Erste springt erneut und lässt sich wieder in die Kneipe schweben. Dort bestellt er noch ein Bier. Sagt der Wirt: »Mensch, Superman, du kannst ganz schön fies sein, wenn du besoffen bist.«

Ein Mann trifft in der Wüste eine Karawane. Er geht zum Karawanenführer und fragt ihn: »Sag mal, wie weit ist es denn noch bis zum Meer?« Karawanenführer: »Fast noch 1000 Kilometer.« »Oh Gott«, stöhnt der Mann, klopft dem Karawanenführer auf die Schulter und sagt: »Es ist zwar noch sehr weit, aber einen tollen Strand habt ihr hier.«

Barbara und Sabine, zwei Hinterwäldlerinnen, gehen zum ersten Mal ins Kino. Im Saal ist es stockdunkel. Die Platzanweiserin kommt ihnen mit einer Taschenlampe entgegen. »Pass auf, Barbara«, brüllt Sabine, »ein Fahrrad!«

Zwei Schotten treffen sich auf der Straße. Fragt der eine: »Was macht dein Studium?« »Ich musste aufhören. Mein Vater hat eine kaputte Uhr, und jetzt muss ich Uhrmacher werden.«

Was ist der Unterschied zwischen einem normalen Trabi und dem Sportmodell? Ein Paar Turnschuhe im Kofferraum.

Ein Mann sitzt im Theater. Kurz vor Beginn der Vorstellung meldet sich bei ihm ein dringendes Bedürfnis. Er irrt durch die leeren Gänge, findet aber keine Toilette. In seiner Verzweiflung pinkelt er in eine herumstehende Blumenvase, geht zurück in den Zuschauerraum und setzt sich wieder. Der Vorhang ist bereits aufgezogen, aber es ist niemand auf der Bühne.
Er fragt seinen Nachbarn: »Na, war schon was?«
Sagt der:
»Ja, typisch, modernes Theater – kommt einer rein, pinkelt in eine Vase und geht wieder raus.«

Werbung für einen Schützenverein: Lernen Sie bei uns schießen und treffen Sie gute Freunde.

Lotte und Marianne besuchen zum ersten Mal die Pferderennbahn. Aus Neugier und Naivität setzen sie auf das ihrer Meinung nach schönste Pferd. Aber Schönheit ist eben keine Garantie für den Sieg, und das Pferd kommt als letztes ins Ziel. »Auch nicht schlimm«, meint Lotte zu Marianne, »wir hätten in unserer Wohnung sowieso keinen Platz für das Tier gehabt!«

Herr Dachs beschwert sich bei seinem Nachbarn: »Ihr Hund jagt ständig hinter meiner Tochter auf dem Fahrrad her. Sorgen Sie bitte dafür, dass er das nicht mehr macht!«
»Das kann aber gar nicht mein Hund sein.«
»Und warum nicht?«
»Mein Hund hat kein Fahrrad!«

Der Norddeutsche fragt: »Was sagt ihr in Bayern zu einem Laternenpfahl?« – »Was sollen wir zu dem sagen? Wir gehen schweigend an ihm vorbei.«

Ein Mann hört auf der Autobahn im Radio die Durchsage: »Fahren Sie bitte vorsichtig, es kommt Ihnen ein Auto auf Ihrer Fahrbahn entgegen.« Darauf empört sich der Mann: »Eins? Hunderte!«

Eine Touristin aus den USA, die Europa mit dem Auto bereist, lässt sich in Griechenland vor einer umgestürzten Säule fotografieren und ruft: »Passen Sie auf, dass der Wagen nicht mit aufs Bild kommt, sonst denkt mein Mann, ich hätte das Ding gerammt!«

Verkäuferin: »Die neuen Schuhe werden in den nächsten Tagen noch etwas drücken.«
Käufer: »Macht nichts. Ich trage sie erst nächste Woche.«

»Hast du schon gehört, Lisa spielt im Amateurtheater mit«, tauscht Birgit den neuesten Tratsch mit ihrer Nachbarin aus. »Sie hat da eine Rolle, die fast über ihre Kräfte geht.«
Fragt die Nachbarin erstaunt: »Wie meinst du das? Sie hat doch eine Rolle ohne Worte!«
»Tja, eben!«

Die Platzanweiserin zum verspäteten Besucher:
»Das Theater hat schon begonnen. Bitte, bewegen Sie sich leise.«
»Wieso, schlafen schon alle?«

»Diese blöden Fußgänger«, stöhnt Klaus, »dass die auch immer mitten auf der Straße rumlaufen müssen.«
»Sei vernünftig, Liebling«, antwortet Claudia, »und fahr endlich runter vom Bürgersteig.«

Was ist der Unterschied zwischen dem Knast und einer Fabrik?
Ganz einfach: Im Knast weiß man wenigstens, wann man entlassen wirst!

Teilnahmsvoll fragt die Dame den Bettler: »Ja, hat man Ihnen denn noch nie eine Arbeit angeboten?«
»Doch, einmal. Aber sonst waren die Leute eigentlich immer nett zu mir!«

Bei der Fahrprüfung rege ich mich immer so furchtbar auf! Ich zittere am ganzen Körper! Seit Wochen bin ich mit den Nerven völlig am Ende!«
»Kopf hoch! Irgendwann werden Sie die Prüfung schon schaffen.«
»Was heißt schaffen? Ich bin der Fahrprüfer!«

Die Nachbarn unterhalten sich am Gartenzaun: »Na, wie geht's denn Ihrem Bruder«, fragt die eine. »Wenn ich mich recht erinnere, wollte er doch unbedingt in den Staatsdienst. Was macht er genau?«
»Nichts«, meint die andere kurz angebunden, »er ist drin!«

In der Pause flüstert der Trainer dem Boxer ins Ohr: »Ich habe den Schwachpunkt deines Gegners entdeckt. Immer, wenn du am Boden liegst, steht er völlig ohne Deckung da ...«

»Mama, ich möchte einen Hamburger.«
»Nein, du heiratest keinen Norddeutschen!«

Erich geht am Ufer entlang und fällt in den See. Ängstlich brüllt er: »Ich habe keinen Grund!« Kommt ein alter Herr vorbei: »Warum schreien Sie denn, wenn Sie keinen Grund dazu haben?«

In der Ausstellung werden moderne Gemälde gezeigt. Unter einem Bild hängt der Vermerk: »Unverkäuflich«. Murmelt ein Besucher vor sich hin: »Hätte ich denen auch gleich sagen können, dass die den Quatsch nicht loswerden!«

»Entschuldigen Sie, mein Herr. Ich möchte in den Zoo«, wird Michael von einem Fremden angesprochen. »So? Als was denn?«

Nach einem Konzert wird ein Rockstar von einem Mann angesprochen: »Dass ich Sie endlich mal persönlich kennen lerne! Seit Monaten besuche ich alle Konzerte von Ihnen: Die sind wohl ziemlich schlecht besucht, oder?« – »Keineswegs. Alle ausverkauft!« – »Aber Ihre letzte CD war doch eher ein Flop?« – »Quatsch! Die habe ich über eine Million Mal verkauft! Sagen Sie mal: Warum fragen Sie als Fan eigentlich so komische Sachen?«
»Fan? Ich bearbeite im Finanzamt Ihre Akte!«

Ein Wachhund zum andern: »Hörst du nichts?«
»Doch.« – »Und warum bellst du dann nicht?«
»Na, dann höre ich doch nichts mehr!«

Morgengymnastik im Radio: »Beginnen wir gleich mit der heutigen Übung, liebe Zuhörerinnen und Zuhörer – also auf ... nieder ... auf ... nieder ... und nun wechseln wir das Augenlid, und auf ... nieder ...«

Die Freundin tröstet die Glühwürmchen-Witwe:
»Wenigstens hat er nicht gelitten.«
»Kurzschluss – ein schwacher Trost!«

Sie: »Warum laufen Sie mir die
ganze Zeit hinterher?«
Er: »Jetzt, wo Sie sich umgedreht haben,
frage ich mich das auch.«

Ein Schwabe wird von einem Auto leicht angefahren. Unfallopfer und Autofahrer einigen sich im Einvernehmen, nicht die Polizei zu rufen. Der Autofahrer drückt dem unverletzten Schwaben dennoch hundert Euro in die Hand: »Für den Schrecken!«, wie er sagt. Der Schwabe bedankt sich und fragt den Autofahrer: »Sagen Sie, kommen Sie öfter hier vorbei?«

Ein Cowboy, neu in der Stadt, stattet dem einzigen Saloon des abgelegenen Goldgräber-Nestes einen Besuch ab. Er genehmigt sich einen Drink und beobachtet schweigend die anderen Gäste. Sein Blick fällt auf den Fußboden. Er tippt dem Wirt auf die Schulter: »Guter Mann, warum bestreuen Sie Ihren Fußboden mit Sägespänen?« Der Wirt lacht und meint: »Sägespäne? Cowboy, mach die Augen auf – das sind die Möbel von gestern!«

»Très chic, das Kleid«, schwärmt die Freundin, als sie Marie in dem maßgeschneiderten Kostüm sieht. »Ist wohl der letzte Schrei in Paris?«
»Eher der vorletzte«, meint Marie, »den letzten werde ich wohl von meinem Mann hören, wenn er den Preis erfährt!«

»Was kostet die Fahrt zum Bahnhof?«,
fragt ein Schwabe den Straßenbahnschaffner.
»Zwei Euro!«, antwortet dieser.
Der Schwabe nimmt seine Beine in die Hand und rennt neben der Straßenbahn her.
Völlig außer Atem fragt er den Schaffner bei einem kurzen Stopp an der nächsten Haltestelle:
»Und was kostet die Fahrt jetzt?«
Der Schaffner: »Vier Euro.«
Der Schwabe stöhnt: »Das kann doch gar nicht sein!«
Der Schaffner: »Doch, wir fahren in die andere Richtung!«

Auf dem Einwohnermeldeamt.
»Wollen Sie Ihren Ausweis verlängern lassen?«
»Eigentlich nicht. Ich finde das Format ganz praktisch!«

»Wenn man so auf dem hohen Gipfel steht und ins Tal blickt«, sinniert Hans, »dann wird einem erst klar, wie klein man doch ist!« Darauf sein Freund: »Das Gefühl kann ich im Büro billiger haben!«

Im Spielkasino. Eine Dame scheint einen schlechten Tag am Roulettetisch zu haben. Verzweifelt starrt sie auf ihre letzten hundert Euro. Ein anderer Gast gibt ihr im Vorübergehen den Tipp: »Versuchen Sie doch mal auf Ihr Alter zu setzen!« Wenig später hört er ein lautes Durcheinander an besagtem Roulettetisch und denkt sich: »Vielleicht hat sie ja gewonnen.« Er dreht sich um und sieht, wie die Dame ohnmächtig am Boden liegt. »Was ist denn passiert?«, fragt der Mann. »Ich weiß auch nicht«, erwidert der verstörte Croupier, »Sie setzte ihr letztes Geld auf die 29 und die 36 ist gefallen. Daraufhin fiel sie in Ohnmacht.«

Max führt ein ernstes Gespräch mit seinem Schwiegersohn in spe: »So verschuldet wie Sie sind, junger Mann, wollen Sie allen Ernstes meine Tochter heiraten?« »Wissen Sie etwa einen anderen Ausweg?«

Der kleine Mann sitzt an der Theke und starrt auf seinen Drink. Er bewegt sich eine halbe Stunde lang überhaupt nicht. Da kommt ein großer Rocker an die Theke, nimmt dem Mann seinen Drink und kippt ihn auf einmal hinunter.

Der kleine Mann beginnt zu weinen.

Sagt der Rocker: »Na, so schlimm war es doch nicht, ich hab mir nur einen kleinen Spaß erlaubt. Ich kaufe dir einen neuen Drink, ich kann keinen Mann weinen sehen.«

Der kleine Mann: »Nein, das ist es nicht. Heute ist der schlimmste Tag meines Lebens! Heute Morgen habe ich verschlafen. Daraufhin hat mich der Chef rausgeschmissen. Dann hat jemand meinen neuen Wagen gestohlen, und die Polizei sagte, sie könne gar nichts tun. Dann habe ich ein Taxi nach Hause genommen, bezahlte den Fahrer und wollte ins Haus gehen. Da bemerkte ich, dass ich meine Brieftasche im Taxi hatte liegen lassen. Zu Hause fand ich einen Abschiedsbrief meiner Frau vor. Da beschloss ich, mich in meiner Lieblingskneipe umzubringen. Und gerade als ich meinem Leben ein Ende setzen will, kommst du herein und trinkst mir mein Gift weg!«

Auf einer Kunstausstellung.
Ein namhafter Bildhauer präsentiert seine Kunstwerke den Journalisten. Interessiert fragt ein Journalist: »Ist es nicht furchtbar schwierig, eine Figurengruppe wie diese zu meißeln?«
Lächelnd meint der Künstler: »Keineswegs. Ich nehme einfach einen großen Marmorblock und schlage alles weg, was nicht nach einer Figur aussieht!«

»Sie haben Nerven!«, antwortet der Bankdirektor, als er von der Putzfrau nach dem Tresorschlüssel gefragt wird. »Warum sollte ich gerade Ihnen den Schlüssel geben?«
»Ich bin es wirklich leid, Herr Direktor, dass ich ihn zum Saubermachen immer mit der Haarnadel öffnen muss!«

Eine Gemäldegalerie hat einen neuen Wärter eingestellt. Zufrieden grinsend meldet er sich bei Dienstschluss seines ersten Arbeitstages beim Direktor ab: »Ist besser gelaufen, als ich gedacht habe. In zwei Stunden habe ich drei Rubens und einen Picasso verkauft!«

Ein Angler hatte einen Glückstag. Doch er wirft seinen ganzen Fang wieder zurück ins Wasser. Ein anderer Angler betrachtet das seltsame Spiel und fragt: »Sind Sie nicht bei Trost? Wenn man mal so eine Glückssträhne hat?«
Sagt der: »Was soll ich machen? Meine Frau hat mir gesagt, ich soll Fischstäbchen mitbringen!«

Mit verträumtem Blick steht Moritz vor dem Motorradgeschäft. Nach einer Weile gibt er sich einen Ruck, geht in den Laden, zeigt auf eine tolle Maschine und fragt den Verkäufer: »Wie lange müsste ich zahlen, wenn ich dafür jeden Monat ungefähr zwei Euro hinblättere?« »Zweihundert Jahre, mein Junge«, meint der Verkäufer. Moritz darauf: »Okay, gekauft!«

Ein Kapitän geht jeden Morgen in seiner Kajüte an einen Safe, entnimmt ein zerfleddertes Papier, liest es und legt es wieder zurück. Als er in Pension geht, ist der Rest der Besatzung sehr neugierig, was auf dem Zettel stehen mag. Man nimmt das Papier aus dem Safe und findet folgende Worte: »Rechts Steuerbord ... links Backbord«!

Stefan bestürmt sein Herzblatt Gabi:
»Liebste, möchtest du mich heiraten?«
»Schon möglich, aber nur, wenn dein Einkommen viele Nullen hat!«
»Prima – es sind nur Nullen!«

Markus zieht seinen Freund Tobias auf:
»Na, was habt ihr denn heute Schönes im Anstandskurs gelernt?«
»Gute Manieren, du Dussel!«

Emil ist ein hoffnungsloser Fall, wenn es beim Walzer um raffinierte Schritte und die Drehung geht. Auch dem Tanzlehrer fehlen tröstende Worte, er meint nur:
»Es gibt zwei Dinge, die Sie erst gar nicht an eine Karriere als Tänzer denken lassen!«
Emil verwundert: »Und die wären?«
»Ihre beiden Füße!«

Ein Geizhals kommt in einen Schönheitssalon und verlangt eine Maniküre: »Aber bitte nur den Ringfinger. Ich heirate morgen!«

»Was versteht man unter einem Lichtjahr?«,
testet der Vater seinen Sohn.
Der antwortet prompt: »Die Stromrechnung
für zwölf Monate!«

Erwin trifft seinen Kumpel in der Kneipe. Mit betrübtem Gesicht sitzt dieser vor seinem Bierchen. »Was ist los, Erwin, so kenne ich dich doch gar nicht«, sagt sein Kumpel und klopft ihm aufmunternd auf die Schulter.
»Ach«, stöhnt Hermann, »ich habe vorhin ein trauriges Buch gelesen.«
»Und welches?«
»Na, mein Sparbuch!«

Ein Förster beobachtet schon eine ganze Weile, wie sich ein junger Mann mit einem Taschenmesser an einer Baumrinde zu schaffen macht.
»He, Sie da«, ruft der Förster dem jungen Burschen zu, »Sie können doch nicht an einem gesunden Baumstamm herumschnitzen!«
Meint der: »Ich schnitze ja gar nicht – ich radiere etwas aus!«

Ein Fakir kommt in die Eisenwarenhandlung
und verlangt zehn Packungen Nägel.
»Du meine Güte«, wundert sich der Verkäufer,
»Sie haben wohl noch viel vor!«
»Ich nicht«, antwortet der Fakir, »aber meine Frau
will heute die Betten neu beziehen!«

Im Flugzeug. Ein Reisender kämpft
gegen die Langeweile. Er beginnt
eine Unterhaltung mit seinem Nachbarn.
»Wohin fliegen Sie?«
»Nach New York.«
»Und, was machen Sie dort?«
»Aussteigen!«

Unterhalten sich zwei Mütter
vor dem Kindergarten über ihre Sprösslinge.
Fragt die eine:
»Wie trinkt Ihr Kleiner denn am liebsten
seine Honigmilch?«
»Halb und halb!«
»Das müssen Sie mir aber genauer erklären!«
»Na, ganz einfach: Halb in den Mund,
halb auf den Pulli!«

Unterhalten sich zwei Nachbarn über den Zaun.
»Na, Herr Schulze, Ihr Jüngster ist wohl wieder aus dem Zeltlager zurück? Er hat bestimmt tolle Eindrücke mitgebracht!«
»Eindrücke? Eher weniger. Aber Ausdrücke – und was für welche!«

Sagt die Frau eines zerstreuten Professors:
»Deine Zerstreutheit ist ansteckend! Jetzt wollte ich dir heute mal eine Freude machen und dir ein neues Hemd kaufen – stattdessen habe ich mir ein neues Kostüm gekauft!«

Ein Pärchen geht an der Hafenpromenade spazieren. Als sie an einem großen Segelboot vorbeikommen, springt plötzlich ein Hund auf dem Deck wie wild herum und bellt.
Sie: »Was ist das denn für eine Rasse?«
Er: »Och, bestimmt so ein Jachthund!«

Monika zu ihrer Freundin Eva:
»Ich esse jeden Morgen ein geschlagenes Ei!«
Eva darauf: »Und ich eine geschlagene Stunde!«

Hannelore kommt völlig abgekämpft
bei ihrer Freundin an.
»Der Frühjahrsputz schafft
mich jedes Jahr wieder!«
»Was hast du denn alles gemacht?«
»Meine Handtasche ausgeräumt!«

Paula und Peter machen ihren sonntäglichen Waldspaziergang. Auf einer Lichtung bleibt sie plötzlich stehen und seufzt: »Ach, Max, war das nicht immer ein schönes Plätzchen für unser Picknick!« Max lächelt nur: »Ja doch, Tausende von Ameisen können schließlich nicht irren!«

Major von Bülow und Major von Zitzewitz treffen sich im Casino.
Von Bülow: »Wo sind Sie denn jestern Abend ...?«
Von Zitzewitz: »Jestern Abend ... Theater jewesen!«
Von Bülow: »Und, was haben Sie jesehen?«
Von Zitzewitz: »Seltsame Sache! Stück von Schiller!«
Von Bülow: »Na, ist doch 'n janz vanünftija Klassiker.«
Von Zitzewitz: »Ich bitte Sie! Völlig albern: Zivilist schießt auf Obst!«

Detlev und Fahrunterricht – eine unendliche Geschichte. Nach dreißig Fahrstunden fragt er seinen Lehrer: »Und, wie viele brauche ich noch, bis ich endlich fahren kann?«
Meint der Fahrlehrer mit resigniertem Blick:
»Noch ungefähr drei.«
Detlev kann es gar nicht fassen:
»Was, nur noch drei Stunden?«
Da klopft ihm der Lehrer auf die Schulter:
»Mein Junge – drei Autos!«

Beim Museumsbesuch bleiben Vater und Sohn vor einer antiken Statue eines Athleten stehen. Titel: Der Sieger. Der Plastik fehlen die Nase, Teile des Armes und das Ohr.
»Du liebe Güte!«, ruft der Sohn seinem Vater zu.
»Wie muss dann erst der Verlierer aussehen!«

Stolz zeigt Christine ihrer Freundin das neueste Geschenk.
»Sieh mal, hat mir mein Freund geschenkt – ein Armreif aus Elfenbein!«
Mit traurigem Gesichtsausdruck meint die:
»Die armen, armen Elfen!«

Smalltalk auf der Buchmesse.
»Haben Sie schon gehört, der Schriftsteller Wenzel hat seinen Leserkreis verdoppelt!«
»Verraten Sie mir, wie er das gemacht hat?«
»Er hat geheiratet!«

Holger hetzt die Straße entlang, als ihm plötzlich sein Bekannter in den Weg tritt.
»Mensch, Holger, was rennst du denn so?«
Völlig außer Atem hält Holger für einen kurzen Moment inne und stöhnt:
»Mensch, Walter, ich muss mein Auto einholen, das mir eben gestohlen wurde!«
»Zu Fuß – was für ein sinnloses Unterfangen!«
Holger zuversichtlich:
»Da kennst du aber mein Auto schlecht!«

Hans seufzt in sein Bierchen:
»Über zweihundert Leute muss ich täglich verbinden, seit ich im Krankenhaus arbeite.«
Mitfühlend klopft ihm ein anderer Kneipengast auf die Schulter:
»Man hat's heutzutage halt nicht leicht als Arzt.«
Meint Hans: »I wo, ich bin Telefonist!«

Helmut klingelt bei seinem Nachbarn,
mit der Axt in der Hand.
»Guten Tag! Ich möchte gern das Klavier
stimmen, auf dem Ihr Sohn immer übt!«

Ein älterer Herr kommt an die Theaterkasse.
»Ich habe gestern telefonisch eine
Karte reserviert.«
»Für Othello?«
»Nein, für Schulze!«

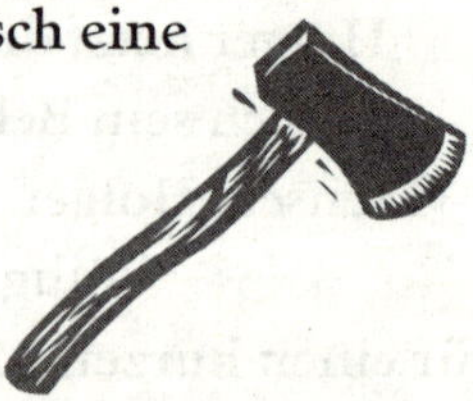

Zwei Wahrsager treffen sich nach langer
Zeit wieder auf einem Kongress der Hellseher.
Der eine stürzt auf den anderen zu:
»Dir geht es gut, und wie geht es mir?«

Vater und Sohn bei ihrer liebsten Freizeitbeschäftigung: Modelleisenbahn. Bis spät in die Nacht wird gebastelt, ausprobiert, die Gleise werden neu verlegt und die Züge unter lautem Getöse in den Bahnhof manövriert. Plötzlich klopft die Mutter an die Tür und meint: »Frau Meier von nebenan lässt fragen, wann der letzte Zug fährt!«

Birgit war bis vor kurzem noch recht mollig.
Eine Schlankheitskur, zu der sie sich endlich
durchgerungen hatte, zeigt auch schon die ersten
Ergebnisse. Bewundernd meint eine Bekannte:
»Kompliment, Birgit, deine Diät nimmst du
ja wirklich ernst!«
»Und ob!«, antwortet Birgit. »Ich lese in der
Zeitung nicht einmal mehr das Fettgedruckte!«

Auf dem Einwohnermeldeamt.
»Beruf?«
»Tontechniker.«
»Immer diese Fremdwörter:
Sagen Sie doch einfach: Töpfer!«

Horst kommt zum Psychiater. »Herr Doktor, ich habe ein Problem. Ich werde das Gefühl nicht mehr los, dass ich in meinem früheren Leben ein Hund gewesen bin!«
Der Psychiater beruhigt ihn: »Das kriegen wir schon wieder in den Griff. Jetzt legen Sie sich erst einmal auf die Couch, und dann sehen wir weiter.«
»Auf keinen Fall«, protestiert Horst, »ich darf nicht auf das Sofa!«

Inge hält ihrem Mann die leere Haushaltskasse unter die Nase und meint: »Ich brauche dringend wieder Haushaltsgeld!«
Meint Langfinger-Joe: »Okay, okay, kannst du noch warten, bis die Banken geschlossen haben?«

Katrin ist außer sich vor Wut und
sagt zu ihrer Freundin:
»Kannst du einmal nicht mit
einer Gegenfrage antworten?«
»Tu ich das denn?«

Carmen zu ihrer Freundin:
»Erinnerst du dich, dass ich dir von meiner Bewerbung beim Theater erzählt habe?
Die haben mich eingestellt!«
Die Freundin will natürlich alle Einzelheiten wissen:
»Und, was machst du so?«
»Ich verteile Rollen«, erklärt Carmen wichtig.
»Na, die haben dir ja gleich eine verantwortungsvolle Aufgabe übertragen«, meint die Freundin.
Darauf Carmen:
»Klar, auf jede Toilette gehört eine!«

Ein verregneter Samstagmorgen. Andi stürzt in die Bäckerei und verlangt: »Bitte zwei Hörnchen, eins für Chris und eins für mich.«
Meint der Bäcker: »Na, Chris ist dann wahrscheinlich Ihre Frau?«
»Ja, sicher. Oder glauben Sie, Mami würde mich bei diesem Sauwetter aus dem Haus jagen?!«

Der 17-jährige Tim trifft seinen Freund Harald im Jugendtreff. Beide haben nur ein Thema: Motorräder. Besonders stolz ist Tim auf seine neueste Errungenschaft:
»Du, Harald, ich hab mir endlich ein Moped gekauft – ein steuerfreies!«
Kopfschüttelnd meint sein Freund:
»Und wie lenkst du dann?«

Im Zugabteil sitzen sich eine ältere Dame und ein Kaugummi kauender Teenager gegenüber. Nach einer rund einstündigen Fahrt winkt die ältere Dame den Jugendlichen zu sich her und flüstert ihm ins Ohr:
»Junger Mann, gib dir keine Mühe, weiter auf mich einzureden – ich bin schwerhörig!«

»Mein Sohn ist Entwicklungshelfer«, prahlt Vater Kaspar vor seinen Tennisfreunden.
»In Indien?«
»Nee, im Fotolabor!«

Höflich weist der Wirt den Stammgast am Tresen darauf hin, dass er gestern ein Bier zu wenig bezahlt hat.
»Komisch, Sie sind jetzt schon der Zweite«, meint dieser. »Gestern sagte doch ein Polizist, ich hätte wohl ein Bier zu viel getrunken!«

Franziska will ihrer Mutter eine Freude machen: Sie will ein Rezept für das Mittagessen auswählen und das Essen allein zubereiten. Nach einer Stunde schaut die Mutter in die Küche und sieht ihre Tochter vor einem Berg geschnittener Weißbrotwürfel.
»Kind, so viele Brotwürfel braucht man doch nicht für die Semmelknödel!«, ruft die Mutter.
Unbeirrt schnippelt Hanne weiter Brot und meint:
»Doch, Mutti, im Kochbuch steht nämlich: ›Man schneide drei Tage altes Brot!‹«

Hubert Fröhlich bringt einige Pfunde zu viel auf der Waage. Zur Diät wird er von seiner Frau auf Kur geschickt. Dort sieht er im Sprechzimmer des Kurarztes ein menschliches Skelett in der Ecke stehen. »Entschuldigen Sie, Herr Doktor«, fragt Fröhlich schüchtern, »war der auch hier zur Kur?«

Der Fahrgast flüstert seiner Nachbarin ins Ohr:
»Mir fehlt der Ausdruck, um Ihnen zu sagen,
welchen Eindruck Sie auf mich machen!«
»Tja, mein Lieber«, gibt das kesse Fräulein
zurück, »dann fehlt Ihnen anscheinend
auch die Einsicht, wie wenig Aussicht
Sie bei mir haben!«

Im Eilzug erwischt der Schaffner einen Schotten ohne Fahrkarte. Nach einem heftigen Wortwechsel verliert der Beamte die Geduld, packt den Koffer des Reisenden und brüllt: »Wenn Sie nicht augenblicklich zahlen, werfe ich Ihren Koffer aus dem Zugfenster!« Darauf schreit der Schotte zurück: »Erst wollen Sie mich arm machen und jetzt auch noch meinen einzigen Sohn töten?«

Zwei werdende Väter unterhalten sich.
Um ihre Nervosität vor dem Kreißsaal
zu überspielen, tauschen sie Erinnerungen
aus ihrer Kindheit aus.
Der eine:
»Ich war ein begabtes und intelligentes Kind!
Bereits mit sechs Monaten konnte
ich selbstständig gehen!«
Der andere:
»Und das nennen Sie intelligent? Ich habe
mich noch mit drei Jahren rumtragen lassen!«

Ein schlecht gelaunter Fahrgast
sagt zum Taxifahrer:
»Fahren Sie endlich los mit Ihrer Mistkarre!«
Darauf der schlagfertige Taxifahrer:
»Und wo soll ich den Mist abladen?«

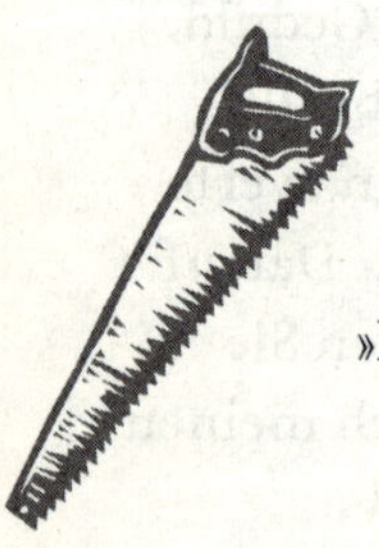

»Sie sind Zauberkünstler?«, fragt der
Zirkusdirektor.
»Ja, ich zersäge Frauen!«
»Haben Sie denn Geschwister?«, will der
Zirkusdirektor wissen.
»Zwei Halbschwestern!«

Erwin hat kräftig über den Durst getrunken. Auf dem Heimweg versucht er mit seinem Hausschlüssel einen Laternenpfahl aufzuschließen. Da kommt ein Passant vorbei und sagt lächelnd: »Sie bemühen sich umsonst, da wohnt niemand.« »Woher wollen Sie das denn wissen. Unterm Dach brennt doch noch Licht!«

Wolfgang steht vor dem tollen Motorrad seines Freundes. Mit einem bewundernden Blick auf die glitzernden Chromteile meint er:
»Mann, Hansi, dein Motorrad sieht aber toll aus!«
»Hab's gestern frisiert!«

»Kein Grund zur Panik«, sagt der Pilot zu den Passagieren, als er, einen Fallschirm auf den Rücken geschnallt, durch den Gang zum Notausstieg hetzt: »Ich hole ja schon Hilfe!«

Christa Müller bekommt einen Telefonanruf von der Konditorei Wagner: »In Ordnung, meine Dame, die Geburtstagstorte wieder mit 37 Kerzen, genau wie in den letzten drei Jahren!«

»Bewundernswert, mit welchem Eifer du jeden Tag Geige spielst!«, meint Theo zu seinem Freund. »Na ja, man muss wissen, was man im Leben erreichen will!«, meint der. »Und was willst du?« Der Freund: »Die Wohnung von nebenan!«

Sagt die Null zur Acht: »Schöner Gürtel!«

»Wie geht dein neues Auto, Axel?«
»Mein Auto geht nicht, es fährt, Andreas!«
»Und wie fährt es, Axel?«
»Es geht!«

Ein Penner wühlt im Sperrmüll herum und findet nach langem Suchen einen alten Spiegel. Verwundert betrachtet er den Spiegel und meint dann: »Dieses Bild hätte ich auch weggeworfen!«

Der Gefangene Nr. 3867 unterhält sich mit dem Zellennachbarn Nr. 4711: »Mann, wenn ich so eine Nummer hätte wie du, wäre ich schon längst verduftet!«